Yousef Hammoudah

DIE SIEBEN SÄULEN DES SEINS

IRISIANA

1. Auflage 2022
© 2022 der deutschsprachigen Ausgabe by Irisiana Verlag,
einem Unternehmen der Penguin Random House Verlagsgruppe GmbH,
Neumarkter Straße 28, 81673 München

Projektleitung und Lektorat: Inga Heckmann
Korrektorat: Susanne Schneider
Herstellung: Timo Wenda
Satz: Uhl + Massopust, Aalen
Layout: Timo Wenda
Bildredaktion: Sabine Kestler
Coverdesign: Jens Nink unter Verwendung eines Motivs
von © Maxine van Endert; www.heynink.com; maxinevanendert.com
Umschlaggestaltung: Jens Nink unter Verwendung von Illustrationen
von Peter Bickhofe, www.bickhofe.de
Druck und Bindung: CPI books GmbH, Leck
Printed in the EU

Penguin Random House Verlagsgruppe FSC® N001967

ISBN 978-3-424-15438-2

Für Gabriella, Yoko, Florence,
für Lina, Radier und Rhada
und für meinen Vater.

Inhalt

Vorwort

Im Limbo durch das Licht

Dieses Buch ist eine Hommage an die Wirklichkeit. Ein Bekenntnis zur Ehrlichkeit, eine Einladung an die Liebe zum Leben und eine Anleitung zum Spaßhaben. Dieses Buch ist nicht umsonst in deinen Händen gelandet, denn bevor wir beide uns kannten, wusstest du bereits, dass etwas Neues auf dich wartet.

Dass du diese Zeilen liest, kann heißen, dass du einen Anfang suchst oder bereits gefunden hast. Dass du etwas ändern willst, mit den Hufen scharrst. Eventuell bist du schon weiter und fliegst irgendwo im Limbo durch ein goldenes Licht und lächelst, weil du weißt, dass es für diese Reise kein Ziel gibt. Wenn es eine Wahrheit gibt in diesem Universum, dann ist es wohl die, dass der Weg selbst das Ziel ist. Das Ziel auf diesem Weg ist es, die Reise so spannend, vielschichtig, freudvoll, tief und lebenswert zu gestalten, als gäbe es tatsächlich kein Morgen. Und zu akzeptieren, dass wir Dinge nur dann interessant finden können, wenn die Monotonie unseren Weg gekreuzt hat. Dass wir Freude nur dann zu schätzen wissen, wenn Traurigkeit zu unseren Freunden gehört. Dass wir den Wert echter Tiefe nur dann verstehen lernen, wenn wir einmal in Oberflächlichkeit ertrunken sind, und dass wir unser Leben nur dann aufrichtig sinn- und wertvoll empfinden können, wenn wir den Geschmack der Sinn- und Wertlosigkeit einmal auf der Zunge trugen. Es gibt tatsächlich kein Morgen. Denn morgen ist eine Illusion und gestern eine Geschichte, die bereits geschrieben wurde.

Es gibt nur dich und mich, für immer in der Unendlichkeit dieses Moments, in dem wir bestimmen, welche Dinge wir erleben möchten, über die wir morgen sagen werden, es ist eine Geschichte, die bereits geschrieben wurde, jedoch eine wirklich schöne!

Herzlich willkommen im Hier und Jetzt!

Einleitung

Warum ich dieses Buch schreibe

Es ist der 15. Februar 2022. Heute ist der Geburtstag der ältesten meiner drei Schwestern, Lina.

Irgendwo zwischen der vierten Pandemiewelle und dem neuen Krieg im Osten Europas, zwischen Klimapanik und dem Streben für mehr Inklusion und Geschlechtergerechtigkeit sitzen wir in unseren Homeoffices und suchen nach Halt.

Wir scrollen durch unsere Social Media Feeds und fragen uns, was da eigentlich passiert. Mit der Welt, mit uns, mit unseren Gefühlen. Mal fühlen wir uns so hilflos wie Ertrinkende im weiten Meer, mal hoffnungsvoll wie die Reflexion der Morgensonne am Fenster gegenüber. Mal fühlen wir uns so einsam wie der Stein in der Sandwüste, mal so verbunden, als gäbe es doch dieses Etwas, das die Wissenschaft nie zu erklären imstande sein wird.

Da gibt es diese Sehnsucht nach einer heilen Welt, die nur in der Vergangenheit oder Zukunft zu existieren scheint. Diese innere Suche nach Vollständigkeit, als hätten wir auf unserem Weg einen wichtigen Teil von uns verloren und sind gefangen in einer Parallelrealität, in der dieser Teil nicht zu existieren scheint.

Dieses Buch ist eine Reflexion über die Frage, wie unter all diesen Umständen, in denen wir heute leben, unsere Liebe bestehen kann. Die Liebe für uns selbst, unser Leben, für das Miteinander, für die Gesellschaft, die Welt, den Planeten. Der Wunsch nach Erfüllung ist nichts anderes als der Wunsch, diese Liebe zu fühlen, vollständig zu sein, eine innere Sehnsucht zu stillen.

Ich gehe der Frage nach, wie ein erfülltes Leben gelingen kann. Natürlich ist »Erfüllung« ein Begriff, der von vielen Menschen in den verschiedensten Zusammenhängen verwendet wird. Um gleich zu Beginn Klarheit zu schaffen, worum es mir in diesem Buch und bei diesem Begriff geht: Erfüllung ist der Zustand im Leben, wenn uns nichts mehr fehlt. Wenn wir nicht mehr weglaufen, nicht mehr nach etwas streben, das wir nicht sind oder haben, wenn wir zufrieden sind mit dem, wer wir sind und was wir haben. Das mag vielleicht weniger episch sein, als der Begriff »Erfüllung« vermuten lässt, jedoch ist genau dieser scheinbare Widerspruch auch sein Geheimnis. Ich widme mich diesem Begriff am Ende dieses Kapitels noch einmal ausführlich, auf dass sich alle Mythen, die sich darum ranken, auflösen mögen.

Zu weit entfernt
Eine zentrale Erkenntnis, die diesem Buch zugrunde liegt, ist die, dass wir oft dann von Erfüllung sprechen, wenn wir eine Vision meinen, die weit entfernt ist. Für junge Musiker*innen ist das der Chart-Erfolg oder die erste Million Streams auf Spotify. Für einsame Menschen ist es das Familienglück. Für Menschen mit Angstsymptomen ist es eine alles durchdringende Gelassenheit. Für das Kind auf dem Bolzplatz ist es die Startaufstellung bei einem Weltmeisterschaftsfinale, für die junge Wissenschaftlerin die leitende Professur an einer renommierten Hochschule. Was auch immer wir als »Erfüllung« bezeichnen, ist meist weit entfernt, wird meist es als etwas angesehen, das einem Ende gleicht, frei nach dem brasilianischen Schriftsteller Fernando Sabino:

»*Am Ende wird alles gut. Und wenn es nicht gut ist, dann ist es nicht das Ende.*«

Das Leben ist jedoch nicht nur ein Bedürfnis, das es zu stillen gilt. Das Leben ist nicht nur ein Traum, den wir träumen, nicht nur eine Liebe, nach der wir uns sehnen. Das Leben ist so viel mehr, weswegen die Erfüllung eines Lebens auch eine große Kunst ist. Je mehr wir uns in unserem Alltag von der Notwendigkeit entfernen, unser Überleben zu sichern, weil unser Leben nicht mehr so sehr von dem Kampf ums Überleben geprägt ist, desto mehr suchen wir einen Sinn für unser Dasein, einen Grund fürs tägliche Aufstehen, eine andere Motivation, unsere Entwicklung und Entfaltung zu vollziehen.

Ich gehöre zu den Menschen, die mit dieser Suche, mit diesem Antrieb nach mehr, mit der Motivation, sich zu entfalten, so ihre Schwierigkeiten hatten. Es gab Zeiten, da fühlte ich mich schwer, einsam, traurig und ich betäubte mich, um den Schmerz nicht mehr zu fühlen. Es gab Zeiten, da fühlte ich mich erschöpft, ausgebrannt und kaputt, zu nichts in der Lage und war schwer depressiv, apathisch und leer. Es gab Zeiten, da überkamen mich Kindheitstraumata wie Tsunamis, die mich mit aller Gewalt hinwegfegten und in wenigen Sekunden alles vernichteten, was ich mir über Jahre aufgebaut hatte. Aber meistens fühlte ich gar nichts, sondern nur dieses stumme, kalte Sein.

Ich hüpfte barfuß in Scherben, lief mit nackten Füßen über glühende Kohlen und ließ mich hypnotisieren, um ein besserer Verkäufer zu werden. Ich lief zu etlichen Therapien, redete mir buchstäblich die Seele aus dem Hals, lernte viel, doch ich fühlte wenig. Ich ging zu Coaches, hatte Mentoren, las Bücher, führte Gespräche, begann zu laufen, zu meditieren, ging auf Reisen, beschäftigte mich mit Spiritualität, und am Ende kam ich immer wieder zurück zu meiner ältesten Schwester Lina. Sie hat mir alles beigebracht, was ich zum Überleben brauchte. Deswegen ist dieses Buch ein Teil der Erfüllung meines Versprechens an Lina, deren Geburtstag wir heute feiern und die bei einem tragischen Verkehrsunfall im Alter von 35 Jahren ums Leben kam.

Lina

Es war der 1. Juni 2005. Ein lauer Sommermorgen, ein Mittwoch, der sich zwischen zwei Wochenenden verlor wie ein Kind, das beim Versteckenspielen nicht weiß, wo es sich verstecken soll. Ein Tag, der nichts zu versprechen und kein Versprechen zu brechen schien. Ich hielt deine Hand. Ich sah dich an und fragte mich, warum; warum alles so kommen musste, wie es kam.

Mein Leben war in den vorangegangenen zehn Jahren durch diverse Paralleluniversen geschleudert worden, wie ein Bettlaken kurz vor dem Ende des Trocknerprogramms. 1995 schaffte ich im Alter von 17 Jahren mein Abitur. Nicht besonders gut, oder anders betrachtet, trotz der kleinen und großen Abhängigkeiten eigentlich ganz okay. Ohne Betäubung hätte ich vermutlich ein besseres Abi geschafft, vielleicht aber auch gar keins. Irgendwie brauchte ich das kontinuierliche Lagerfeuer in meinem Herzen und das Feuerwerk in meinem Kopf, weil das kleine schwarze Loch in mir »seine Masse auf ein extrem kleines Volumen konzentriert hat und infolge dieser Kompaktheit in seiner unmittelbaren Umgebung eine so starke Gravitation erzeugt, dass nicht einmal das Licht diesen Bereich verlassen oder durchlaufen kann«. Ich finde, dieses Wikipedia-Zitat zum Begriff »schwarzes Loch« beschreibt unfreiwillig metaphorisch und präzise, wie ich mich fühlte.

Berlin, Mitte der 1990er-Jahre

Nach meinem Abitur verbrachte ich ein paar Monate im verrückten Berlin der Mittneunziger. Ich arbeitete ein paar Wochen als ambulanter Hilfspfleger, am Wochenende ging ich raus in die Stadt, die von ihrer neu gewonnenen Wiedervereinigung nach dem Mauerfall fünf Jahre zuvor immer noch völlig benommen war. Dieses Berlin der 1990er stand für all das, wonach ich mich sehnte. Freiheit und Grenzenlosigkeit. Und ich bediente mich dieser Freiheit und kultivierte diese Grenzenlosigkeit. Ich zelebrierte das Leben in meinem Paralleluniversum und es fühlte sich schon damals an wie ein ewiges Weglaufen.

Nach dieser Berlin-Exkursion und die Einführung in die Grundlagen der Grundlagenlosigkeit kam ich zurück in die Wirklichkeit und versuchte mich zu arrangieren. Ich absolvierte meinen Zivildienst, erklärte meinem Vater tränenreich, dass ich seine Vision für mein Leben nicht teilte, arbeitete in den verschiedensten Jobs und schrieb Hunderte Bewerbungen für einen Ausbildungsplatz in der Medienwelt. Vergebens.

Erste Chancen

So blieb ich dran, hängte mich rein und bekam irgendwann zumindest einen Praktikumsplatz bei einem abgerockten Kölner Jazz-Label, wo ich für ein paar Mark im Monat recht ergiebig dessen Platten bei Radiosendern promotete. Meinem nächsten Praktikum bei einer Agentur folgte dann endlich der erste, feste Job. 1999 war ich 23 Jahre alt, fest angestellt in der Musikindustrie, mit Führungsverantwortung. Ich hatte plötzlich mit meinen Lieblings-Rappern Samy Deluxe, Olli Banjo und Chima zu tun. Ich gewann Preise für Projekte mit Geri Halliwell. Ich hatte Dinner mit Kylie Minogue. Ich arbeitete mit den Managements von Pink Floyd, Lenny Kravitz, den Beatles und gleichzeitig war ich für die Digitalisierung verantwortlich. Denn eben in diesem Jahr, dem ich diesen neuen Job zu verdanken hatte, wurde die Musikwelt durch die Gründung einer Plattform namens Napster für immer aus den Angeln gehoben.

Diesen Abschnitt meiner Karriere habe ich in meinem Buch *Meaning is the New Marketing* ausführlich beschrieben, daher vorspulen ins Jahr 2002. Nach drei Jahren Major Label und vielen Erfolgen gelang mir mit 25 der nächste Karriere-Coup: Aus einem Moderatoren-Casting für den Musiksender VIVA ging ich als einer der neuen VJs (Video Jockey) hervor und wurde so der erste arabischstämmige VJ im deutschen Fernsehen.

Doch dauerte es keine neun Monate, und kurz nach meinem 26. Geburtstag wurden alle Moderatoren des Senders entlassen und das Programm zur Clip-Strecke umgewandelt. So richtig gefeiert hat den ganzen Quatsch kaum jemand, und alles in allem war ich nicht wirklich stolz auf diese oberflächliche Content-Welt. Also weiter, nächste Station.

Ich gründete meine eigene Company, eine Onlinemarketing-Agentur. Ich brannte mich aus, stellte zeitweise viel zu viele, zeitweise viel zu wenige Leute ein. Überforderte mich als Leader, als Liebender, als leider viel zu leerer, isolierter Leidender und fand dennoch endlich eine Frau, für die ich mehr empfand als die Lust auf Eroberung. Wir kamen zusammen, sie zog nach Berlin und ich ließ alles stehen und liegen und zog hinterher. Das war Ende 2004 und leider auch das Ende unserer Beziehung. Sie machte Schluss, noch bevor meine Kartons ausgepackt waren.

So begann dieses Jahr 2005 dann in dieser Leere, dieser Hoffnungslosigkeit, dieser Erkenntnis, dass die Lust am Leben ein sehr fragiles Gebilde war. Wie gewonnen, so zerronnen. Gestern noch hieß es Kylie Minogue und die MTV Music Awards, letztes Jahr mein erstes sechsstelliges Gehalt, und dieses Jahr war es dann Toast mit Käse, ein unbezahlter Praktikant, noch nicht ausgepackte Kartons in Berlin und so traurig und schwer wie die versunkene Titanic auf dem Meeresgrund.

Der seidene Faden

Es war nur wenige Monate später, an jenem Mittwochmorgen im Juni, als mir klar wurde, dass es das letzte Mal sein würde. Universitätsklinikum Düsseldorf, wir saßen die ganze Nacht an deinem Bett. Dein Schädeltrauma wies irreparable Schäden auf, der Autounfall auf der A46 machte deinem Leben ein Ende, es ging so schnell. Ich saß neben dir und hielt deine Hand. Ich sah dich an und fragte mich, warum; warum alles so kommen musste, wie es kam. Ich hörte zu, wie dein letzter Herzschlag einen Piepton erzeugte, und war Zeuge, wie deine Seele sanft aus deinem Körper glitt und uns alle zurückließ. Uns, diesen ratlosen, kummervollen Haufen, der noch von dieser Familie übrig blieb, die du so kunstvoll zusammengehalten hattest mit deinem Wissen, deiner Liebe, deiner Magie.

Eine Million Sterne starben in meiner Brust, eine Million Sonnen gingen in meinem Herzen unter und wollten nie wieder aufgehen. Meine Existenz schien an diesem einen seidenen Faden zu hängen, der sich gerade vor mir in die Ewigkeit verabschiedete. Mir wurde bewusst, dass jegliches seelisches Leiden, dem ich mich in meinem bisherigen Leben so leidenschaftlich hingegeben hatte, nur das Vorprogramm war für die ewige Dunkelheit, die von nun an scheinbar auf mich warten sollte.

Doch die Erinnerungen an dich und deine Kunst zu leben haben mich gerettet. Sie waren Leonard Cohens Risse in meinem Kokon der Trauer und der empfundenen Wertlosigkeit, durch die schließlich das Licht wieder in die Dunkelheit gelangte.

In dieser Dunkelheit konnte ich dein Licht erst erkennen. Ich verstand, dass Erfüllung nichts ist, was einigen wenigen einfach so zuteilwird, weil sie glücklich sind, oder sich zum richtigen Zeitpunkt am richtigen Ort befinden. Erfüllung ist etwas, das uns allen zusteht und verfügbar ist, wenn wir die richtigen Entscheidungen für uns treffen.

Wie sich dieses Buch nutzen lässt

In der Ratgeberliteratur ist der Anteil des Inhaltes, welcher als »wissenswert« bezeichnet wird, von Leser zu Leserin unterschiedlich. Manche wollen gleich in die Praxis einsteigen, manche wünschen sich unterhaltende Inspiration für den eigenen Weg der Besinnung.

Manche brauchen nur die große gedankliche Klammer und sortieren dann selbst ihre Themen und Bedürfnisse ein. Was auch immer du suchst, die folgende kleine Übersicht zeigt, welches Bedürfnis an welcher Stelle in diesem Buch versorgt wird. Dieser Ratgeber ist in drei Teile gegliedert.

Teil 1: Erkenntnisse und Inspirationen – Schlüsselfaktoren für ein erfülltes Leben

In diesem Teil trage ich die Ergebnisse meiner umfassenden Recherche zusammen und ergründe, was ein erfülltes Leben überhaupt sein kann, denn es gibt mitnichten die eine universelle Wahrheit darüber, was ein erfülltes Leben ist. Ich habe unzählige Studien ausgewertet, mit Experten aus verschiedenen Fach- und Lebensbereichen gesprochen (und diese Gespräche als Podcasts aufgezeichnet, siehe Link im Anhang), eigene Umfragen aufgesetzt, in traditioneller und moderner Literatur geforscht, mir Podcasts mit gegenwärtigen Meistern ihres Fachs angehört und meine Erkenntnisse in eine Reihe zentraler Faktoren übersetzt, die bei der Ausgestaltung eines erfüllten Lebens entscheidend sind. Dieser Einstieg in die Materie der Erfüllung lässt sich wunderbar als schneller Zugang zu Inspiration nutzen, wenn man sie mal braucht.

Teil 2: Die Einführung der Sieben Säulen des Seins

Der zweite Teil dieses Buches führt in die Grundlagen der Ganzheitlichkeit ein. Erfüllung ist stets ein Ergebnis aus dem Zusammenspiel verschiedener Faktoren, wie sie im ersten Teil vorgestellt werden, doch um sie effektiv zur Wirkung zu bringen, ist ein Verständnis der Beschaffenheit unseres Lebens wichtig.

Teil 3: Das Praxisprogramm

Im dritten Teil erleben wir, wie die Schlüsselfaktoren (Teil 1) über die Sieben Säulen des Seins (Teil 2) zur Wirkung kommen. In sieben Phasen wird mit konkreten Übungen und Praxisanleitungen vermittelt, wie mit der Zeit Schritt für Schritt die Entfaltung unseres authentischen Selbst gelingt. Ein System aus einfachen Übungen, minimalen täglichen Veränderungen und simplen Routinen hilft uns dabei, unsere ganz persönliche Idee eines erfüllten Lebens über die Zeit von einem Jahr in die Wirklichkeit zu übersetzen und nachhaltig zu etablieren.

Eine Ode and die Handschrift

Zuerst aber noch ein wichtiger Tipp: Lege dir ein Workbook für die Sieben Säulen an, das du überallhin mitnehmen kannst, in das du Gedanken, Stichworte und Reflexionen einträgst. Das physische Workbook (im Gegensatz zu einer Datei) und deine handschriftlichen Notizen sind ein zentraler und wichtiger Punkt in diesem Prozess, wie du im Folgenden erfahren wirst, und das nicht nur, damit du es immer dabeihaben kannst.

Eine Studie zur Handschrift der Princeton University und der University of California in Los Angeles aus dem Jahr 2014 lieferte wertvolle Erkenntnisse zu den Effekten der handschriftlichen Arbeit, die ich gerne mit dir teilen möchte: Die Handschrift zwingt unser Gehirn, sich mental mit den Informationen auseinanderzusetzen, wodurch sowohl unsere Lese- als auch die Lernkompetenz verbessert werden. Tippen auf einer Tastatur oder Ähnlichem hingegen führt dazu, dass wir uns kaum Gedanken über das Geschriebene machen. Durch unsere Handschrift schaffen wir eine räumliche Beziehung zwischen der Bedeutung und den Worten. Die mit dem Stift und unserer Hand verbundene Bewegung kann uns helfen, Informationen zu codieren und langfristig zu speichern. Im Vergleich zum Tippen sind wir beim Schreiben mit der Hand zu kritischem Denken stimuliert und können leichter abstrakte Ideen entwickeln und unkonventionelle Wege entdecken. Weil mit der Hand zu schreiben länger dauert und ein bisschen mühsamer ist, verarbeiten wir die Information tiefer und fassen sie automatisch sinnvoller zusammen.

Besorge dir am besten ein Notizbuch mit mindestens 200 Seiten und habe einen Bleistift mit Radiergummi zur Hand, das wird dir die Arbeit an Textfragmenten erleichtern. Selbstverständlich kannst du auch am Rechner arbeiten, jedoch ist handgeschriebene Begleitung für unsere Arbeit nachhaltiger.

Übersicht und Funktionsweise der Sieben Säulen

Die Sieben Säulen des Seins beschreiben die Ganzheitlichkeit des Lebens. Sinnbildlich ruht unser Leben auf diesen Sieben Säulen, die nicht nur als einzelne Stative zu verstehen sind. Vielmehr sind sie ein Geflecht ineinander verbundener Stützen, die uns besonders große Stabilität, Sicherheit und Kraft verleihen, wenn das Gewicht unseres Lebens ausgewogen auf allen Säulen verteilt ist. Mit den Sieben Säulen des Seins kannst du deine Einzigartigkeit zur Wirkung bringen, sofern du für jeden dieser Lebensbereiche eine entsprechende Investition in Form von Zeit einsetzt. Je besser es uns gelingt, unsere Zeit sinnvoll zu verteilen, sorgsam auf unsere Persönlichkeit und die Bedürfnisse der verschiedenen Lebensbereiche abgestimmt, desto besser schaffen wir es, die Mitte, die Balance zwischen diesen sieben Kräften zu finden. Laut wissenschaftlichen Erkenntnissen, spirituellen Lehren und persönlichen Erfahrungen ist diese Balance in unserem Leben, die uns von innen leuchten lässt, unser wahres Selbst in die Welt übersetzt, unsere Symphonie zum Klingen und unsere ganz besondere Frequenz zum Schwingen bringt, und nicht ein spezifischer, ideal entwickelter Lebensbereich für sich.

Ein kritisches Update
der besten Version unserer selbst

Die Sieben Säulen erinnern uns daran, dass unser Streben, »die beste Version unserer selbst« sein zu wollen, kontraproduktiv ist. Wir kennen das: Manchmal stürzen wir uns in die Arbeit, weil wir erfolgreich sein wollen. Wenn uns das gelingt und wir uns dennoch nicht besser, zufriedener oder erfüllter fühlen, dann liegt es oft daran, dass wir andere Lebensbereiche vernachlässigt haben, die uns für ein zufriedenes Leben wichtig sind. Wer ist schon glücklich, wenn es einen Lebensbereich gibt, in den man alles investiert, aber die übrigen Bedürfnisse zu kurz kommen? Um die Balance zwischen all diesen Bedürfnissen herzustellen, sind die Sieben Säulen des Seins als Baukasten konzipiert. Er hilft uns, unseren persönlichen Entwicklungsrahmen zu finden, in dem die für uns wichtigen Lebensbereiche angemessen mit Leben gefüllt werden können. Die Art und Weise, wie das geschieht, ist essenziell: Es geht eben nicht nur darum, ein paar Morgenroutinen zusammenzustellen und gegen jeden inneren Widerstand zu etablieren, egal, wie man sich dabei fühlt. Es geht vielmehr darum, die echte, eigene Persönlichkeitsstruktur überhaupt erst zu entschlüsseln und die in ihr verwurzelten, tiefen inneren Bedürfnisse zu erkennen. Darauf basiert dieses Programm für die eigene Entwicklung, das uns für den Rest des Lebens Halt, Selbstliebe und Inspiration spenden wird.

Denn alles, was wir gegen unsere inneren Widerstände zu etablieren versuchen, wird scheitern. So wie all die Diäten, die wir probiert haben, all die Trainingspläne, die wir nie abgeschlossen haben, oder die Beziehungen zu den Menschen, die doch nur unsere eigenen Ängste spiegelten, scheiterten. Deswegen gibt es diese seltsame Differenz zwischen den Ideen, die wir für uns, unser Leben und unser Verhalten im Kopf haben, und der tatsächlichen Umsetzung dieser Ideen, dieses Lebens, dieser Transformation.

Für eine nachhaltige Persönlichkeitsentwicklung ist es erforderlich, die Sieben Säulen von innen nach außen zu denken, zu entwickeln und zur Wirkung zu bringen. Die Sieben Säulen des Seins umfassen drei Lebenskreise: den inneren, den äußeren und den universellen Kreis (siehe den folgenden Kasten).

Die Sieben Säulen im Überblick

Der innere Kreis
1. Säule: Der Körper
Unsere physische, biologische Manifestation, der Tempel, in dem wir wohnen
2. Säule: Der Geist
Unser bewusstes Selbst, unser Verstand und Intellekt
3. Säule: Die Seele
Unser unterbewusstes Selbst, unser emotionales System

Der äußere Kreis
4. Säule: Beziehungen
Die wesentlichen sozialen Bindungen in unserem Leben
5. Säule: Geld
Die finanziellen Mittel und unsere materielle Lebensumgebung
6. Säule: Mission
Die Richtung, in die wir unser Leben entwickeln, die grundlegende Erfüllung der Aufgabe, die uns gegeben scheint

Der universelle Kreis
7. Säule: Spiritualität
Die Liebe, die wir in die Welt zurückgeben

Außerdem sind die Säulen in vier Ebenen unterteilt, die – von innen nach außen – aufeinander aufsetzen. Wir erschließen uns Ebene für Ebene dieser Entwicklungsreise in vier Phasen:

1. Ebene: Das Fundament – die Selbstentdeckung

Das Fundament der Sieben Säulen ist die Entdeckung der eigenen Identität, das Verständnis des Selbst. Es ist die innere Wahrheit, die uns der Mensch sein lässt, der wir hinter all den gesellschaftlichen und familiären Projektionen von außen, tief im Inneren, wirklich sind, unser authentisches Selbst. Es beschreibt diesen inneren Raum in uns, der sich buchstäblich nach seiner Erfüllung sehnt. In diesem unserem inneren Kern entdecken wir, was uns wirklich glücklich macht, was uns wahrlich wichtig ist, warum wir so sind, wie wir sind, warum uns Dinge wütend oder traurig machen, uns lächeln oder Zeit und Raum vergessen lassen. Der Sinn jedes Lebens ist höchst individuell und das Wissen um die Bedeutung des eigenen Lebens, um die in der DNA angelegte Aufgabe, ist eine Voraussetzung für ihre Erfüllung.

2. Ebene: Der innere Kreis – die Selbstverbindung

Ausgehend von unserem inneren Entwicklungskompass der ersten Ebene erschließen wir nun die verschiedenen Lebensbereiche. Wir beginnen auf der zweiten Ebene mit den ersten drei Säulen des Seins: Körper, Geist und Seele. Dies sind jene drei der sieben Säulen, die uns mit uns selbst verbinden. Sie sind miteinander verwoben und die Arbeit, aber auch der Mangel an Zuwendung in jeder dieser Säulen hat eine Auswirkung auf die jeweils anderen beiden Säulen. Sie bilden den inneren Kreis unseres Seins und umschließen den inneren Kern, unser echtes und mehrdimensionales Selbst.

3. Ebene: Der äußere Kreis – die Selbstwirksamkeit

Selbstwirksamkeit beschreibt den Glauben an unsere Fähigkeiten und das Vertrauen darin, mit ihnen erfolgreich sein zu können. Wir erreichen Selbstwirksamkeit, wenn wir die Arbeit im inneren Kreis aufnehmen, denn auf diesem Weg erlangen wir bereits viel Klarheit darüber, welcher Mensch wir eigentlich sein wollen. Besonders im Spannungsfeld zwischen der Entdeckung unseres authentischen Selbst und der kritischen Betrachtung unseres momentanen Lebens mit all unseren Gewohnheiten und Verhaltensweisen erschließt sich oft ein klares Bild, was für uns Sinn macht und was nicht. Auf Basis dieses Fundaments ist es deutlich leichter, dieses innere, authentische Selbst in der Welt wirksam werden zu lassen. Dazu dienen uns die nächsten drei Säulen des Seins: Beziehungen, Geld und Mission. Dies sind die drei Säulen, die uns mit der Welt im Außen verbinden. Auch sie sind miteinander verknüpft und eine isolierte Betrachtung der drei Säulen ohne die Berücksichtigung der anderen beiden ist nicht zielführend.

Wir schauen uns genau an, welche Beziehungen wir führen und welche Wirkung sie auf unser Leben haben. Wir ergründen unsere Haltung zu Geld und Besitz und erforschen, wie sich diese Haltung bemerkbar macht. Schließlich analysieren wir die mächtigste aller Säulen, die Selbstverwirklichung, betrachten die Orientierung unseres Lebens an einen bestimmten Sinn, einer Lebensaufgabe, einer Mission. Keine Sorge, es ist überhaupt nicht schlimm, wenn wir überhaupt noch nicht herausgefunden haben, was das für uns bedeutet. Denn um das herauszufinden oder zu überprüfen, gibt es im entsprechenden Abschnitt des Buches die passenden Übungen.

Die Arbeit auf den ersten drei Ebenen ist nicht immer geradlinig. Manche täglichen Aktivitäten behalten wir gern bei und nach ein paar Wochen werden sie zu festen Routinen in unserem Alltag. Manche tauschen wir nach ein paar Tagen wieder aus, weil es für uns nicht funktioniert. Wichtig ist, dass wir in der Balance der

Sieben Säulen bleiben und über die Zeit wirklich verstehen, was es heißt, diese Lebensbereiche in einen harmonischen Einklang zu bringen. Der beste Weg, um den Effekt der Arbeit zu prüfen, ist es, die Achtsamkeit auf das eigene Umfeld zu lenken. Wenn uns auffällt, dass sich Menschen plötzlich an uns wenden und uns bewusst oder unbewusst, offen oder unterschwellig nach Rat, Orientierung oder Inspiration bitten, dann ist das Zeugnis unserer Ausstrahlung, die durch diese Arbeit an uns selbst nach außen gelangt. Menschen sehen bei uns diese innere Kraft, diese Ausgeglichenheit und Ruhe und suchen unterbewusst nach Antworten.

4. Ebene: Der universelle Kreis – die Erfüllung

Was die Sieben Säulen von den meisten Ratgebern unterscheidet, ist, dass es nicht damit getan ist, dieses Gefühl der Zufriedenheit zu genießen, auch wenn das ein wichtiger Teil ist, den es nicht zu ignorieren gilt: Feiern wir unser inneres Glück in vollen Zügen! Es ist jedoch wichtig, dass wir unsere Erkenntnisse teilen, und jenen Menschen, die sich an uns ausrichten, helfen, ihren eigenen Weg zu finden. Es geht nicht darum, unseren Weg für andere zur Blaupause werden zu lassen. Genau das gilt es zu verhindern. Die vierte Ebene beinhaltet daher die Säule Spiritualität und hilft uns, die universelle Verbindung zu allem Sein, das Erlebnis der Erfüllung durch den Dienst an anderen beziehungsweise unserer Welt zu manifestieren. Es ist unser Beitrag zur Entwicklung anderer oder des Gemeinwohls, durch Aktivitäten wie Ehrenamt, Mentoring und Förderung zukünftiger Generationen.

Nun hast du einen groben Überblick über die Sieben Säulen gewonnen und wir können in den ersten Teil und die zehn Schlüsselfaktoren für ein glückliches Leben einsteigen. Bist du bereit?

Erster Teil

FUNDAMENTE UND SCHLÜSSEL-FAKTOREN FÜR EIN ERFÜLLTES LEBEN

Das wissenschaftliche und philosophische Fundament

So ziemlich alle Genies der Menschheitsgeschichte haben sich auf die eine oder andere Weise mit der Frage beschäftigt, wie ein erfülltes Leben gelingen kann. Da gibt es Philosophen wie Sokrates, Plato, Aristoteles, Immanuel Kant oder Peter Sloterdijk, Wissenschaftler*innen wie Abraham Maslow, Gabor Maté, Gerald Hüther, Carol Dweck, Rafael Seligmann oder John Maynard Keyes, Psychoanalytiker wie Sigmund Freud, Carl Gustav Jung, Alfred Adler, B. F. Skinner oder Viktor Frankl, spirituelle Persönlichkeiten wie Ram Dass, Shunryū Suzuki, Mahatma Gandhi oder Nelson Mandela sowie Journalisten und Autoren wie Charles Duhigg, Steven Covey, Simon Sinek, James Clear oder Scott Barry Kaufman.

Die Liste könnte man ewig weiterführen. Auch wenn sich die oben genannten Menschen in vielerlei Hinsicht voneinander unterscheiden, sind sie sich jedoch in einem wesentlichen Grundsatz einig: Das Leben ist es wert, gelebt zu werden. Und nicht nur das, es gibt eine gewisse Verpflichtung, dem Leben einen Sinn zu geben. Denn während unser Gehirn in einem archaischen Überlebensimpuls automatisch auf all die negativen Eindrücke anspringt, erfordert die Fokussierung des Positiven in unserem Leben einen viel höheren Aufwand.

Sokrates, Plato und Aristoteles

Sowohl für Plato als auch für Aristoteles und für die meisten antiken Ethiker war das zentrale Problem der Ethik das Erreichen von Glück. Mit »Glück« (die übliche Übersetzung des griechischen Begriffs *eudaimonia*) meinten sie nicht einen angenehmen Geisteszustand, sondern eher ein gutes, menschliches Leben oder ein Leben in menschlichem Gedeihen. Das Mittel, durch das Glück erworben wurde, war Tugend. Daher stellten sich antike Ethiker typischerweise drei Fragen:

1. Woraus besteht ein gutes oder blühendes menschliches Leben?
2. Welche Tugenden sind notwendig, um es zu erreichen?
3. Wie erwirbt man diese Tugenden?

Und genau um diese Fragen geht es auch in diesem Buch.

Doch gibt es keine einfachen und allgemeingültigen Antworten auf diese Fragen; sie sind für jeden Menschen anders. Die Sieben Säulen des Seins erfüllen daher nicht die Funktion einer universellen Wahrheit, die bei allen Menschen automatisch zur Erfüllung führt. Eine solche Wahrheit gibt es nicht und jeder Ratgeber*in, die etwas anderes behauptet, sollten wir mit einer gesunden Portion Skepsis begegnen. Vielmehr sind die Sieben Säulen ein Instrument, um die eigene Wahrheit zu finden und ihre erfüllende Kraft in unserem Leben zu entfalten. Dieses Instrumentarium basiert auf der Weisheit all dieser prominenten Wissenschaftler*innen, Philosoph*innen und spirituellen Persönlichkeiten der letzten 3000 Jahre. Wer jedoch ein Instrument beherrschen möchte, tut gut darin, vorher das Prinzip von Noten und Harmonien zu begreifen, weil dadurch ein viel tiefgreifenderes und nachhaltigeres

Spiel des Instruments möglich wird. Analog dazu gibt es für die Sieben Säulen theoretische Grundlagen, die hier im Folgenden als zehn ausgewählte Schlüsselfaktoren für ein glückliches Leben zusammengestellt sind. Menschen, die sich wie wir mit den Konzepten von Erfüllung und Persönlichkeitsentwicklung beschäftigen, werden viele dieser Faktoren bereits bekannt sein, manche mehr und manche weniger. Der erste Teil dieses Buches widmet sich daher einer Vertiefung und Vervollständigung dieses Basiswissens, um danach bestmöglich mit den Sieben Säulen des Seins arbeiten zu können.

Schlüsselfaktor Selbst: Authentisch leben

Die erste Weisheit: Wir sind Licht und Schatten – und die Liebe, die beides zum Leben braucht.

Carl Gustav Jung ist einer der Begründer der analytischen Psychologie und war erst Schüler und später in gewisser Hinsicht eine Art Gegenspieler seines Lehrers. Beide rangen leidenschaftlich um die Autorität in ebenjenem wissenschaftlichen Fachbereich und pflegten eine Beziehung mit vielen Aufs und Abs.

Perspektiven auf das Selbst

Freud glaubte, dass das Unbewusste das Epizentrum unserer unterdrückten Gedanken, traumatischen Erinnerungen und grundlegenden sexuellen und aggressiven Triebe sei. Er sah darin einen Speicher für alle verborgenen sexuellen Wünsche, die zu Neurosen führten. Er erklärte, dass sich der menschliche Geist auf drei Strukturen konzentriert – das Es, das Ich und das Über-Ich. Das Es bildet unsere unbewussten Triebe (hauptsächlich Sex) und ist nicht an Moral gebunden, sondern sucht stattdessen nur nach Lustbefriedigung. Das Ich (Ego) besteht aus unseren bewussten Wahrnehmungen, Erinnerungen und Gedanken, die es uns ermöglichen, effektiv mit der Realität umzugehen. Das Über-Ich versucht, die Triebe des Es durch sozial akzeptables Verhalten zu vermitteln.

Auch Jung teilte die menschliche Psyche in drei Teile. Allerdings wurde das Unbewusste nach Jung in das persönliche Unbewusste und das kollektive Unbewusste unterteilt. Für Jung ist das Ego wiederum in das bewusste Selbst und das übersteigerte, idealisierte Selbst (Persona) unterteilt, sodass sich die drei Bereiche Persona (»Theatermaske«, idealisiertes Selbst), das bewusste Selbst und der Schatten (das persönliche und kollektive Unbewusste) ergeben.

Nach dieser Theorie beinhaltet das persönliche Unbewusste Erinnerungen – sowohl erinnerte als auch unterdrückte – und das kollektive Unbewusste enthält unsere Erfahrungen als eine Art Wissen, mit dem wir geboren werden. Jungs Perspektive auf die menschliche Psyche wurde von seinen Studien über östliche Philosophie und Religion wie Buddhismus und Hinduismus inspiriert. Er glaubte, dass die Inhalte des Unbewussten nicht auf verdrängtes Material beschränkt sind.

Entdecke dich selbst

Nach Jung müssen wir uns im Innen ausrichten, um unser authentisches Leben zu finden. Uns selbst zu entdecken, bietet uns alles, was wir sind und sein sollten, und alles, wovon und wofür wir leben, heißt es da. In einer Kultur wie der unsrigen, mit dem ausgeprägten Hang zum Exhibitionistischen, ist das nicht so einfach, da wir alles, was wir sind, so sehr im Außen zu verorten scheinen. Doch Jung hatte recht. Alles, was wir uns im Genre der »Persönlichkeitsentwicklung« an seelischer Reife versprechen, macht diesen ersten Schritt nach innen zwingend erforderlich. Diese Erkenntnis liegt der gesamten Arbeit mit den Sieben Säulen des Seins zugrunde.

Dass wir uns selbst entdecken können, deutet darauf hin, dass mehr in uns steckt, als wir wissen. Und genau das ist Jungs Punkt – wir sind uns selbst größtenteils ein Rätsel. Wir wissen nicht »alles, was wir sind«. Wenn das der Fall ist, dann leben wir wahrscheinlich nur einen Teil dessen, was wir sein sollen oder sein wollen. Der mysteriöse Teil unserer Persönlichkeit, den Jung »den irrationalen Faktor« nennt, bedeutet, dass er nicht unter unserer rationalen, bewussten Kontrolle steht. Wir können also behaupten, dass wir uns selbst sowohl das größte Rätsel als auch die vertrauteste Sache sind.

Das innere Leben ist das authentische Leben

Das Leben mit Geduld und Gelassenheit so zu akzeptieren, wie es daherkommt – da würde vermutlich jeder Achtsamkeitslehrer zustimmen –, scheint simpel, ist es aber nicht. Für Jung bedeutet es, die Fähigkeit zu besitzen, sich anpassen zu können: nicht nur an das Leben um uns herum, sondern auch an die Lebenskraft, die in uns selbst entsteht. Für jeden von uns ist das authentische Leben unser eigenes, einzigartiges Selbst, das danach strebt, sich in der Welt auszudrücken. Der Drang, das zu werden, was wir wirklich sind, ist unüberwindbar, und darauf können wir uns immer verlassen, aber das bedeutet nicht, dass sich die Dinge zwangsläufig positiv entwickeln werden. Wenn wir uns nämlich zu sehr an der äußeren Welt ausrichten, dann wird uns das Unbewusste (unsere Schatten) daran erinnern, wer wir wirklich sind. Unser authentisches Leben will durch uns gelebt werden, und oft ignorieren wir es konsequent, weil wir zu sehr auf der Instagram-Realität hängen bleiben. Wenn wir jedoch unser authentisches Selbst aktiv suchen, es pflegen und versuchen, es bewusst ins Leben zu bringen, wenn wir also mit ihm arbeiten und nicht dagegen, dann – und nur dann – kann das Leben in erfüllender Weise zur Blüte kommen.

Unsere Persona

Ich nenne die Persona nach Jung bei meiner Arbeit im Coaching gern »das Instagram Selbst«. Der Öffentlichkeit präsentieren wir eine überzeichnete, idealisierte Version von uns selbst, von der wir hoffen, dass sie Eindruck macht. Wie große Unternehmen tun wir alles, um unsere eigene Marke bestmöglich zu verkaufen. Der Charakter, den wir hier zeigen, ist selten identisch mit dem, den wir in der Sicherheit der eigenen vier Wände offenbaren. Wenn wir allein sind, müssen wir niemanden beeindrucken, aber in der Öffentlichkeit tragen wir eine Maske, eine Persona, damit wir anderen ein wünschenswertes Bild von uns aufzwingen können. Das große Problem ist, dass das alle so machen und somit die Welt in ein unnatürlich perfektioniertes Licht getaucht wird, so, als wäre die Realität nichts weiter als eine gigantische Theaterbühne und wir könnten das eigentliche Schauspiel vom realen gesellschaftlichen Geschehen kaum noch unterscheiden.

Der Zweck der Persona ist es, alles Primitive, Ungewollte, Unbeherrschte zu unterdrücken, weil wir glauben, dass das in der Öffentlichkeit nicht akzeptiert wird und uns wie Idioten aussehen lassen würde. Jedoch wissen wir das alles inzwischen und können weitestgehend hinter diese Fassaden blicken. Dennoch tun wir alle so, als wäre das alles real, und verstärken die allgemeine Inszenierung von Perfektion.

Problematisch wird die Persona besonders dann, wenn wir uns zu sehr mit ihr als unserer echten Rolle identifizieren, sodass wir jegliche Distanz und Selbstironie verlieren. Das Ergebnis ist eine aufgeblasene Persönlichkeit, warnte uns Jung, eine »oberflächliche, spröde, konformistische Art von Persönlichkeit«, die »alles Persona« ist, mit ihrer übermäßigen Sorge darum, was die Leute wohl denken mögen. Solch eine Person ist viel zu sehr auf die Wünsche anderer ausgerichtet, nicht weil sie ein Heiliger ist, sondern weil sie nicht den Mut besitzt, sich abzugrenzen und Konflikte zu ertragen.

Unser Schatten

Während die Persona eine im Bewusstsein verankerte Maske ist, die wir tragen, um uns selbst und andere davon zu überzeugen, dass wir keine schlechten Menschen sind, liegen ihre Wurzeln sehr wohl im Unbewussten, von Jung »die Schattenseite« genannt. Wir kommen nicht über die Grenze der Persona hinweg in ein authentisches Selbst, solange wir nicht jene dunkleren Charaktereigenschaften in unser Selbst integriert haben, die in diesem Schatten existieren. Der Schatten ist alles, was wir in uns selbst verleugnet und verdrängt haben. Es sind die zurückgewiesenen Charaktereigenschaften, die ungewollten, abgespaltenen Persönlichkeitsanteile, die wir stets unter den Teppich, hinein in diesen Schatten gekehrt haben, ohne zu wissen, dass sie dort nicht verschwinden, sondern ein eigenes Selbst in der Dunkelheit erschaffen – das Schattenselbst. Es umfasst alles, was unser Ego ablehnt, auch das, was uns bei anderen Menschen oder in der Welt stört. Solche Dinge können unsere Sexualität, Spontaneität, Aggression, Feigheit, Nachlässigkeit, Leidenschaft, Enthusiasmus, Liebe zu materiellen Besitztümern beinhalten, oder all jene Sünden, dunklen Gedanken, Instinkte und Stimmungen, für die wir Schuld und Scham empfinden.

Der Schatten ist notwendigerweise emotionaler Natur, denn er muss sich der Starrheit des Ego widersetzen. Er behält seine eigene Autonomie, getrennt vom bewussten Verstand. Da der Schatten instinktiv und irrational ist, neigt er daher zu psychologischer Projektion, wodurch wir anderen all unsere bösen und minderwertigen Eigenschaften zuschreiben, die wir nicht zugeben wollen. Wenn wir einen moralischen Mangel bei anderen wahrnehmen, können wir sicher sein, dass es eine ähnliche Minderwertigkeit in uns selbst gibt. Wenn du spürst, wie eine überwältigende Wut in dir aufsteigt, wenn ein Freund dir einen Fehler vorwirft, kannst du ziemlich sicher sein, dass du an dieser Stelle einen Teil deines Schattens findest, dessen du dir nicht bewusst bist. Wenn wir unsere Ressentiments gegenüber uns selbst und anderen beobachten und die moralischen Aspekte unseres Verhaltens berücksichtigen, dann haben wir die Möglichkeit, den Schatten ins Bewusstsein zu holen und ein neues Gefühl von Stärke und Unabhängigkeit zu erlangen.

Das bewusste Selbst, der Gott in uns

Wenn wir also die Persona decodieren und überwinden lernen und unsere Schatten und all die dunklen Seiten unseres Charakters akzeptieren und somit integrieren, erhalten wir nach Jung den Zugang in die tiefsten und höchsten Bereiche der Psyche, den Archetyp der Ganzheit – den Jung »das Selbst« nannte. Es beschreibt die Summe von allem, was wir jetzt sind, und von allem, was wir einmal waren, sowie alles, was wir potenziell werden könnten. Es ist das Symbol für den »Gott in uns«, das, was wir als Gesamtheit sind. Nach Jung ist der Archetyp des Selbst gleichzeitig der Ursprung unseres Impulses zur Selbstverwirklichung; es ist der einzige Punkt, von dem aus unser Charakter und unsere Persönlichkeit reifen, wenn wir älter werden. So wie ein Samenkorn die gesamte potenzielle Zukunft eines Baumes in sich trägt. Es ist das Selbst, das hervorbringt, was Jung »den Prozess der Individuation« nannte, der vom Potenzial der Kindheit zu einer ausgedehnten Reise der Selbstfindung beginnt, bei der man bewusste und allmählich unbewusste Aspekte integriert. Jung glaubte, dass es der Endzweck des menschlichen Lebens ist, dieses Zusammenkommen des Ganzen zu erfahren, alles über uns selbst vollständig zu integrieren und bewusst zu machen, was im Schatten verborgen war. Dieses Ziel ist der vollste Ausdruck des eigenen Charakters und erlaubt es einem, seine Individualität nachhaltig gegen das kollektive Massenunbewusste zu behaupten.

In meinem Verständnis gibt es da ein schönes Wort, das all dies in sich trägt: Liebe.

Logbuch-Einträge

Wie in den bisherigen Abschnitten vermittelt und im weiteren Verlauf dieses Buches vertieft, spielt Authentizität in meinem Verständnis eine entscheidende Rolle in der Qualität unserer Erfüllung. Wenn wir nicht ehrlich sind zu uns selbst und zur Welt, bleiben wir immer in der falschen Wahrheit gefangen und können nicht zu uns selbst finden. Auch ich habe wie wir alle einige große und kleine Krisen durchlebt, Erkenntnisse gewonnen und bin durch konsequente Reflexion zu dem Menschen geworden, der dieses Buch verfasst hat. Schon immer habe ich meine Entwicklung in Tagebüchern dokumentiert und integriere daher ausgewählte Texte als Logbuch-Einträge in dieses Buch. Sie sind entsprechend gekennzeichnet und bieten einen intimen, sehr authentischen Einblick in meine eigene Reise. Ich hoffe, damit zeigen zu können, dass meine Weisheiten nicht erlernt, sondern erlebt sind und die Suche nach dem Wissen hinter diesen Weisheiten keiner akademischen, sondern einer höchst persönlichen Motivation entspringt.

Logbuch-Eintrag vom 5. September 2011

Ich bin heute aufgewacht und musste ständig an den Freitod denken. Diesen Augenblick, wenn man beschließt, sein Leben gehen zu lassen, ohne weiter als Seele zur Verfügung zu stehen. Dieser Augenblick, wenn es leichter scheint, den Schmerz zu beenden, als für die anderen da zu sein. Wenn Unabhängigkeit zum Dogma wird, denn nichts ist mehr wichtiger als die eigene Freiheit und somit irrelevanter als der eigene Freitod. Meistens ertappe ich mich dabei, von Freitod im Kontext von Rache zu schwärmen. Sich selbst umbringen in direkter Reaktion auf das Handeln und Behandeltwerden von anderen. Im Traum hat mir eine Kollegin viele Fehler vorgeworfen und mir ins Gesicht die Tauglichkeit meiner Person für meinen Job abgesprochen. Mein nächster Gedanke war: Sie kann nicht wissen, wie viel ich derzeit durchmache, und sie soll es auch nicht wissen. Ich nutze die Chance, laufe auf das Dach der Company und springe. Genauso die unangemessene Art, wie mich der COO runterputzte, in einer großen Runde, für eine von ihm missverstandene Aussage. Genauso die Anzahl kleiner Herausforderungen, die meinen Job zu diesem Monster machen, der er ist, der mich langsam auffrisst. Seine Waffen sind nicht etwa messerscharfe Zähne, sondern die indirekte Verzweiflung. Schlaflosigkeit, Depression, Einsamkeit, die nach mehr Unabhängigkeit begehrt. Also nach noch mehr Schlaflosigkeit, Depression und Einsamkeit.

Was tun? Aufstehen, den Kopf oben halten. Die eigene Persönlichkeit entdecken, das eigene Selbst erwecken und die Herausforderung annehmen. Ruhig bleiben. Nichts überdramatisieren. Auf dem Boden bleiben, nach vorne schauen. Das Jetzt genießen. Manchmal ist alles leichter, als sich einen Kopf darüber zu machen, ob man es wert ist zu leben. Manchmal ist es die schwerste aller erdenklichen Aufgaben die eigene Lähmung zu überwinden.

Doch all diese Worte hier helfen mir. Sie helfen mir anstelle der Therapie, die sich meine Krankenkasse nicht leisten will, anstelle von Betäubung, die mich nur tiefer in die Lähmung bringen würde. Auseinandersetzung statt Flucht. Konfrontation statt Kompensation. Jetzt statt gestern oder morgen. Hier in mir – anstatt überall dort, wo ich gerade nicht mehr der sein kann, der ich eigentlich bin.

Schlüsselfaktor Erfüllung:
Die Suche nach ihrem Sinn

Die zweite Weisheit: Bevor wir etwas erfüllen können, müssen wir es entleeren.

Was ist Erfüllung? Was Glück? Was Sinn? Was Erfolg? Diese Begriffe werden oft verwendet, um das Gleiche auszudrücken, und ebenso oft verwechselt.

Erfüllung, Glück oder Erfolg?

Beginnen wir mit dem Autor und Unternehmensberater Simon Sinek. Er schrieb einige internationale Bestseller und gilt als einer der prägendsten Vordenker unserer Zeit, wenn es um Arbeitskultur und Verwirklichung geht. Sein Hauptwerk trägt den Titel *Start With Why* (deutsche Ausgabe: *Frag immer erst: Warum*) und erklärt unter anderem seine zentrale These, dass Menschen weniger dem Was folgen (wie einem guten Produktangebot), sondern das Warum eine zentrale Rolle einnimmt (wie der Einsatz für eine gerechtere Welt). Erfüllung ist tiefer. Erfüllung dauert. Der Unterschied zwischen Glück und Erfüllung ist der Unterschied zwischen »etwas mögen« und »etwas lieben«. Wir mögen unsere Kinder zum Beispiel nicht unbedingt immer, aber wir lieben sie immer. Wir finden nicht unbedingt jeden Tag Glück in unserer Arbeit, aber wir können uns jeden Tag von unserer Arbeit erfüllt fühlen, wenn wir uns dadurch als Teil von etwas Größerem fühlen. Das ist der Grund, warum wir uns unerfüllt fühlen können, selbst wenn wir durch Standardmaßnahmen wie Vergütung und Status erfolgreich sind. Erfüllung entsteht, wenn unsere Arbeit direkt mit unserem WARUM verbunden ist.

Erfüllt sein

Und dieses Warum führt uns zurück zum Beginn dieser Erläuterung – es handelt sich um genau diese kleine, feine Sache, die unser Erfülltsein bestimmt, die unser Denken und Handeln beherrscht, die unseren inneren Mangel erklärt und den Grund liefert für unsere innere Motivation, diesen Mangel zu überwinden. Das erklärt, warum das Warum so viel mächtiger ist als jedes Was oder Wie, und, dass dieses Warum die Quelle jener Energie ist, die uns zur Erfüllung bringt. Das bedeutet: Wenn wir die falschen Ziele haben, die gar nichts mit unserem inneren Mangel zu tun haben, dann dürfen wir uns nicht wundern, wieso wir sie nicht erreichen. Doch dazu mehr unter »Ziele« (Seite 55 ff.).

Positive Psychologie

Einen weiteren wertvollen Blick auf die Frage, was ein erfülltes Leben ausmacht, erlaubt die Wissenschaft der Positiven Psychologie, die in meinen Studien zu den Sieben Säulen des Seins eine nicht unerhebliche Rolle spielt. Die Suche nach dem Ursprung des Begriffes »Positive Psychology« führt uns zu niemand Geringerem als dem amerikanischen Psychologen, Humanisten und Begründer der Bedürfnishierarchie, Abraham Maslow. Er verwendete den Begriff erstmals in seinem 1954 erschienenen Buch *Motivation und Persönlichkeit*, in dem auch seine Hierarchie der Bedürfnisse, die in aller Regel fälschlicherweise als Pyramide visualisiert wird, das erste Mal fundiert der Öffentlichkeit vorgestellt wurde. Schon Maslow störte sich an dem Umstand, dass sich die Wissenschaft im Fachbereich der Psychologie vorrangig auf die Untersuchung psychischer Störungen konzentrierte. Diese Fokussierung, so Maslow, erlaube nur ein sehr eingeschränktes Verständnis des gesamten menschlichen Potenzials.

Infos von der Expertin:
Dr. Judith Mangelsdorf über Erfüllung
Ich hatte die Möglichkeit, ein ausführliches Interview mit Prof. Dr. Judith Mangelsdorf zu führen, die nicht nur Vorsitzende der Deutschen Gesellschaft für Positive Psychologie ist und eine Professur an der Deutschen Hochschule für Gesundheit und Sport innehat, sondern auch zu den weltweit gefragtesten Forscherinnen auf dem Gebiet der Positiven Psychologie zählt. Sie ist eine Wissenschaftlerin, die mit Leidenschaft und Erfahrung die Positive Psychologie in die Welt bringt, um Menschen dabei zu helfen, ein besseres Leben zu kreieren. Ihre Vision einer besseren Welt ist eine Welt, in der sich die Werte, die wir als Menschen teilen, global realisieren. Werte, die aus unserem inneren Kern entstehen, weil wir so Beziehungen zu anderen Menschen positiv gestalten lernen.

Das gesamte Gespräch mit vielen weiteren aufschlussreichen Einblicken, unter anderem zu den Dingen, die Judith Mangelsdorf regelmäßig tut, um in ihrer Mitte zu bleiben, und zur Bedeutung von Ausgeglichenheit für ein erfülltes Leben steht den Leser*innen als Podcast zur Verfügung. Die genauen Links zu den Ausgaben findet ihr im Anhang.

Wenn Erfüllung und Erfolg sich verbinden

Ihr Weg
Mit 12,13 Jahren war ich bereits das, was man heute »Berufsmusiker« nennen würde. Ich habe schon im Kindergarten angefangen, klassische Konzertgitarre zu spielen, und bin sehr

früh in der Musikschule gelandet. Dort bin ich auf eine ehemalige Professorin getroffen, die von der Hochschule kam und mit den Jüngsten gearbeitet hat. Wir haben dann unglaublich intensiv über Jahre miteinander gearbeitet und ich hatte dank ausgeprägter Motivation und der großartigen Lehrerin deutlich Vorsprung. Wenn es also darum ging, Konzerte zu geben oder an Wettbewerben teilzunehmen, war ich es gewohnt, sehr gut abzuschneiden.

Doch dann gab es einen Wettbewerb, wo etwas passiert ist, auf das mich niemand vorbereitet hatte. Und zwar saß in der Jury eine ehemalige Kontrahentin meiner Gitarrenlehrerin. Ich spielte also in dem Wettbewerb, bekam auch an diesem Tag Standing Ovations vom Publikum. Als es dann ins Auswertungsgespräch ging, saßen mir vier Professoren gegenüber, die sagten mir folgende Sätze, die ich nie in meinem Leben vergessen werde: Sie sagten: »Wenn du weiter in dieser Haltung Gitarre spielst, bist du in zwei Jahren ein Krüppel und du solltest niemals darüber nachdenken, beruflich etwas mit Musik zu machen.« Dann gaben sie mir die zweitschlechteste Wertung des gesamten Wettbewerbes. Für mich war klar, dass da vier Professoren des Fachs saßen, und wenn das deren Meinung war, dann mussten sie wohl recht haben. Ich habe mich durch niemanden mehr vom Gegenteil überzeugen lassen.

Und das hat tatsächlich dazu geführt, dass ich bei ungefähr zwischen 80 und 100 Konzerten, die ich im Jahr gespielt habe, vor und nach jedem Konzert dicht vorm Nervenzusammenbruch war, weil ich immer dachte: »Du kannst es nicht, warum gehst du auf die Bühne?« Heute kann ich das anders einordnen. Und heute weiß ich, dass ich als Werkzeug benutzt wurde, um meine damalige, großartige Dozentin zu treffen. Aber es hat natürlich in erster Linie mich getroffen, und das in einer Lebensphase, in der man sich ja mehr denn je selbst zu hinterfragen beginnt und viel zu schnell an den eigenen Fähigkeiten (ver-) zweifelt.

Wie ein erfülltes Leben gelingt

Ein gutes Leben basiert auf drei Grundbausteinen. Der erste ist die gesellschaftspolitische Dimension. Wenn wir in einem korrupten Staat leben, in dem es eine riesige Kluft zwischen Arm und Reich gibt, der von Krieg bedroht ist, dann ist es extrem schwer, ein gutes Leben zu führen, weil nicht mal das bloße Überleben sicher ist. Der nächste wichtige Baustein beschreibt den Lebensstil. Also welchen Stellenwert Bewegung, Schlaf, Auszeiten und Ernährung im Leben bekommen. Der dritte Baustein ist natürlich die Positive Psychologie. In erster Linie geht es darum, das Leben so zu gestalten, dass wir unsere Stärken leben können, dass wir unsere Werte kennen, dass wir unserem Sinn folgen und wir wirklich erfüllte Beziehungen haben.

Über Erfüllung und den Unterschied zu Erfolg

Erfüllung bedeutet für mich, das Gefühl zu haben, wirksam zu sein, und zwar wirksam in eine Richtung, die meinen eigenen Werten und meinem Lebenssinn entspricht. Das heißt also, etwas bewegen zu können, andere unterstützen zu können.

Irgendwann kommen die beiden Konzepte (Erfüllung und Erfolg) ja zusammen. Ich glaube, Erfolg wird dann zu Erfüllung, wenn die Ziele, die wir uns setzen, indem wir erfolgreich sein möchten, widerspiegeln, wofür wir im Leben da sind, angeknüpft sind an unseren Lebenssinn und unsere Werte. Zum Beispiel habe ich mich über mehr als eine Dekade dafür eingesetzt, dass in Deutschland die Positive Psychologie studiert werden kann, und zwar deswegen, weil ich glaube, dass da-

Wissen in die Welt gebracht werden kann, das einen echten Unterschied macht. Wenn wir jetzt tatsächlich diesen ersten Studiengang starten, dann kommen hier Erfüllung und Erfolg für mich zusammen. Weil es eben etwas ist, das nicht nur ein gesetztes Ziel erreicht, sondern ein Ziel ist, das sich stark an meinem Lebenssinn orientiert.

Logbuch-Eintrag vom 12. März 2020

Meine Freude, am Leben zu sein, drückt sich darin aus, dass ich morgens aufwache und abends ins Bett gehe und in der Lage bin, darüber zu reflektieren, wie ich mich fühle. Ich spüre manchmal eine durchdringende Schwere, eine subtile, fast schon komödiantische Hoffnung, ich spüre unbegründete Angst, Sehnsucht, Neid, Mitgefühl, Mut, Schwäche oder Zuversicht. Ich spüre manchmal gar nichts. Manchmal ein Hochgefühl des Glücks. Manchmal eine tiefe Einsamkeit. Manchmal irgendwie alles. Ich weiß dann, wer ich bin und warum ich das fühle. Ich weiß, was ich tun kann, damit ich mich besser fühle, und tue es. Ich genieße dieses Gefühl der Kontrolle über mein Leben und vertiefe es. Ich genieße meine Existenz. Ich erlebe mich als Ganzes, als etwas, das schwach, düster, schwer und kompliziert sein darf. Ich erlebe mich als jemand, der es wert ist, geliebt zu werden, denn ich liebe mich, ich liebe das, was ich in mir sehe.

Das beschreibt, was ein erfülltes Leben für mich ist, und der Weg dahin ist nicht ganz unbeschwert. Denn Erfüllung ist kein Orden, den man einmal verdient hat und ständig mit sich rumschleppt, um allen zu verdeutlichen, dass man jeden Schulterklopfer wert ist. Erfüllung ist ein fragiler Zustand der Ausgeglichenheit zwischen diesen Tausenden Kräften, in die unser Leben eingespannt ist. Es braucht Selbst-Bewusstsein, Wissen, Konsistenz, Achtsamkeit und jede Menge Motivation, um diesen Zustand zu erreichen, und noch viel mehr von allem, um diesen Zustand so gut es geht zu bewahren. Um die-

sen Prozess geht es in diesem Buch. Darum, dieses Selbst-Bewusstsein, dieses Wissen, diese Konsistenz, diese Achtsamkeit und erst recht diese Motivation erst zu erlangen, und damit eine neue Vision für das eigene Leben zu schaffen.

Ich habe mich selbst so lange verachtet und mir irgendwann die Frage gestellt, ob ich das akzeptieren möchte, oder ob es anders geht. Ich bin meiner inneren Leere auf die Schliche gekommen und habe versucht, sie zu überwinden, indem ich sie verdrängte, betäubte, vergaß oder manipulierte, indem ich sie mit irgendwas füllte, das in dieses ewig hungrige schwarze Loch in mir passte. Das war wenig erfolgreich. Irgendwann habe ich verstanden, dass es diese hässliche, kalte Perfektion, von der ich annahm, sie sei die ungeschriebene Norm fürs Glücklichsein, gar nicht gibt. Ich habe verstanden, dass, je mehr ein Mensch mir im Außen zulächelt und seine Utopie des ultimativen Erfolgs zur Schau stellt, seine innere Leere desto größer ist. Er versucht, sie mit dem Zuspruch und der Sehnsucht des applaudierenden Publikums zu stillen. Ich habe verstanden, dass Perfektion nie wirklich oder echt ist, wenn sie im Außen stattfindet. Was auch immer an Erfüllung echt ist, braucht das Außen als Füllung für diese innere Leere nicht. Ich habe verstanden, dass ein erfülltes Leben deswegen so erstrebenswert ist, weil, wie der Ausdruck schon sagt, die Fülle von allein da ist. Das heißt nicht, dass es keine inneren Löcher mehr gibt, sondern nur, dass sie keine künstliche Füllung mehr brauchen. Meine Arbeit an mir selbst ist daher eine Reise zu einem Ort, vor dem ich so viel Angst hatte: die Stille in mir. Inzwischen ist dieser Ort jedoch ein Refugium, das immer verfügbar ist, ganz gleich, wie groß der Schmerz, wie laut das Dröhnen, wie hart der Wind oder wie groß der Druck von außen sind. Dieser Ort ist dennoch nicht das Ziel meiner Reise: Es ist der Ort, an dem die Reise selbst zu Hause ist.

Schlüsselfaktor Zeit:
Ihre Rolle bei der Erfüllung

Die dritte Weisheit: Uns fehlt es nicht an Zeit, sondern an der Entschlossen-heit, sie schöpferisch zu nutzen.

Zeit ist eine sonderbare Ressource: Wir können sie nicht sparen, nicht aufteilen, nicht verschenken. Wir können sie nicht konser-vieren, zurückspulen, langsamer oder schneller ablaufen lassen. Wir können Zeit nicht managen, auch wenn es bei Amazon über 80 000 Treffer in der Buch-Kategorie zum Suchbegriff »Zeitma-nagement« gibt. Zeit ist eine Konstante, ein lineares Phänomen, das seit und für Ewigkeiten den Takt unserer Leben vorgibt. Die Literatur ist voller Metaphern zum Thema Zeit, und eine hat es mir besonders angetan. Vielleicht erinnerst du dich noch an *Momo* von Michael Ende? Ein wunderbares Buch, wie ich finde. Auf Seite 154 findet sich folgendes Rätsel:

Drei Brüder
Drei Brüder wohnen in einem Haus
sie sehen wahrhaftig verschieden aus,
doch willst du sie unterscheiden,
gleicht jeder den anderen beiden.
Der erste ist nicht da, er kommt erst nach Haus.
Der zweite ist nicht da, er ging schon hinaus.
Nur der dritte ist da. Der kleinste der drei,
denn ohne ihn gäb´s nicht die anderen zwei.
Und doch gibt's den dritten, um den es sich handelt,
nur weil sich der erst in den zweiten verwandelt.

Denn willst du ihn anschaun, so siehst du nur wieder
immer einen der anderen Brüder!
Nun sage mir sind die drei vielleicht einer?
Oder sind es nur zwei? Oder ist es gar – keiner?
Und kannst du, mein Kind, ihre Namen mir nennen,
so wirst du drei mächtige Herrscher erkennen.
Sie regieren gemeinsam ein großes Reich
und sind es auch selbst! Darin sind sie gleich.

Es handelt sich um das Rätsel der Zeit: Die drei mächtigen Herrschenden sind die Vergangenheit, die Zukunft und die Gegenwart. Ich frage nun: Wenn es um die Kunst, ein erfülltes Leben zu führen, geht, welche der drei Herrschenden spielt die wichtigste Rolle? Ist es die Zukunft, weil Erfüllung eine Sache zu sein scheint, die in der Zukunft zu Hause ist? Ist es die Vergangenheit, von der wir alles lernen, die uns zeigt, wie es geht? Oder ist es die Gegenwart?

Wie lang regiert die Gegenwart?

Während die Vergangenheit und die Zukunft unendlich lang regieren, gehört der Gegenwart nur stets ein einziger Augenblick. Und dennoch ist sie die mächtigste der drei Herrschenden. Denn im Hier und Jetzt schreiben wir die Geschichten, die zur Vergangenheit werden, und im Hier und Jetzt erschaffen wir ein Fundament für das, was wir Zukunft nennen.

Vergleichen wir einmal die Menge der Zeit, die wir täglich und gedanklich in der Vergangenheit oder der Zukunft verweilen, also bei Dingen, die wir nicht mehr ändern können, oder bei Dingen, die noch nicht passiert sind, mit der Menge der Zeit, in der wir mit allen Sinnen nur das erleben, was gerade passiert. Vielleicht stellen wir mit Schrecken fest, dass wir unser Leben, das nichts anderes ist als eine endliche Aneinanderreihung dieser Momente des Hier und Jetzt zu einem Großteil in Regionen verschwenden, die uns zu Zuschauern degradiert. Denn in die Vergangenheit können wir nur blicken, jedoch nichts mehr verändern. In die Zukunft können wir nur blicken, sie jedoch höchstens antizipieren. Wirklich etwas verändern, etwas prägen, etwas tun, das können wir nur hier und jetzt.

Hier eine kleine Übung, um in der Gegenwart anzukommen.

Hier und Jetzt

Jetzt gerade liest du diese Zeilen und in deinem Kopf geschieht etwas. Nimm dir einen Augenblick Zeit und schau hinein in diese Gedanken. Woran denkst du?

Konzentriere dich auf das, was du gerade hörst, egal, wo du bist. Vielleicht hörst du draußen Autos fahren oder Vögel zwitschern. Vielleicht hörst du deinen Kühlschrank brummen oder ein Flugzeug rauschen. Selbst wenn du nichts hörst, kannst du irgendwo deinen Atem hören. Hör genau hin und tauche hinein in dieses Geräusch. Hier und jetzt.

Konzentriere dich auf das, was du siehst. Die Buchstaben auf dieser Seite oder deine Finger, wie sie diese umblättert. Vielleicht siehst du den Himmel, eine Straße, ein Haus, ein Meer, andere Menschen. Selbst wenn du die Augen schließt, siehst du vielleicht das grüne Dach eines wundervollen Waldes oder die dunkle Gräue deiner geschlossenen Augenlider. Sieh genau hin und tauche hinein in diese Bilder. Hier und jetzt.

Konzentriere dich auf das, was du fühlst. Den Stuhl unter deinem Gesäß. Eine frische Brise in deinem Gesicht. Die Seiten des Buches in deiner Hand. Der kühle Bildschirm deines Tablets unter den Fingerspitzen. Vielleicht fühlst du dich frei, glücklich, schwer, einsam, traurig, motiviert oder ängstlich. Such dir eines dieser Dinge aus und fühle dich tief hinein in dieses Erlebnis. Hier und jetzt.

Diese kleinen Übungen sind Elemente aus der Achtsamkeitslehre. Sie helfen uns zu verstehen, was es heißt, hier und jetzt zu sein. Die mächtige Herrscherin namens Gegenwart entscheidet so viel und ist doch so schwer zu fassen.

Die friedliche Revolution in unseren Herzen

Und doch ist alles, was wir Leben nennen, was wir tatsächlich erleben, was unsere Zukunft und unsere Vergangenheit erschließt, ein Ergebnis unseres Handelns in diesen Momenten, die wir als Gegenwart bezeichnen. Sie ist der Schlüssel über die Macht, die die Zeit über uns hat. Sie ist das Land der unbegrenzten Möglichkeiten, unsere Chance auf eine friedliche Revolution in unseren Herzen, um selbst zum/zur Herrschenden in unserem Leben zu werden.

Wir haben die Wahl in jedem Augenblick, die Zeit zu nutzen, eine Entscheidung zu fällen, oder es nicht zu tun. Dieser kleine Abschnitt zwischen Vergangenheit und Zukunft entscheidet, welcher Mensch wir sind, nicht, welcher Mensch wir sein möchten, entscheidet, wie wir uns fühlen und wie sich andere fühlen. Dieser kleine Moment ist alles, was wir haben, alles, was wir steuern können, dieser kleine Moment ist die sich fortwährende flüchtende Ewigkeit, auf der wir reiten können, wie auf einem Drachen, wenn wir uns bloß trauen, diese Wahrheit zu akzeptieren. Denn das hieße, nicht mehr zu zaudern, nicht mehr in der Komfortzone hängen zu bleiben, in der sich alle Dinge leicht und angenehm anfühlen, ganz gleich, wie unangenehm das Große und Ganze sein mag.

Zeitenwende

Jede Veränderung in unserem Leben beginnt mit dem Verständnis darüber, welche Aufgabe Zeit in unserem Leben hat. Wir sind jeden Tag nonstop Tausenden von Entscheidungen ausgesetzt, die wir treffen müssen: Wann wir aufstehen, was wir anziehen, wie lange wir duschen, welches Frühstück wir brauchen. Oft denken wir über Fragen nach, die unser ganzes Leben grundsätzlicher betreffen: Ob wir unseren Partner noch lieben, ob wir unseren Job noch gut genug machen, wo wir am liebsten leben möchten, ob wir uns einen Hund zulegen sollten oder ob die Rente wirklich für den Lebensabend reicht. Schnell arten diese Überlegungen zu einem unkontrollierten Gedankenstrudel aus, der uns ständig unterbewusst unter Druck setzt, weil wir glauben, auf alle diese Fragen eine Antwort haben zu müssen. Je besser wir planen, wie unser Tag aussehen soll, je mehr Struktur wir für unsere Zeit schaffen, desto einfacher ist es, sich auf die Dinge zu fokussieren, auf die es in dem jeweiligen Moment, in der Gegenwart wirklich ankommt. Denn wie wir später noch lernen werden, haben wir nur ein begrenztes Budget für Entscheidungen an jedem Tag. Und jede Entscheidung will sorgsam gefällt werden, denn jede prägt die Qualität unseres Lebens. Gehen wir früher ins Bett, um auf unsere sechs bis acht Stunden Schlaf zu kommen? Nehmen wir uns Zeit für ein gutes Frühstück? Sind wir liebevoll zu unseren Kindern und machen ihnen ein Brot für die Schule, das wir selbst gern essen würden? Nehmen wir das Fahrrad zur Arbeit statt des Autos? Strukturieren wir unseren Tag mit Voraussicht und planen nicht nur Zeit für Termine ein, sondern auch für die eigentlichen Aufgaben?

Nie genug

All das scheint viel und verwirrend – wo soll man anfangen und wo hört man auf? Irgendwie haben wir nie genug Zeit für all die Dinge, die wir uns in unserem Leben wünschen, und tatsächlich hat dieses Gefühl viel mehr damit zu tun, welche Entscheidungen wir treffen, welche Prioritäten wir setzen, als damit, wie viel Zeit uns zur Verfügung steht. Denn keine Ressource dieser Welt ist so demokratisch, so fair und gerecht verteilt wie die Zeit. Unter dem Regime der Zeit sind wir alle gleich. Alle Tiere, alle Menschen, alle Lebewesen in diesem Universum.

Die Kunst, ein erfülltes Leben zu führen, beginnt also mit der Frage, wie wir die uns zur Verfügung stehende Zeit wirklich nutzen. Leben ist das, was jeden Augenblick passiert, daher ist ein erfülltes Leben etwas, das jeden Augenblick erfüllt. Wie sähe also der heutige oder morgige Tag für dich aus, wenn er erfüllt sein sollte? Was könntest du ändern, um dieses Gefühl zu erreichen, damit der Tag so wird, wie du es dir wünschst? Welche Entscheidungen würdest du treffen? Welche Entscheidungen kannst du heute schon für die nächsten Tage treffen, damit du mehr Energie übrig hast, Entscheidungen zu treffen, auf die es wirklich ankommt? Wie sich diese Fragen für uns beantworten lassen, ist Teil unserer Arbeit mit den Sieben Säulen des Seins. Doch bevor wir uns noch tiefer der Ausgestaltung von Zeit widmen, müssen wir zunächst für uns klären, auf welcher Basis unsere Entscheidungen eigentlich gefällt werden. Wenn wir uns diese Gedanken nicht machen, geht unsere Entscheidungsfähigkeit in die Knie und wir tendieren dazu, unsere Entscheidungen nach dem geringsten Widerstand auszurichten. Wir tun das, was andere von uns erwarten. Das ist auf Dauer anstrengend und zehrt unser Entscheidungsbudget viel zu schnell auf. Die Folge ist, dass wir für wirklich wichtige Entscheidungen keine Kraft mehr haben, uns von anderen mitreißen lassen und dabei unseren eigenen Weg verlieren.

Der eigene Weg

Bevor wir also jede noch so kleine Entscheidung neu treffen, ist es hilfreich, einen Rahmen zu ersinnen, ein Bewertungssystem, das es uns leichter macht, Entscheidungen zu prüfen. Es mag zum Beispiel sein, dass wir gerne die portugiesische Sprache erlernen möchten. Mit dieser einen Entscheidung können wir viele andere kleine Entscheidungen mitbestimmen, ohne dass diese uns Energie rauben. Wohin wir in Urlaub fahren wollen? Nach Brasilien oder Portugal! Was wir jeden Morgen zehn Minuten im Bus auf dem Weg zur Schule/Uni/Arbeit machen können? Auf einer Sprachlern-App Portugiesisch lernen. Wir können uns auf sozialen Netzwerken nach Sprachlern-Tandem-Partnern für Portugiesisch/Deutsch umschauen oder uns Filme in Portugiesisch mit deutschen Untertiteln auf Netflix oder YouTube ansehen.

Noch klarer wird es, wenn statt einer Fähigkeit (Portugiesisch lernen) ein Wesenszug im Zentrum des Veränderungsbedürfnisses steht. Nehmen wir an, wir wünschen uns, gütiger, nachsichtiger und liebevoller zu sein. Die Entscheidung, diese Eigenschaften zu entwickeln, hilft uns ebenfalls bei einer Vielzahl kleiner Entscheidungen, die wir voraussichtlich ohne sie anders fällen würden: wie wir im Straßenverkehr auf andere Fahrzeugführende reagieren, die – um es nett auszudrücken – ihrem offensichtlichen Zeitdruck ungefiltert Ausdruck verleihen. Oder wie wir mit Obdachlosen umgehen, die uns um eine Spende bitten. Welche Art von Meditationen wir morgens nutzen (Metta/Liebende Güte). Wie wir in Mitteilungen unser Mitgefühl zum Ausdruck bringen, wie wir auf barsche Nachrichten von Kolleg*innen reagieren, welche Position wir bei aggressiv geführten Diskussionen in Facebook-Kommentarspalten einnehmen.

Entscheidungen treffen

Der Prozess ist hierbei nicht schwarz-weiß, das heißt, es gelingt selten von jetzt auf gleich, alles so hinzubekommen, wie wir uns das wünschen. Genauso wenig können wir in dem Augenblick Portugiesisch lernen, in dem wir es uns vornehmen. Doch wenn wir es uns nie vornehmen, werden wir die Sprache nie beherrschen. Und das »Es-sich-Vornehmen« ist nichts anderes als die Entscheidung, in Zukunft einen Teil unserer Zeit in diese Arbeit zu investieren. Das gilt für eine Fähigkeit genauso wie für einen Wesenszug. Wir erkennen also, dass wir unseren Charakter ändern können, wenn wir unser Denken verändern und unser Handeln danach ausrichten. Genauso sind wir dazu in der Lage, unsere Gefühle mit unseren Gedanken zu beeinflussen. So verändern wir auf Dauer unser Leben, Entscheidung für Entscheidung, von dem Großen in das Kleine und aus dem Kleinen in das Große, aus dem Inneren ins Außen und dann zurück ins Innere.

Dem Schweizer Dichter und Autor Gottfried Keller wird dieses folgende Zitat zugeschrieben, das übrigens gern mit Gandhi oder Stephen Covey in Verbindung gebracht wird. Mit diesem treffenden Gedanken schließe ich diesen Abschnitt, bevor wir im nächsten Abschnitt die wundersame Macht authentischer Ziele erforschen: »Wer heute einen Gedanken sät, erntet morgen die Tat, übermorgen die Gewohnheit, danach den Charakter und letztendlich sein Schicksal. Drum muss er bedenken, was er heute sät, und muss wissen, dass ihm sein Schicksal einmal in die Hand gegeben ist: heute.«

Logbuch-Eintrag vom 18. Januar 2012

Ich möchte die Zeit fassen. Sie binden, kondensieren in ein Einmachglas, das ich umherschleppen kann, und bei Bedarf öffne ich es und es schenkt mir Zeit. Ich muss alles dokumentieren, haarklein. Jede Stunde meines Lebens erfassen, um sie nicht zu verlieren. Ich schreibe mir alles auf. Mit wem ich Zeit verbringe, was ich mache, wie lange ich arbeite, wie effektiv ich arbeite, wie viel Prozent meiner Zeit verschwendet wird, vergiftet ist, wann mir die Kontrolle entgleitet. Ich dokumentiere, wie oft ich Sport trieb, die Benutzung von Zahnseide, mein Gewicht. Ich brauche Kontrolle, totale Kontrolle. Das System muss funktionieren, ich muss wissen, wie und wo alles zusammenkommt, wie es wirkt, wo es hakt. Nein, ich muss es nicht nur wissen, ich muss es kontrollieren. Je größer das Bedürfnis nach Kontrolle ist, umso schöner ist der Kontrollverlust.

Der verzweifelte Versuch, einen Kontext herzustellen. In welcher Zeit lebe ich? Autos können noch nicht fliegen und mein Kühlschrank sagt mir immer noch nicht, wann die Milch abgelaufen oder welches Gemüse verbraucht ist und ob ich mich zu kohlenhydratreich ernähre. Ich löse mich von der Idee, dass ich das brauche, und verliere den Kontakt zur Welt da draußen.

Schlüsselfaktor Ziele:
Das Problem mit ihnen

Die vierte Weisheit: Die besten Ziele erinnern uns daran, dass das Leben in der Gegenwart und nicht in der Zukunft gelebt wird.

Seit über 25 Jahren arbeite ich in der Wirtschaft. Ich habe angefangen, im väterlichen Betrieb alle möglichen Aufgaben zu erledigen, dann irgendwann eigene Firmen gegründet und über mehr als zehn Jahre aufgebaut. Ich war in großen Agenturen, aufstrebenden Start-ups, Medienhäusern, Fernsehsendern und international operierenden Konzernen in globaler Funktion tätig. Meine Aufgaben, meine Arbeitsbereiche, meine Verantwortung für Personal und Budget unterschieden sich sehr von Rolle zu Rolle, doch eine Sache blieb immer gleich: Ich richtete, wie wir alle, mein Schaffen auf Ziele aus und bemaß meinen Erfolg nach dem Erreichen dieser Ziele.

Nicht alle Ziele sind smart

Erfolgreich in ihrem Schaffen ist auch die Professorin Dr. Tatjana Schnell: Seit 2005 betreibt sie an der Universität Innsbruck in Österreich das Existential Psychology Lab und hat seit 2020 eine Professur für Religionspsychologie und Existenzielle Psychologie an der MF Specialized University in Oslo/Norwegen inne. Ihr Forschungsfeld ist die existenzielle Psychologie, mit einem Schwerpunkt auf der empirischen Sinnforschung, die sich ebenfalls auf Viktor Frankls Logotherapie (mit »Logos« meint Frankl »Sinn«, siehe Seite 114 ff.) und Existenzanalyse stützt. Prof. Dr. Tatjana Schnell beschäftigt sich also mit der Frage, wie wir den Lebenssinn definieren und erforschbar machen können. Sie untersucht mit wissenschaftlichen Methoden, wie Menschen ihrem Leben Sinn geben, wie und warum sie sich darin unterscheiden und welche Konsequenzen dies zum Beispiel für das Berufsleben hat. In einem Interview mit *Spiegel Online* aus dem Jahre 2021 wurde sie gefragt: »In der Corona Zeit war es lange nicht möglich, etwas zu planen. Warum brauchen wir überhaupt Ziele im Leben?« Schnell antwortete: »Aus der Psychologie wissen wir: Ziele sind wichtig, sie geben dem Alltag Struktur und uns eine Richtung. Sie funktionieren wie ein Kompass im Leben. Ziele sind aber nicht per se gut. Es ist möglich, dass wir etwas anstreben, hinter dem wir gar nicht stehen. Das macht uns auf Dauer nicht glücklich. Deshalb sollten Ziele richtig gewählt sein.«

Genauso, wie wir Ziele im Leben mit dem eigentlichen Leben, dem Weg dorthin verwechseln, scheint uns der Unterschied zwischen Erfolg und Erfüllung nicht immer klar. Und gibt es eine wichtige Sache, die wir ständig übersehen: Unser Leben ist keine Firma. Wir müssen uns Ziele setzen, um uns verändern zu können, so beten es die meisten Ratgeber zum Thema rauf und runter. Unsere Ziele müssen smart sein, so heißt es da oft. Damit ist nicht nur »clever« gemeint, SMART als Akronym bedeutet:

S für *specific* (spezifisch)
M für *measurable* (messbar)
A für *achievable* (erreichbar)
R für *relevant* (sinnvoll)
T für *time-based* (zeitbasiert)

In der Wirtschaft machen diese Formen der Zielsetzung durchaus Sinn, denn sie helfen besonders im Zusammenspiel der verschiedenen Gewerke, Klarheit darüber, was man in welchem Zeitraum so konkret wie möglich erreichen möchte, zu definieren. Wenn es gelingt, diese Ziele zu erreichen, gar zu übertreffen, dann sind wir erfolgreich. Und Erfolg, das ist es, worum es in der freien Marktwirtschaft geht. Der Markt wird nicht umsonst auch Wettbewerb genannt, ein ständiges Ringen und Kämpfen um Marktanteile, Umsatzgrößen, Gewinnmargen und Wachstum. Alles ist immer auf Wachstum ausgerichtet und wir sind so sehr ein Teil dieser wachstumsbesessenen Welt geworden, dass wir vergessen haben, dass uns diese ständige Suche nach Wachstum immer unglücklicher werden lässt.

Wir manifestieren uns in der Folge gedanklich im Mangel und machen uns so zu Sklaven der Ambition. Doch denken wir nicht schwarz-weiß: Ehrgeiz und Ambition sind nicht pauschal schlecht, Ziele sind nicht pauschal schädlich und ein Gedanke an die Zukunft ist nicht immer kontraproduktiv. Doch es sind die Nuancen, die wir erkennen sollten.

Was bedeutet Erfolg für dich?
Stell dir folgende Fragen und schreibe die Antwort auf:

Was bedeutet Erfolg für dich?

Was würde sich in deinem Leben ändern, wenn es bei deinen Zielen nicht um Leistung ginge, sondern darum, wie du dich fühlst?

Wie würde es sich anfühlen und/oder was würde sich in deinem Leben ändern, wenn es bei deinen Zielen nicht darum ginge, etwas zu haben oder zu tun, sondern zu sein?

Identität ist wichtiger als Cleverness

Entclevern wir unsere Ziele, transformieren wir sie von SMARTen Zielen in »Sein-Ziele«. Verschieben wir die Idee von Erfolg, also das, was uns motivieren soll, von der Zukunft in die Gegenwart, von dem Haben ins Sein. Statt den Mangel und das Scheitern durch tägliche negative Bestätigung in uns zu manifestieren, richten wir uns auf das Positive aus, das wir in unseren echten Bedürfnissen entdecken und befriedigen können. Jeden Tag, zu jedem Zeitpunkt. Wir holen uns die Autorität über unser Wohlbefinden auf diese Weise ins Hier und Jetzt zurück und können im wahrsten Sinne des Wortes unser eigenes Leben meistern.

Statt also jeden Morgen daran erinnert zu werden, dass wir noch nicht fünf Kilo abgenommen haben, der/die Traumpartner*in immer noch nicht neben uns liegt, wenn wir aufwachen, oder das Bankkonto nach wie vor tief in den roten Zahlen steckt, verschieben wir das Nicht-Haben zum Sein und erreichen damit eine unmittelbare Erfolgsfähigkeit: Denn eigentlich wollen wir uns wohl- und gesund in unserem Körper fühlen, oder? Ein langer Spaziergang, ein Saunabesuch oder der Lauf im Stadtpark können dafür sorgen, dass wir unser Ziel schon heute erreichen können. Ein Ziel, das wirklich smart ist, erinnert uns nicht tage-, wochen-, monate-, manchmal jahrelang an unseren Mangel, sondern motiviert uns jeden Tag durch positive Handlungsfähigkeit. Die Frage, die du dir stellen solltest, ist nicht: Was will ich erreichen, tun oder schaffen?, sondern: Wer will ich sein und wie will ich mich dabei fühlen? Hast du auf diese Frage noch keine befriedigende Antwort gefunden, helfen die Übungen zur ersten Ebene im zweiten Teil. Wenn du die Ziele unter die Lupe nimmst, die du bisher im Leben formuliert hast, dann hilft dir das gleich doppelt:

Einerseits hilft es dir, zu erkennen, ob es ein Ziel ist, das wirklich mit deinem authentischen Selbst zu tun hat oder eher durch die äußere, oberflächliche Projektion eines stereotypen Ideals entstanden ist. Andererseits motiviert es dich viel mehr, wenn du weißt, dass etwas zu dir gehört, Teil deiner Identität ist, und nicht nur abgearbeitet werden muss. Hierbei findet die Verschiebung vom Haben und Tun zum Sein im Kopf von allein statt.

Dazu ein paar Vorschläge in der folgenden Tabelle:

SMART-Ziel	Eigentliches Ziel	Mögliche Strategien	Identität
Ich will bis zum Ende dieses Jahres 5 Kilogramm Gewicht abnehmen.	Ich möchte mich in meinem Körper wohlfühlen und gesund sein.	Reflexion, Sport, Ernährung, Erholung, Pflege	»Ich bin fit.«
Ich will bis zu meinem nächsten Geburtstag die Frau meines Lebens treffen.	Mein emotionales Wohlbefinden soll nicht von anderen abhängig sein.	Reflexion, Sport, Achtsamkeit Selbstwirksamkeit, Therapie	»Ich bin unabhängig.«
Ich will in den nächsten drei Jahren meine Schulden beglichen haben.	Ich möchte nachhaltig haushalten und sparsam und effizient sein.	Reflexion, Achtsamkeit, Kompetenzaufbau, Selbstwirksamkeit	»Ich bin effizient.«
Ich möchte mit dem Rauchen aufhören.	Ich möchte besser mit meinen inneren Spannungen umgehen.	Reflexion, Sport, Erholung, Achtsamkeit, Selbstwirksamkeit, Therapie, soziale Bindungen, Kompetenzaufbau	»Ich bin frei.«
Ich will in drei Monaten 30 Liegestütze am Stück schaffen.	Ich möchte diszipliniert eine kraftsteigernde Trainingsroutine in meinem Leben kultivieren.	Reflexion, Sport, Achtsamkeit, Selbstwirksamkeit, Kompetenzaufbau, Erholung, Pflege	»Ich bin stark.«
Ich will bis zum nächsten Sommer eine Beförderung und Gehaltserhöhung bekommen.	Ich möchte meine Stärken und Fähigkeiten in meine Arbeit investieren und dabei Freude und Befriedigung empfinden.	Reflexion, Bewegung, Kompetenzentwicklung, Achtsamkeit, Selbstwirksamkeit, soziale Bindungen	»Ich bin wertvoll.«

Strategieentwicklung

Wenn wir unsere Identität hinter den Zielen erkennen, wird es leichter, konkrete Strategien zu entwerfen. Diese Übersetzungsarbeit ist oft naheliegend – wenn wir Musiker*innen sein wollen, nehmen wir Unterricht, wir spielen regelmäßig unser Instrument und besuchen entsprechende Konzerte von Meister*innen des Fachs. Wenn wir abnehmen möchten, dann liegt dahinter eventuell eine Vision von uns selbst, die gesund und sportlich ist. In diesem Zusammenhang sind wir also in der Identität einer Sportlerin oder eines Sportlers. Die Strategie dafür ist dementsprechend der Eintritt in einen Sportverein, Mitgliedschaft in einem Sportklub, die Teilnahme an Trainings und Wettbewerben und so weiter. Der Gewichtsverlust ist dann eine Nebenwirkung dieser Identität, nicht ihr Inhalt. In den Praxisteilen 2 und 3 in diesem Buch geht es auch darum, wie die Sieben Säulen des Seins bei der Strategieentwicklung und -umsetzung hilfreich sind.

Wie wir im nächsten Abschnitt »Resilienz« lesen werden, führt es nicht selbstverständlich zu positiver Veränderung, motiviert zu sein. Im Gegenteil. Unser Nervensystem ist auf Problemfokus programmiert, denn nur so konnten wir als Spezies überleben. Jedoch ist Überlebensfähigkeit heute eine völlig andere Sache als noch zu Beginn der evolutionären Menschwerdung, weswegen neue Prozesse aktiv etabliert werden müssen. Es ist also genauso herausfordernd, seine Sucht nach »SMART Goals« zu überwinden, wie mit dem Rauchen aufzuhören oder mit dem Meditieren anzufangen. All das bringt uns aus der Komfortzone, denn in gewisser Weise geben uns diese Dinge Halt: Die »SMART Goals«, weil sie unterschwellig das idealisierte Bild einer Zukunft vorgaukeln, von der wir glauben, dass allein schon ihre Idee uns zum Erfolg führt. Die Zigaretten, weil wir oft genug erlebt haben, wie mies es sich anfühlt, wenn wir nicht mehr rauchen. Meditieren ist zum Scheitern verurteilt, weil wir jedes Mal, wenn wir es versuchen, erkennen müssen, dass das Chaos unseres Bewusstseins allen Befürchtungen, Ängsten und Sorgen ein gemütliches Zuhause bietet. Und dieses gemütliche Zuhause, die Komfortzone, die gilt es zu verlassen. Denn die Kraft zur Veränderung wohnt nicht da, wo es gemütlich ist. Wo sie wohnt, müssen wir – jede*r für sich – herausfinden. Wie wir diese Kraft finden können, ist Bestandteil der Entwicklung mit den Sieben Säulen des Seins und beginnt in Teil 2, Ebene 1 (siehe Seite 129 ff.). Sie bildet das Fundament unserer Arbeit.

Logbuch-Eintrag vom 2. Januar 2021

So viel scheint möglich in einem Jahr. Als hätten wir uns diese Maßeinheit »Jahr« ausgesucht, um in diesem Zeitraum all die Dinge zur Umsetzung zu bringen, für die wir mehr als eine Woche Zeit brauchen. So wie »glücklich sein«. Oder »Liebe finden«. Oder »seine Erfüllung erreichen«. Etwas, das man womöglich nie erreicht, wenn man danach sucht. Erfüllung – ein Mysterium für mich. Das Gras auf der anderen Seite ist nicht nur immer ein kleines bisschen grüner, sondern auch immer nah genug, um es in allen Details zu sehen und sich verführen zu lassen. Wechselt man die Seiten ist – mysteriöserweise – das Gras auf der Seite, auf der man selbst gerade noch war, wieder ein bisschen grüner.

Erfüllung. Das ist es, wonach ich strebe. Ich bin ein emotionaler Mensch, ein empfindsamer, vermutlich hypersensibel, soziopathisch, vielseitig veranlagt. In meinen Gedanken verändere ich die Welt zum Guten, verdiene dabei ein Vermögen, bin high vor Glück und Erfüllung, ständig »in the zone«, für alle am Start, habe erfolgreiche Geschäfte laufen und verbringe meine Zeit damit, darüber nachzudenken, was für Inhalte ich heute stricke. Ich denke an solche Geschäftsideen wie eine Nichtraucher-Geschenkbox im Abo – einmal monatlich bekommst du eine neue Box, mit netten Tools, Ideen, Contents et cetera, die dir beim Clean-Bleiben helfen. So eine Box könnte man grund-

sätzlich für alle Süchtigen anbieten, egal, wonach man süchtig ist. Oder ich überlege, einen eigenen Kanal zu entwickeln: Holistic Happiness als Service, und sich dann ganzheitlich an die Menschen wenden: Strategien entwickeln, Ängste lösen, Mut aufbauen, Klarheit trainieren, Achtsamkeit anwenden, Sport treiben und so weiter.

Aber da liegt ein bisschen der Hase im Pfeffer: Was heißt Erfüllung? Erfüllung ist nicht gleich Erfolg. Erfolg ist ein abgedroschenes, inflationär missbrauchtes Token, das uns irgendwie das Gefühl geben soll, dass wir auf dem richtigen Weg sind. Wie ein Navigationssystem: Egal, welche Location du eingibst – wenn du dort ankommst, hast du dein Ziel erreicht und warst erfolgreich. Dabei spielt es keine Rolle, ob du in den Slums von Lagos, im Gazastreifen, in Wuhan im Februar 2020 oder in einem Fünf-Sterne-Baumhaus-Resort in Bali landest. Erfolg ist also relativ. Erfüllung hingegen ist absolut. Es ist wie beim Buddhismus und beim Nirwana etwas, das eigentlich erst durch Abwesenheit erkennbar wird. Abwesenheit von Angst, von Bedürfnis, von Wut. Was ist Erfüllung? Ist es nicht dasselbe? Wenn man aufhört, davor Angst zu haben, nicht genug zu sein, nicht gut zu sein, andere zu enttäuschen, und am meisten die eigenen Eltern. Wenn man seinen Ort in der Welt gefunden hat und nicht mehr ständig auf der Suche ist nach der nächsten kleinen Anerkennung, Bestätigung und Zuwendung. Wenn es nicht ums Like, um den Share, um den virtuellen Zuspruch geht, sondern um das Gefühl, seine Fähigkeiten genau dort und dann zur Wirkung zu bringen, wenn sie mit dem eigenen Wertekodex im Einklang stehen. Wenn es also mehr um das geht, was man beiträgt, als dass man es beigetragen hat. Überwinden wir also erst das Ego, dieses kleine Ungeheuer.

Schlüsselfaktor Resilienz:
Die Rezeptur

Die fünfte Weisheit: Unsere Hingabe an die Angst ist ein größeres Hindernis als das, wovor wir uns fürchten.

Resilienz ist das Ergebnis einer erfolgreichen Anpassung an schwierige oder herausfordernde Lebenserfahrungen, insbesondere durch geistige, emotionale und verhaltensbezogene Flexibilität. Unsere Gehirne sind schließlich evolutionär auf Gefahrenvermeidung ausgerichtet. Vor rund 10 000 Jahren war es wichtiger, sich beim Beerensammeln im Wald auf Risiken, wie zum Beispiel auf das Auftauchen von Raubtieren oder die Erkennung giftiger Pflanzen, konzentrieren zu können, statt den blauen Himmel zu genießen oder die Qualität der Wildbienenstöcke zu zelebrieren. Die Amygdala, evolutionär betrachtet einer der ältesten Teile unseres Gehirns, ist für die Gefahrenabwehr zuständig. Sobald wir Risiken erkennen, schaltet sie sich ein und aktiviert ihr berühmt-berüchtigtes »Kampf-Flucht-Starre«-Programm. Wir spannen Muskeln an, unser Blutdruck und Herzschlag steigen. Unsere Fähigkeit nachzudenken wird mit dem präfrontalen Kortex heruntergefahren. Die mit diesen Prozessen assoziierten Verhaltensweisen sind: Panik, Hektik, Aggression, Konflikteskalation, (Selbst-) Aufgabe oder Rückzug. Wir leben aber kaum noch zwischen wilden Tieren im Wald und unser Überleben ist selten vom Giftgehalt unseres Nahrungsangebots abhängig. Die tatsächlichen Gefahren, mit denen sich unser Gehirn heutzutage beschäftigt, sind zwar völlig andere, doch die automatische Reaktion des Gehirns ist die Gleiche wie noch vor Zigtausenden von Jahren.

Drei zentrale Herausforderungen für unser Nervensystem

Drei zentrale Herausforderungen entstehen für unser Nervensystem, wenn es Gefahren diagnostiziert:

1. Das System kann uns nicht mehr helfen

Die Funktion unseres »Survival-Modus« kann gegen jene Gefahren, die wir in unserer heutigen Zeit tatsächlich erleben, nichts ausrichten. Wenn wir im Straßenverkehr in eine brenzlige Situation kommen oder viel zu spät dran sind für einen wichtigen Termin, wären Skills wie innere Ausgeglichenheit, Klarheit und Konzentrationsfähigkeit sehr hilfreich. Doch stattdessen sorgt unser Gehirn für ein Feuerwerk aus Cortisol, was uns zwar richtig schnell rennen lassen könnte, uns jedoch überhaupt nicht hilft, wenn wir im Auto buchstäblich ans Lenkrad gefesselt sind.

2. Das System ist nur für kurzfristige Belastung ausgelegt

Die Gefahrenmomente in Zeiten, als die Evolution unsere Gehirne über Abertausende von Jahren zu einem wahren Meisterwerk formte und somit die Spezies des Homo sapiens überhaupt erst begründete, waren völlig anders gelagert. Das Überleben war stets eine Sache des Hier und Jetzt – dem Bären auszuweichen, den Büffel zu erlegen, dem Unwetter zu entkommen. Gab es ernste Krankheiten oder Verletzungen, währten diese kurz und endeten oft mit dem schnellen Tod. Unsere modernen Probleme hingegen umfassen meist einen längeren Zeitraum – der Frust im Job, die Angst vor Trennung in der Partnerschaft, chronische Krankheiten, Sucht, Depression, Einsamkeit.

3. Die Reaktion des Systems auf langwierige Belastung wird auf Dauer selbst zur Belastung

Je stärker das Gefühl des Ausgeliefertseins und der Ohnmacht bei langwieriger Belastung ist, desto mehr wird das Stresshormon Cortisol ausgeschüttet. Eine sehr ähnliche Wirkung auf die Ausschüttung von Cortisol hat im Übrigen der dauerhafte Genuss von Kaffee oder anderen koffeinhaltigen Lebensmitteln. Cortisol ist wichtig, wenn es darum geht, kurzfristig Schmerz auszuhalten, so schnell wie möglich zu flüchten und in einer Kampfsituation über uns hinauszuwachsen. Doch unser Gehirn und unser Körper sind nicht für die dauerhafte Stimulierung durch Cortisol ausgelegt und leiden bei chronischem Stress unter schwerwiegenden Konsequenzen. Kontinuierliche Cortisol-Stimulation ist sehr schädlich, besonders für jene evolutionär deutlich jüngere Hirnregion, die uns hilft, unser Umfeld bewusst zu analysieren und eine differenzierte Bewertung unserer Lage vorzunehmen: der präfrontale Kortex (*prefrontal cortex*, PFC). Er spielt eine zentrale Rolle bei kognitiven Kontrollfunktionen, steuert Aufmerksamkeit, Impulshemmung, vorausschauendes Verhalten, kognitive Flexibilität und wird besonders dann gebraucht, wenn komplexe Handlungsabläufe erforderlich sind.

So entsteht eine belastungssteigernde Spirale: Unter Dauerstress wird unsere Fähigkeit reduziert, mit komplexen Herausforderungen umzugehen.

Neue Ansätze gegen Stress

Forscher haben jedoch Wege entdeckt, die uns dabei helfen können, die angstgesteuerte Amygdala zu besänftigen und ihr die Wucht zu nehmen, mit der sie in unserem Leben für Unruhe sorgt. Das Konzept der Salutogenese des israelischen Soziologen und Wissenschaftlers Aaron Antonovsky geht beispielsweise der Frage auf den Grund, wie Gesundheit entsteht. Sein Konzept weist übrigens erstaunliche Überschneidungen mit den Prinzipien des Begründers der Logotherapie, Viktor Frankl (siehe Seite 114 ff.), auf.

Nach diesem Konzept gibt es konkrete Ansätze, die uns dabei helfen können, mit Herausforderungen, Problemen und langwierigen Stresssituationen im Leben nachhaltiger und gesünder umzugehen. Dazu gehören:

Reflexion und Erkenntnisgewinn

Wir versuchen, unser Problem zu rationalisieren, zu verstehen, zu entschlüsseln, und holen es damit aus dem emotionalen Unterbewussten in das Bewusstsein. Es ist der Prozess der Übersetzung von Herausforderungen in konkrete Erlebnisbeschreibung, welcher auch bei der Achtsamkeitsforschung einen Schlüssel darstellt.

Gestaltungsfähigkeit

Wir tun bewusst etwas, um unsere Probleme zu bewältigen. Auch wenn es nur kleine Schritte sind, geben sie uns das Gefühl der Kontrolle zurück, die unsere Motivation für die nachhaltige Veränderung überhaupt erst ermöglicht.

Sinnfindung

Wie bei Simon Sinek, Viktor Frankl, Alfred Adler, Martin Seligman, Abraham Maslow und vielen anderen humanistisch geprägten Soziologen, Psychologen oder Verhaltensforschern geht es um das Erkennen unserer eigenen Bedeutung für die Welt. Welche Aufgabe ist es, die uns durch unser Leben manövriert? Warum sind wir hier? Was gibt uns den Antrieb und die Motivation?

Sinnvoll gegensteuern

Wenn wir die Spirale der Belastungssteigerung umkehren möchten, bedarf es unserer Intervention, denn unser auf Gefahren ausgerichtetes System läuft im Autopiloten. Wenn wir die Richtung ändern wollen, müssen wir selbst ins Lenkrad greifen und gegensteuern. Vereinfacht ausgedrückt: Anspannung, Druck, Stress oder Angst sind Emotionen, die einen großen, meist negativen Einfluss auf unser Wohlbefinden haben, sie prägen unser Lebensgefühl automatisch. Entspannung, Gelassenheit, innere Ruhe, Angstfreiheit hingegen erfordern aktive Arbeit. Erfüllung ist also nichts anderes als das Ergebnis eines aktiven Entwicklungsprozesses, der unter unserer Kontrolle steht.

Wenn es uns gelingt, Resilienz zu entwickeln, erkennen wir das an folgenden sieben Faktoren, die gemeinhin unter Psychologen und Soziologen mit dem Resilienz-Begriff verbunden werden:

- Zielorientierung (schon am Anfang das Ende im Blick haben)
- Zuversicht (eine realistisch-optimistische, positive Grundeinstellung)
- Empathie (auf andere zugehen und sich in sie hineinversetzen zu können)
- Balance (die Fähigkeit, Aufmerksamkeit und Impulse zu steuern)
- Emotionssteuerung (die Fähigkeit, Emotionen zu steuern)
- Achtsamkeit (die Fähigkeit, die eigenen Gedankengänge zu beobachten)
- Mentalität (das eigene Schicksal in der Hand haben, proaktiv sein)

Logbuch-Eintrag vom 17. Juli 2005

Seit mehr als zehn Jahren schreibe ich in dieses Buch. Ich begann mit 18 und nun bin ich 28. Vor etwas mehr als sechs Wochen ist meine geliebte Schwester Lina bei einem Autounfall ums Leben gekommen. Jemand war unachtsam und hat auf der A46 auf der linken Spur bei rund 80 Stundenkilometern ihr

Auto angefahren. Das hat gereicht, ihren Wagen komplett außer Kontrolle zu bringen, und ihr Peugeot hat sich mehrfach überschlagen. Ihr Kopf ist einige Male mit voller Wucht gegen das Fahrerseitenfenster gestoßen, dabei erlitt sie irreparable Hirnschäden. Schlagartig hat sich alles verändert. Es ist eine neue Welt, in der ich jeden Tag aufwache. Ohne sie. Ich habe viel geweint seit diesem Tag und tue es auch jetzt noch. Ich habe ihr in ihr Grab einen Brief mitgegeben. In diesem Brief habe ich ihr zwei Dinge versprochen:

1. *dass ich irgendwann glücklich sein werde.*
2. *dass ich mit meinem Licht das Glück in anderen Menschen erwecken werde.*

Als ich von der Trauerfeier als Erster wieder an deinem Grab ankam, sah ich dort drei Tauben sitzen, die wegflogen, als sie mich kommen sahen. Eine weiße Taube und zwei dunkelgraue Tauben. Ich stelle mir vor, dass es meine beiden Versprechen waren, die dich auf deiner letzten Reise begleiteten.

Ich werde dich nie vergessen, geliebte Schwester. Doch es ist an der Zeit, ein neues Leben zu beginnen. Ein Leben ohne dich, auch wenn das unmöglich scheint. Doch so steht es geschrieben, hier in diesem Buch. Es wird die letzte Seite sein, die ich in dieses Buch geschrieben habe. Es ist Zeit, ein neues Buch zu beginnen und daran zu arbeiten, meine Versprechen einzulösen.

Schlüsselfaktor Mindset:
Visionen für eine neue Welt

Die sechste Weisheit: Der Glaube an unsere Fähigkeit zur Veränderung ist unsere wichtigste Fähigkeit für Veränderung.

Der Begriff »Selbstwirksamkeit« (auf Englisch: *self-efficacy*) wurde 1977 erstmals vom Psychologen Albert Bandura geprägt, einem kanadisch-amerikanischen Psychologen und Professor an der Stanford University. Die Theorie besagt, dass Menschen mit hohen Selbstwirksamkeitserwartungen – der Glaube, dass man erreichen kann, was man sich vorgenommen hat – gesünder, effektiver und allgemein erfolgreicher sind als Menschen mit niedrigen Selbstwirksamkeitserwartungen. Bandura untersuchte anhand von Beispielen aus den Bereichen Psychopathologie, Sport, Wirtschaft und Internationalität, wie sich der Glaube an die eigenen Fähigkeiten auf Entwicklung, geistige Leistungsfähigkeit und Gesundheit auswirkte. Das Fazit der Studie: Der Glaube der Menschen an ihre Fähigkeit, Kontrolle über ihr eigenes Funktionieren und über Ereignisse auszuüben, hat großen Einfluss auf die Ergebnisse, die sie mit ihrem Handeln erzeugen. Das Gefühl der Selbstwirksamkeit allein bildet bereits eine zentrale Grundlage für Motivation, Wohlbefinden und persönliche Leistung. In der damit einhergehenden Forschung wurde Selbstwirksamkeit mit zahlreichen Vorteilen für das tägliche Leben in Verbindung gebracht, wie Widerstandsfähigkeit gegenüber Widrigkeiten und Stress, gesunde Lebensgewohnheiten, verbesserte Mitarbeiterleistung und Bildungserfolg. Klingt doch schon mal sehr gut.

Selbstwirksamkeit

Die Erfahrungen, die man sammelt, wenn man sich einer neuen Herausforderung stellt und dabei erfolgreich ist, sind ein zentraler Faktor bei der Entwicklung von Selbstwirksamkeit. Erfolg entwickelt so den Glauben an die eigene persönliche Wirksamkeit. Doch andersherum untergraben Misserfolge bei der Anwendung der Fähigkeiten diesen Glauben genauso. Die bewährteste Methode, eine neue Fähigkeit zu erlernen oder die eigene Leistung bei einer bestimmten Aktivität zu verbessern, ist das Üben. Um sicherzugehen, dass das Üben und Erlernen neuer Fähigkeiten zu positiven, erfolgreichen Erfahrungen führen, sollte man eine positive Denkweise (siehe Seite 76: Growth Mindset/Carol Dweck) etablieren. Die lässt sich tatsächlich kultivieren, zum Beispiel durch Meditation oder Achtsamkeitstraining.

Die Fähigkeit zur Bewältigung von Herausforderungen

Nichts ist so stark wie der Glaube daran, dass wir in der Lage sind, die Aufgaben zu erfüllen, die wir uns selbst vorgeben. Denn der größte Widerstand besteht häufig in unserer inneren Einstellung, eine Aufgabe nicht meistern zu können.

Mein Beispiel: Bin ich in der Lage, jeden Morgen drei Minuten eiskalt zu duschen und dabei die Zähne zu putzen? Die meisten von uns werden vehement den Kopf schütteln, auch wenn vielen von uns die physiologischen Vorteile einer solchen Praxis bekannt sind. Wenn wir also – ohne Vorbereitung – mit dem Plan, drei Minuten eiskalt zu duschen, unter die eiskalte Dusche steigen, dann nach zehn Sekunden feststellen, dass wir das auf keinen Fall hinbekommen, erleben wir einen Misserfolg. Wir trauen es uns nicht zu und werden es mit großer Wahrscheinlichkeit nicht noch mal versuchen. Wenn wir uns jedoch vornehmen, eine Woche lang jeden Morgen zehn Sekunden eiskalt zu duschen (und das mit dem Zähneputzen erst mal weglassen) und das sieben Tage in Folge schaffen, dann fühlen wir uns in der Lage, 20 Sekunden hinzubekommen. Woche für Woche steigern wir unsere Widerstandsfähigkeit, bis wir nach wenigen Monaten bei drei Minuten inklusive Zähneputzen gelandet sind, und erkennen, dass es uns überhaupt nichts mehr ausmacht.

Es geht auch hier um die Transformation unserer Ziele: Von »Ich möchte drei Minuten eiskalt duschen und dabei Zähne putzen« hin zu »Ich möchte meine Widerstandsfähigkeit steigern« und zu einem kultivierten Erlebnis des Kompetenzerfolgs.

Andere bei der Bewältigung von Herausforderungen beobachten

Die zweite Quelle der Selbstwirksamkeit sind sogenannte »stellvertretende Erfahrungen«, die durch soziale Dynamik geschaffen werden. Bandura stellt hierbei fest, dass die Überzeugung, eine Herausforderung selbst zu meistern, dann steigt, wenn wir andere Menschen, die uns ähnlich sind, dabei beobachten, wie sie durch ihre fortwährenden Anstrengungen erfolgreich sind. Wenn wir also positive Vorbilder in unserem Leben finden und dabei besonders jene in den Vordergrund stellen, die ein gesundes Maß an Selbstwirksamkeit zeigen, ist es wahrscheinlicher, dass wir positive Überzeugungen übernehmen können. Soziale Vorbilder können alle möglichen Menschen sein, zum Beispiel Freunde, Kolleg*innen, Familienmitglieder, Lehrer*innen, Coaches und Arbeitgeber*innen. Wir können auf Blogs, sozialen Netzwerken, in der Literatur oder in den reichhaltigen Podcast-Angeboten nach solchen Vorbildern suchen, ihnen zuhören und uns von ihnen inspirieren lassen.

Ein Beispiel dazu: Bin ich in der Lage, meine Ernährung auf vegetarische oder vegane Kost umzustellen? Während das für einige von uns vielleicht schon zum Standard gehört, stellt das für viele Menschen immer noch eine Herausforderung dar. Wenn wir jedoch unser eventuell ohnehin fragwürdiges Social-Media-Konsumverhalten für uns arbeiten lassen wollen, folgen wir einem Schwung von spannenden Persönlichkeiten. Und zwar solchen, die, ähnlich wie wir, gerade ihre Ernährung umstellen oder es bereits geschafft haben. So werden wir jeden Tag (vermutlich mehrfach) inspiriert, wie und dass es geht. Wichtig ist es, darauf zu achten, dass wir uns Vorbilder – wofür auch immer – aussuchen, die authentisch sind und zu uns passen. Ansonsten werden wir uns schwertun, die gewünschte Fähigkeit zu entwickeln. Haben wir bisher nie Sport getrieben und setzen uns zum Ziel, uns fit und sportlich zu fühlen, ist es kontraproduktiv, sich Hochleistungsathlet*innen als Vorbilder auszusuchen. Sie würden uns ständig daran erinnern, wie unfit und unsportlich wir noch sind.

Ein anderes Beispiel: Wenn wir Schulden haben, aber finanziell unabhängig werden möchten, dann tut es uns nicht wirklich gut, Vorbilder zu wählen, die penetrant ihren unermesslichen Reichtum zur Schau stellen, egal ob auf sozialen Medien oder im echten Leben. Vielleicht finden wir jedoch Freunde, Bekannte oder Bücher und Podcasts von Menschen, die unter gleichen Voraussetzungen wie wir ihre Herausforderungen gemeistert haben. Das kann uns inspirieren, es ebenfalls zu schaffen.

Ermutigung und Zuspruch

Positives verbales Feedback zu erhalten, während man eine komplexe Aufgabe erledigt, kann uns helfen, unsere Fähigkeiten erfolgreich auszugestalten. Selbstwirksamkeit entsteht ebenso bei positiver Beeinflussung durch Ermutigung. Verbale Überzeugung funktioniert im Übrigen in jedem Alter, aber je früher sie verabreicht wird, desto mehr fördert sie wahrscheinlich den Aufbau von Selbstwirksamkeit.

Ein Beispiel dazu: Bin ich in der Lage, eine Dissertation zu verfassen? Nur wenige von uns werden jetzt »Na klar!« denken, doch wären vermutlich mehr von uns dazu in der Lage, als wir vermuten. Vielleicht tragen wir den Gedanken, eine Doktorarbeit zu schreiben, mit uns herum, glauben aber nicht, dass wir das Zeug dazu haben. Vielleicht hatten wir das Glück, in unserer akademischen Laufbahn jenen Professor*innen, Dozent*innen oder Mitstudierenden begegnet zu sein, denen die Kraft des verbalen Zuspruchs bekannt ist und sie großzügig zur Förderung der Lernkultur gebrauchen. Dann ist die Wahrscheinlichkeit, dass wir uns zutrauen, eine Dissertation zu verfassen ungleich höher, als wenn es diese, wohlgemerkt authentisch-realistische, Ansprache nicht gegeben hätte. Was können wir also tun? Wir können eine Umgebung und ein Miteinander kultivieren, in dem Zuspruch und Ermutigung selbstverständlich sind. Wir können uns Menschen aussuchen, die ebenjene Weise des Miteinanders fördern und selbst zu Vorbildern werden, indem wir positive Affirmationen kultivieren.

Eine schöne Übung ist es, Meditationen zu finden, die positive Affirmationen enthalten, oder eigene positive Affirmationen zu verbalisieren und aufzuschreiben.

Zuspruch für Eltern und Kinder

Verbale Bestätigung ist besonders in der Eltern-Kind-Beziehung ein wichtiger Faktor für die Entwicklung von Selbstwirksamkeit. Es kommt jedoch auf die Feinheiten an. Wenn uns beispielsweise als Kind gesagt wurde, dass wir zu Großem fähig sind, und uns dann gezeigt wird, wie wir durch Übung unsere Fähigkeiten entwickeln können, erhöht dies unser Potenzial für Selbstwirksamkeit deutlich. Wird uns lediglich gesagt, dass wir besonders schlau sind, uns dabei jedoch nicht erklärt, dass für besondere Ergebnisse besonderer Einsatz nötig ist, bleibt ein großer Teil der Selbstwirksamkeit auf der Strecke.

Viele Kinder bekommen von ihren Eltern das verbale Feedback, dass sie »alles werden können, was sie sein wollen, wenn sie mal groß sind«. Oft entspringt dieser Gedanke der Motivation, den Kindern die Freiheit der Berufswahl näherzubringen und sie von den Fesseln gesellschaftlicher Konventionen zu befreien – per se ein rechtschaffener Anspruch. Unterschlagen die Eltern jedoch den Zusatz, dass die fortwährende Bereitschaft zur Entwicklung der entsprechenden Fähigkeiten für den Erfolg im Berufsleben notwendig ist, entwickeln diese Jugendlichen sehr häufig eine sehr niedrige Frustrationstoleranz. Sie können oft schwer akzeptieren, dass ihnen gewünschte Positionen oder Stellen nicht zufallen, sondern eine Reihe von Qualifikationen, Erfahrungen und vor allem die Bereitschaft zum Lernen notwendig ist. Noch schwieriger wird es für Kinder, die dauernd negatives verbales Feedback erhalten: Wird einem Kind ständig kommuniziert, dass es nicht imstande ist, eine bestimmte Herausforderung zu meistern, manifestiert sich dieser Gedanke eher als bei einem Kind, das auf ehrliche Weise die Fähigkeit, ein bestimmtes Problem zu lösen, vermittelt bekam.

Emotionale Zustände

Das – emotionale, physische und psychische – Wohlbefinden beeinflusst allerdings die Selbstwirksamkeit. Wenn wir beispielsweise mit Depressionen oder Angstzuständen zu kämpfen haben, kann es für uns schwieriger sein, ein gesundes Maß an Wohlbefinden zu erreichen. Selbst wenn es auch in diesem Fall nicht unmöglich ist, Selbstwirksamkeit aufzubauen, erfordert es jedoch ein gewisses Fundament an Gesundheit. Bandura stellt fest: »Es ist nicht die schiere Intensität emotionaler und körperlicher Reaktionen wichtig, sondern wie sie wahrgenommen und interpretiert werden.« Indem wir also lernen, mit Angst umzugehen und unsere Stimmung zu verbessern, können wir unser Selbstwirksamkeitsgefühl deutlich steigern.

Ein Beispiel dazu: Bin ich in der Lage, vor einem großen Publikum einen erfolgreichen Vortrag zu halten? Viele werden das Gefühl kennen: Die Sekunden, bis der Vortrag beginnt, tropfen von der Uhr, die Hände beginnen zu schwitzen, die Angst kriecht den Rücken herauf, der Mund wird trocken und statt der Information, die es zu präsentieren gilt, stellt sich Panik ein. Dass wir die Nacht zuvor kaum geschlafen haben, macht es natürlich nicht leichter, und das aus Zeitdruck weggelassene Frühstück ebenso wenig. Was können wir also tun? Wir können uns die Fähigkeit vergegenwärtigen, dass wir sehr wohl in der Lage sind, unsere emotionale Konstitution zu beeinflussen, auch wenn wir das manchmal für unmöglich halten. Die folgende Übung kann dir dabei helfen. Dies ist eine einfache Achtsamkeitsübung der Unified-Mindfulness-Schule (mehr dazu im Abschnitt »Achtsamkeit« ab Seite 92 ff.) und sie leistet einen Beitrag, unsere emotionale Konstitution positiv zu beeinflussen. Sie hilft uns bei Angstzuständen und in Momenten der »kleinen Panik«, wie sie im Beispiel oben beschrieben sind.

Ein schöner Tag

Atme tief ein und lass beim Ausatmen alle Anspannung los.

Stell dir einen schönen Tag auf einem Berggipfel oder an einem Strand vor, je nachdem, was dir besser gefällt.

Du bist dort mit Menschen, die dir Kraft geben, mit denen du eine gute Zeit haben kannst.

Stell dir vor, du hörst Musik, die dich an diesen Ort erinnert und dir gefällt.

Du siehst dich selbst in der Sonne und lächelst.

Atme ganz entspannt und schließe deine Augen.

Lächle und konzentriere dich auf dieses Bild. Wenn es verblasst, dann erneuere es.

Mach das rund eine Minute und spüre wie du dich fühlst.

Ein weiterer effektiver Weg, innere Ruhe herzustellen, ist es, bewusst auf das Hier und Jetzt einzugehen, also für eine Minute nur auf das zu achten, was wir hören, sehen oder fühlen.

Eine Frage der Weltanschauung: Fixed Mindset versus Growth Mindset

Die Psychologin Dr. Carol Dweck von der Stanford University war die Erste, die den Begriff »Growth Mindset« (Wachstumsmentalität) verwendete. In ihrer bahnbrechenden Forschung untersuchte Dweck, warum manche Menschen scheitern und andere erfolgreich sind. In einer Studie wurden einer Gruppe Studierenden Denkaufgaben mit variierendem Schwierigkeitsgrad angeboten, von einfach bis schwierig. Zur Überraschung der Forschenden gab es unter den Studierenden eine Gruppe, die das Scheitern nicht als Problem behandelte, sondern als willkommene Lernerfahrung. Diese positive Einstellung war es, die Dweck später als »Wachstumsmentalität« prägte. Wachstumsmentalität (Growth Mindset) bedeutet, dass wir glauben, dass unsere Intelligenz und unsere Talente im Laufe der Zeit entwickelt werden können. Eine statische Denkweise (»Fixed Mindset«) hingegen bedeutet, dass wir glauben, unsere Intelligenz stünde fest – wenn wir glauben, dass wir beispielsweise etwas nicht können und nie können werden. Unsere Mentalität ist ein wichtiger Indikator dafür, ob Herausforderungen in unserem Leben eventuell vorrangig in unseren Köpfen existieren. Daher ist es ungemein wichtig, zu erkennen, welche Art von Mindset wir in uns manifestiert haben.

Ein Beispiel für einen Fixed Mindset wäre diese Aussage: »Ich wünschte, ich könnte so gut Klavier spielen wie du. Das ist nicht fair.« Der Growth Mindset sagt: »Deine Fähigkeiten als Pianistin inspirieren mich. Hast du Tipps, wie ich mich verbessern kann?« Statt in der Bewertung und im Vergleich hängen zu bleiben, lohnt es sich zu fragen: Was kann ich von dieser Person lernen? Wie oben erwähnt, können wir fragen: Wie ist diese Person dorthin gekommen? Wir können die Erfolgsgeschichten anderer Menschen als inspirierende Blaupausen betrachten, anstatt unsere eigenen Fähigkeiten abzuwerten.

Stereotypen erkennen und überwinden

Stereotypen und Vorurteile sind schnell in uns etabliert. Sie sind die Grundlage für Rassismus, Sexismus oder Homophobie. Während wir als Gesellschaft heute immer offener über die tief verwurzelten Stereotypen sprechen, sind es oft Vorurteile uns selbst gegenüber, die uns an Entwicklung hindern. Wenn wir ein bestimmtes Problem, einen Widerstand in uns erkennen, sollten wir das nicht bequem mit »Ich kann es einfach nicht« abtun – denn wenn wir genug Mühe investieren, sind wir zu fast allem fähig. Die Frage, die wir uns stellen sollten, lautet vielmehr: Welche Schritte können wir unternehmen, um daran zu arbeiten? Wenn wir uns nicht sicher sind, welche das sind, können wir Freunde einladen, uns bei einem Brainstorming zu helfen. Zum Beispiel können Menschen, die Angst haben, vor großen Gruppen zu sprechen, zuerst mit Partnern oder in einer kleinen Gruppe üben. Wir können auf spielerische Weise Erfahrungen mit öffentlichen Reden sammeln, wie beim Improvisations- oder Schauspielunterricht. Wir können jeden Fortschritt zelebrieren und uns daran erinnern, wie weit wir schon gekommen sind. Es handelt sich im Übrigen in allen Fällen um Techniken, die auch in der Forschung als förderlich für die Entwicklung von Selbstwirksamkeit definiert wurden.

Das Wesentliche dieses Kapitel noch einmal zusammengefasst:

• Mentalität ist nicht angeboren, sondern kann entwickelt werden.

- Das Erleben von Selbstwirksamkeit hat einen großen Einfluss auf unser Lebensgefühl.
- Selbstwirksamkeit können wir trainieren.
- Wir können überschaubare Herausforderungen meistern und die Schwierigkeit in kleinen Schritten erhöhen. So merken wir, dass wir nahezu alles schaffen können, wenn wir uns bemühen.
- Wir können uns an anderen orientieren, die schon ein bisschen weiter sind, uns Mut zusprechen und gegenseitig unterstützen.
- Es gibt zwei Formen der mentalen Haltung: Das Fixed Mindset und das Growth Mindset.
- Die statische Mentalität (Fixed Mindset) hindert uns an der Entwicklung und fördert eine Weltsicht, die geprägt ist von »richtig« oder »falsch«, »dumm« oder »schlau«, »gut« oder »schlecht«.
- Die Wachstumsmentalität (Growth Mindset) inspiriert uns darin, dass jeder Mensch im Prinzip alle Herausforderungen meistern kann, und es nur darum geht, Motivation, Beständigkeit und Einsatz zu pflegen.
- Wenn diese wachstumsorientierte Haltung (nicht zu verwechseln mit der Wachstumsobsession der Wirtschaft) in allen Lebensbereichen angewendet wird, führt das zu einer nachhaltigen, positiven Lebenseinstellung, die ein erfülltes Leben stark begünstigt.

Logbuch-Eintrag vom 25. September 2021
Gestern war ein Tag, an dem ich in voller Absicht – und nach wirklich ausreichend Schlaf, was selten vorkommt – meine Routinen weitestgehend habe schleifen lassen. Es war ein zu voller Tag, ein Tag, auf den ich keine Lust hatte, ein Freitag, der schon anstrengend genug schien. Hier habe ich ebenso bewusst unterschlagen, wie sehr mir Routinen, die ich am Morgen einhalte, doch eigentlich dabei helfen, Tage viel leichter zu bestreiten, wenn sie so voll

und anstrengend sind wie der gestrige. Ich gieße Tee auf. Und habe dabei prompt den Wasserkocher erledigt. Fuck! Musste einen neuen bestellen.

Es scheint ein schöner Tag zu sein heute. Ein neuer Samstag, wie ein weißes Blatt Papier. Auch heute ist wieder viel los. Und manchmal frage ich mich, worauf es ankommt an so einem Tag, der vor mir liegt wie ein noch nicht zubereitetes Gericht. Dass ich ihn genieße? Jede Sekunde zum Glück gereiche? Dass ich viel schaffe, weil das meine pervertierte und antrainierte Form von Genuss ist? Weil ich Dinge tue, die mich weiterbringen, weil ich das große Ganze im Sinn habe, den großen Plan für mein Leben, den ich stricke, während ich es leben und genießen soll? Es scheint alles so unglaublich verquer. Und doch strotze ich vor Erfüllung. Ich leuchte in meinem wohligen Gefühl des »Genau-dort-Seins, wo ich sein will«. Ich verfasse diese Zeilen hier in genau derselben Hybris. Derselben Vermessenheit, Überheblichkeit. Ich verfasse diese Zeilen in diesem Hochmut, ein Tagebuch zu schreiben, und irgendwie schreibe ich es nur, weil ich es als absolviertes Routineelement von meiner Liste streichen möchte. So, als wäre ich noch im Konditionierungsmodus und noch nicht fertig mit meiner Ausbildung zum Glücklichkeitsgesellen, da ich überhaupt noch eine Liste brauche.

Doch so ist es mit den sieben Säulen des Seins. Nur durch die ewige kontinuierliche Erinnerung daran, welcher Mensch ich sein möchte, sortiere ich meine Verhaltensmuster und richte sie genau nach diesen Idealen aus, die ich zwar nie erreiche. Aber je näher ich ihnen komme, desto stärker wird dieses innere Leuchten, das mich erfüllt, mit dem Gefühl, am Leben zu sein, im Hier und jetzt angekommen zu sein. Und diese kleinen Verhaltens-Hacks funktionieren so verdammt gut. Ich kann es manchmal selbst kaum glauben, was für eine unfassbare Transformation da hinter mir liegt. Ich war in meinem ganzen Leben noch nie so frei, so unabhängig, so gesund, so klar, so voller Liebe, voller Demut, voller Respekt, voller Elan, voller Kraft. Und diese Kraft zu teilen, funktioniert. Ich spüre, wie ich jene Menschen, mit denen ich meine Liebe teile, weiterbringe, auf den rechten Weg. So, als wäre es das Normalste auf der Welt. Weil es mein Talent zu sein scheint, eine Art Superpower. Ich habe nur noch nicht verstanden, wie ich damit Geld verdiene, oder ob ich damit Geld verdienen soll. Es fühlt sich so heilig an, so als wäre es eine Sünde, das zu Geld zu machen. Aber genau wie das Knacken des Glases dieses Wasserkochers, das mir unmittelbar verrät, dass es einen irreparablen Schaden an diesem Gerät gibt, höre ich das Kratzen in meinem überbordenden Selbstverständnis von Moral und Ideal, und dabei lasse ich mal wieder wie so oft meine Schatten unterm Teppich. Aber nicht heute. Kommt heraus, liebe Dämonen, und tanzt mit mir. Ich brauche euch, genauso sehr, wie ihr mich braucht. Und gemeinsam machen wir der Musik alle Ehre und schaffen etwas, das dem Tanz noch mehr Würde verleiht, weil es dem echten Kern entspringt, dem der authentischen Wahrhaftigkeit, dort, wo der Rhythmus ganz ohne Metronom und Notenlinie seinen Ursprung hat und fließt wie das klarste Wasser aus seiner lieblichen Quelle.

Das ist diese Synchronizität, in der ich diese Liebe spüre, dieses Leuchten, diese Kraft. Und wenn ich in mich hineinfühle, dann weiß ich: So fühlt es sich an, glücklich zu sein.

In tiefer Liebe und Verbundenheit.

Schlüsselfaktor Ausgeglichenheit: Sieben Säulen widerstehen dem stärksten Sturm

Die siebte Weisheit: Die Ruhe vor dem Sturm überlebt in seiner Mitte.

Ein zentrales Unterscheidungsmerkmal in der Ausrichtung von Ratgeberliteratur ist die Qualität des Versprechens, das gegeben wird. Wie in den vorangegangenen Abschnitten ausführlich erläutert, geht es bei den Sieben Säulen des Seins nicht um Optimierung, sondern um Balance. Die Ausgeglichenheit im Leben ist eine wesentliche Eigenschaft eines erfüllten Lebens, denn in der Mitte zwischen all diesen Kräften, die an uns zerren, haben wir die größte Chance zu bestehen.

Balance

Wir wollen also nicht den besten Körper, den schlauesten Intellekt, den entspanntesten Geist kultivieren, denn niemand kann in allem die oder der Beste sein. Daher sind alle Versprechen, die beste Version seiner selbst zu werden, mit einer gewissen Skepsis zu betrachten: Denken wir diesen Gedanken konsequent zu Ende, hieße das, es gäbe nur eine beste Version von uns selbst. Doch das ist kompletter Unsinn.

Wir sind keine Version. Wir sind ein organisches Gebilde, stets in Veränderung, ob wir das wollen oder nicht. Jede Zelle, jeder Organismus, jeder Atemzug ist einer steten Transformation unterlegen und wir können lediglich achtsam sein, wie sich die Dinge, die wir kontrollieren können, dazu verhalten. Wir können unseren Körper angemessen bewegen, ihn gesund ernähren, erholen und pflegen. Wir können entscheiden, was wir lesen, lernen und so an Wissen aufnehmen. Wir können unsere Emotionen wahrnehmen und mit ihnen umgehen. Wir können unsere Beziehungen gestalten, den Menschen, die uns wichtig sind, Zeit schenken und jenen weniger, die uns Energie rauben. Wir können Geld verdienen, es ausgeben, es sparen oder investieren. Wir können unseren Lebenstraum verwirklichen, einen Beitrag für die Welt leisten, uns um die Jüngeren kümmern und ihnen etwas von unserem Erfahrungsschatz abgeben.

Die Kunst, ein erfülltes Leben zu führen, ist in all diesen Möglichkeiten und in ihrer Balance enthalten. Und genauso, wie dieser Einklang der Facetten der Sieben Säulen die Erfüllung ermöglicht, hilft sie uns ebenso bei der Bewältigung von Herausforderungen: Balance entsteht bei der gleichmäßigen Verteilung von Gewicht. Frei nach Dr. Judith Mangelsdorf: »Auf je mehr Säulen wir das Dach des Glückes bauen, desto weniger kann uns noch der stärkste Sturm etwas anhaben.«

Ausgeglichenheit im Zeitalter der Sucht

In ihrem wundervollen Buch *Die Dopamin-Nation – Balance finden im Zeitalter des Vergnügens* beschreibt Autorin Anna Lembke, wie unser Leben vom ständigen Ausgleichen zwischen Genuss und Leiden geprägt ist. Stark vereinfacht, stützt sich das Konzept des Buddhismus auf denselben Gedanken, nämlich das Leiden zu überwinden, um das Nirwana zu erreichen. Es ist einiges dran an dieser archaischen Idee und sie war nie aktueller als heute. Wir leben in einer Welt, die von Überfluss und exzessivem Konsum geprägt ist. Wir können praktisch alles auf Knopfdruck kaufen, von Kleidung über Lebensmittel, Unterhaltung bis hin zu Sex und Drogen.

Wir suchen nach diesen Erfahrungen, um den Schmerz in unserem Leben zu betäuben, und Dopamin – ein Neurotransmitter, der Glücks- und Belohnungsgefühle an das Nervensystem übermittelt – ist das perfekte Heilmittel. Ein Dopamin-High ist jedoch nur von kurzer Dauer, kaum ist es vorbei, wollen wir unbedingt ein neues. Denken wir an das Verlangen, das wir bekommen, nachdem wir ein Stück Schokolade genascht haben. Im Kopf legt sich ein Schalter um, auf dem steht: »Noch mehr Schokolade! Jetzt!« Oder an den Wunsch, eine weitere Folge der spannenden Serie auf Netflix zu sehen. Oder die nächste Mission im Abenteuerrollenspiel zu bestreiten, oder das ewige Scrollen im Social Media Newsfeed.

Das Buch von Anna Lembke beruht auf wissenschaftlichen Erkenntnissen aus der Forschung mit Suchtkranken. Es bietet Lösungen, wie wir ein Gleichgewicht zwischen Genuss und Leid finden und unser zwanghaftes Konsumverlangen überwinden können. Lembke stellt eine wesentliche Frage, aus deren Beantwortung wir viel lernen können: Wie anders wäre das Leben, wenn wir nicht fliehen müssten? Was wäre, wenn wir uns unserem Leben stellen würden? Das ist ihr wichtigster Ratschlag für uns: das Leben, das wir haben, wertzuschätzen, auf seine vielen Feinheiten zu achten und bei allem, was wir tun, nach Ausgewogenheit zu streben. Auch wenn diese Handlungen keine unmittelbaren Ergebnisse liefern, werden unsere Geduld und Ausdauer mit einem Leben belohnt, das es wert ist, gelebt zu werden.

Die wundersame Abwesenheit unseres Geistes

Ein weiterer wesentlicher Aspekt ist die Balance von Denken und Handeln. Frei nach dem spirituellen Lehrer Eckhart Tolle haben wir erkannt, wie wichtig es für unsere mentale Gesundheit ist, im Moment zu sein, im Hier und Jetzt. Und dennoch sind wir so oft ganz woanders. Wie oft und wie lange wir das tatsächlich sind, wollten zwei amerikanische Forscher herausfinden. Die Psychologen Matthew A. Killingsworth und Daniel T. Gilbert von der Harvard University haben dazu bereits im Jahr 2010 bei ihrer Forschungsarbeit eine sehr interessante Beobachtung gemacht, nämlich dass Menschen 46,9 Prozent ihrer wachen Stunden damit verbringen, über etwas anderes nachzudenken als über das, was sie tun. Diese mentale Abwesenheit, so die Forscher, sei ein wesentlicher Grund für ihr Unglücklichsein (siehe Anhang). »Der menschliche Geist ist ein wandernder Geist, und ein wandernder Geist ist ein unglücklicher Geist«, schreiben Killingsworth und Gilbert. »Die Fähigkeit, darüber nachzudenken, was nicht passiert, ist eine kognitive Leistung, die mit emotionalen Kosten verbunden ist.«

Das, was gerade nicht passiert

Im Gegensatz zu anderen Tieren verbringen Menschen viel Zeit damit, darüber nachzudenken, was in diesem Moment nicht vor sich geht: über Ereignisse, die in der Vergangenheit passiert sind, in der Zukunft passieren könnten oder vielleicht überhaupt nie passieren werden. In der Tat scheint Gedankenwandern die Standardbetriebsart des menschlichen Gehirns zu sein. Matthew A. Killingsworth fasst zusammen: »Diese Studie zeigt, dass unser Seelenleben in bemerkenswertem Maße vom Nichtgegenwärtigen durchdrungen ist.« Besonders faszinierend ist die Erkenntnis der Studie, dass Menschen am glücklichsten sind, wenn sie Liebe machen, Sport treiben oder sich unterhalten. Am wenigsten glücklich fühlten sie sich, wenn sie sich ausruhten, arbeiteten oder einen Heimcomputer benutzten. So wurde eine zentrale Einsicht herausgearbeitet, die uns wirklich weiterbringt: Gedankenwanderung ist ein sehr zuverlässiger Hinweis für die Qualität unseres Glücksempfindens. Killingsworth betont: »Der Grad des Gedankenwanderns ist ein besserer Indikator für unser Glück als die Aktivitäten, mit denen wir uns beschäftigen.« Die Forscher fanden heraus, dass die mentale Abwesenheit nicht Folge, sondern Ursache des Unglücks der Probanden war. Um es bildlich zu fassen: Wenn wir also mit unseren Gedanken zu sehr wegwandern und uns zu sehr von der Wirklichkeit entfernen, dann verlieren wir unsere Ausgeglichenheit. Wie bei einer Wippe liegt das Geheimnis der Balance in ihrer Mitte.

Das Fazit: »Viele philosophische und religiöse Traditionen lehren, dass man Glück finden kann, indem man im Moment lebt, und Praktizierende werden darin geschult, dem Abschweifen der Gedanken zu widerstehen und jetzt hier zu sein«, schreiben Killingsworth und Gilbert in dem Fachmagazin *Science*. »Diese Traditionen legen nahe, dass ein wandernder Geist ein unglücklicher Geist ist.« Die Forschung, so die Autoren, deute darauf hin, dass die Traditionen richtiglägen.

Interesse, Einfluss und Kontrolle: Optionen für die Gegenwart

Doch wie gelingt es uns, das Jetzt-und-hier-Sein zu kultivieren? »Mit Achtsamkeit!«, ist die einfache Antwort, und damit beschäftigen sich kundige Menschen bekanntlich seit jeher. Der Achtsamkeit werden wir in diesem Buch später etwas mehr Tiefe widmen. Doch um das Thema Ausgeglichenheit abzurunden, sollte hier die Balance, welche ich bei den Anonymen Narkotikern, dem Pendant zu den Anonymen Alkoholikern, das erste Mal erfahren durfte, nicht fehlen.

Was passiert, wenn wir stundenlang in unserem Instagram Feed herumscrollen, uns per Nachrichten-Apps vom Weltgeschehen berieseln lassen oder im Fernsehangebot versinken? Mag sein, dass uns das alles interessiert, was wir dort sehen: Was die Leute, denen wir auf sozialen Netzwerken folgen, alles machen, welche Länder Krieg führen, wie schlimm es um unseren Planeten steht, wie viele Menschen unter der Pandemie leiden et cetera. Aber wenn wir abends im Bett die Stunde vor dem Einschlafen aufs Phone starren und uns bei Facebook in Kommentardiskussionen emotional aufreiben, oder es das Erste ist, was wir morgens tun, bevor wir unserem Partner, unseren Kindern, oder uns selbst einen guten Morgen gewünscht haben, sollten wir wissen, dass das nicht unbedingt hilfreich ist. Wir verlieren uns dort oft in Sachverhalten, über die wir nur wenig bis gar keine Kontrolle haben. Und die Kraft, die uns für unseren tatsächlichen Handlungsrahmen bleibt, verschwindet langsam wie die Sekunden, die von der Uhr tropfen, als wären sie schmelzendes Eis.

Woran liegt das? Nicht nur zuckerhaltige Limonaden und Fast Food, sondern auch Apps und Inhalte auf unserem Smart Devices sind so aufbereitet, dass sie unsere Dopamin-Reserven triggern und uns biochemisch abhängig machen. Das erklärt, warum viele Teenager so unglaublich sensibel reagieren, wenn Eltern ihnen die Bildschirme wegnehmen. Wie Anna Lembke es in *Die Dopamin-Nation* aufschlussreich erläutert, entsprechen diese Verhaltensweisen den Mechanismen der Sucht, wie sie zum Beispiel bei Alkohol- oder Drogenabhängigkeit zu beobachten sind.

Zeit verschwenden …

Um die Ausgeglichenheit zwischen Denken und Handeln wieder zu erlangen, hilft es, sich das einfache Modell der Einflussbereiche zu vergegenwärtigen. Das erste Mal bin ich mit diesem Konzept in Berührung gekommen, als ich Stephen Coveys Meisterwerk *Die 7 Wege zur Effektivität* las. Gleich im ersten der sieben Habits geht es um Proaktivität. Der Autor beschreibt, was den sogenannten »Circle of Concern« (Interessensbereich) vom »Circle of Control« (Kontrollbereich) unterscheidet.

Der erste Bereich, der Interessensbereich, definiert sich über die Dinge, über die wir nachdenken, weil sie uns, wie der Begriff schon andeutet, interessieren. Sie befinden sich aber außerhalb unseres Einfluss- oder Kontrollbereichs. Ein Beispiel wäre die Wahl des US-Präsidenten: Wir reden zwar viel darüber, aber kaum ein Mensch außerhalb der USA hat den Einfluss oder gar die Kontrolle, wer der nächste Präsident der Vereinigten Staaten sein wird. Wir können das gut oder schlecht finden, uns lustig machen oder empören, die Zeit, die wir darauf verwenden, ändert absolut nichts am Ergebnis dieser Wahl. Genauso gut können wir uns über das Wetter echauffieren, was wir gern und oft tun. Es gibt so viele Dinge, die sich innerhalb unseres Interessensbereichs, aber außerhalb unseres Kontrollbereichs befinden, dass es sehr erfrischend sein kann, sich darüber klar zu werden, was das für uns bedeutet. Denn leider verbringen wir einen großen Teil unserer Zeit, die wir nie zurückbekommen, sparen oder aufteilen können, gedanklich in diesem Bereich. So fließen Teile unseres Lebens wie Wasser aus einem Wasserhahn, den wir vergessen haben zuzudrehen, ungenutzt in den Abfluss. Wenn wir mit Leuten über Weltpolitik streiten, in Kommentarspalten auf sozialen Plattformen mit wildfremden Leuten die Styling-Strategie unserer Netflix-Sternchen verhandeln oder endlos lange auf *Spiegel Online* hängen bleiben, dann ist das Zeit, die wir im Interessensbereich feststecken, die überhaupt keine (positive) Wirkung in unserem Leben entfaltet – es ist verlorene Zeit. Und der beste Umgang damit, wie uns Rainer Niebuhr in seinem wundervollen Gebet mitgibt ist, zu akzeptieren, was wir nicht ändern können:

Gott, gib mir die Gelassenheit, Dinge hinzunehmen,
die ich nicht ändern kann,
den Mut, Dinge zu ändern, die ich ändern kann,
und die Weisheit, das eine vom anderen zu unterscheiden.

Das könnte zum Beispiel heißen, dass wir unsere mentale Kraft auf jene Dinge fokussieren, die wir ändern können. Nicht zuletzt ist diese Unterscheidung zwischen Dingen, die wir nicht ändern können, und Dingen, die wir selbst beeinflussen können, eine Kunst für sich. Eine sehr wirkmächtige Kunst, denn, auch wenn das auf den ersten Blick profan scheinen mag, so macht es für unsere Lebenszeit einen gigantischen Unterschied, worin wir unsere Kraft und unser Bewusstsein investieren.

… oder Einfluss nutzen …

Der Einflussbereich beschreibt jenes inhaltliche Spektrum, in dem wir zwar nicht die Kontrolle, sehr wohl jedoch Einfluss ausüben. Somit beginnt hier unsere Gestaltungsmacht, die wir in das Leben anderer und unser eigenes Leben bringen können. Wenn es also zum Beispiel im Job darum geht, einen neuen Betriebsrat zu wählen und als Teil des Betriebsrats für die Rechte der Arbeitnehmer*innen einzutreten, dann heißt das nicht, dass wir allen Kolleg*innen unendlich viel Urlaub und flexible Arbeitszeiten versprechen können. Aber es heißt, dass wir uns für Reformen einsetzen und zumindest Einfluss nehmen können auf unsere Lebensrealität. Wir können in die Politik gehen, ja es reicht schon, wählen zu gehen, um bei all dem Gerede über die Schwäche der regierenden Parteien zumindest den Einfluss, den wir haben, zur Geltung zu bringen. Wir können im privaten Bereich gemeinsam mit Partner*in und Kindern entscheiden, wo es im Sommerurlaub hingehen soll oder welche Musik im Auto gehört wird.

Eine gute Übung ist es, sich mehrmals am Tag die Frage zu stellen, ob das, worüber wir nachdenken, sprechen oder was wir tun, in den ersten, den Interessenbereich, oder eher in den zweiten Bereich, den Einflussbereich, fällt, und ob das, nüchtern betrachtet, so gewollt ist. Denn manchmal ist unser Einfluss völlig irrelevant für das, was uns Erfüllung bringt. Einfluss haben heißt nicht automatisch, dass wir ihn nutzen müssen oder dass er wichtig ist. Die Fähigkeit, das eine vom anderen zu unterscheiden, ist hier eine sehr wertvolle Perspektive. Der Einflussbereich ist übrigens etwas, das in den Sieben Säulen besonders in den Säulen vier (Beziehungen), fünf (Geld), sechs (Mission) und sieben (Spiritualität) zur Geltung kommt.

… und Kontrollmöglichkeiten erkennen

Der Kontrollbereich beschreibt den Bereich, in dem wir über die volle Kontrolle verfügen. Hier bestimmen wir, was wir essen, was wir anziehen, was wir uns für den Tag vornehmen. Als soziale Wesen ist es gar nicht immer so leicht oder sogar gewünscht, in allen Belangen die volle Kontrolle auszuüben. Selbst wenn wir zu den Menschen gehören, die ein Talent für Management oder Leadership haben, gehört es heutzutage zu den zentralen Erkenntnissen, die Erfahrung und Intelligenz der Gemeinschaft zu nutzen, mit der wir zusammenarbeiten, um die besten und nachhaltigsten Ergebnisse zu erzielen. Der Kontrollbereich ist somit eine höchst persönliche Sache und sollte genauso betrachtet und respektiert werden. Im Hinblick auf die Sieben Säulen des Seins sind es besonders die ersten drei Säulen, welche hier in unserer Kontrolle liegen: Dazu gehören Entscheidungen darüber, wie wir uns ernähren, welchen Sport wir treiben, wie lange wir schlafen, welche Sprachen oder Instrumente wir lernen, wie wir mit unseren Emotionen umgehen, ob wir meditieren et cetera. Gelingt es uns, für solch lebensprägende Themen mehr Zeit zu gewinnen und eventuell etwas von der Zeit aus dem Interessensbereich in diesen Bereich zu überführen, gelingt uns das Im-Moment-Sein deutlich besser. Uns wird die Macht klar, die die Vergrößerung des Kontrollbereichs in unserem Leben mit sich bringt.

Der Tanz mit Kontrolle und Hingabe

Der Unterschied von der Qualität der Zeit, die wir in Gedanken abschweifen, und jener Zeit, die wir auf unser Handeln fokussiert sind, liegt in dem Maß an Kontrolle, die wir auf unser Leben ausüben. Verstehen wir das nicht falsch: Manchmal ist es sehr heilsam, die Kontrolle bewusst aufzugeben und »wie Wasser zu sein«, um den wunderbaren Bruce Lee an dieser Stelle zu Wort kommen zu lassen. Doch als Modus Operandi ist das Bewusstsein um unsere Einflussmöglichkeit auf unser eigenes Leben ein signifikanter Faktor für Erfüllung. Fassen wir zusammen: Je mehr es uns gelingt, unsere wichtigsten Lebensbereiche (Säulen) in Balance zu halten, desto höher ist die Qualität unserer Lebenserfahrung. Je mehr wir unsere innere Mitte finden, desto stärker wird unsere Resistenz, uns in dem Spannungsfeld zwischen Genuss und Leiden zu verlieren. Je mehr wir gedanklich vom Interessensbereich in den Kontrollbereich kommen, desto weniger schlecht fühlen wir uns, desto stärker erleben wir das Hier und Jetzt und desto erfüllter ist unser Leben.

Logbuch-Eintrag vom 29. Dezember 2008

Nun bin ich 48 Stunden hier und empfinde eine sich ins Unendliche ausdehnende Leere. Im Aufnahmestatus sind meine Möglichkeiten der freien Bewegung stark eingeschränkt. Ich darf das Klinikgelände nicht verlassen, trotz wunderschöner Natur, einem strahlenden Glubigsee und blauem Himmel nicht laufen gehen, nicht saunen, nicht in den Gymnastikraum und so weiter. Das ist ziemlich schwer. Der Grund sind die Werte in meinem Blut, von denen ich erwarten muss, dass sie trotz absoluter Abstinenz erst in ein paar Wochen negativ sein werden. Wie dem auch sei. Ich bin allein hier und werde es vorerst bleiben, eingeschlossen in diesem kleinen Raum. Nur meine Gedanken sind frei, zumindest befreiter als sonst. Und so entwickelt sich eine neue

Qualität in der Ruhe. Balance ist das große Ziel. Bis zum 25. Januar 2009 will ich hier wieder rauskommen. Bis dahin arbeite ich intensiv an mir und werde meine altbewährte Gelassenheit wiederfinden. Abstinent sein. Stark sein. Souverän sein. In die Kontrolle zurückkommen. Ich werde mich selbst lieben und Liebe geben können. Lieder schreiben, ohne high zu sein. Ein neuer Mensch? Es ist diese Ruhe, diese Stille, ja diese Leere, die ich vermisst habe. Nichts tun. Keine Verpflichtung. Keine Aufgabe. Einfach sein. Atmen. Denken. Lesen. Schreiben. Musik hören. Sich selbst fühlen. Ankommen. Das ist zu genießen, und dennoch fällt es mir schwer. Ich könnte Briefe schreiben, an Menschen, mit denen ich noch etwas offen habe. Doch das kommt später. Ich mache jetzt einen Tee und lese weiter in dem Buch von Robert Schneider. Kristus. Habe ich von einer netten Kollegin zu meinem 30. Geburtstag geschenkt bekommen. Ich bin auf Seite 102 von 600, es gibt also noch einiges zu entdecken. In diesem Buch … und in mir selbst. Also dann. Auf ein Neues. Leere genießen. Das Jetzt zelebrieren.

Schlüsselfaktor Achtsamkeit:
Das bewusste Selbst

Die achte Weisheit: Wir suchen das Glück im fernen Gipfel des Berges, und finden es als kleinen Stein in unserem Schuh.

Während unsere durchschnittliche Lebenserwartung von Generation zu Generation steigt, scheint die Fähigkeit, unser Leben zu genießen, die gegensätzliche Richtung einzuschlagen. Wir sind mit unseren Gedanken ständig woanders, es gibt so viel zu bedenken, so viele Sorgen, so viele Möglichkeiten in einem immer komplexer werdenden Leben. Die wachsende Begeisterung für Achtsamkeit und Zenbuddhismus ist daher nachvollziehbar. Der Buddhismus ist für die Achtsamkeitslehre ungefähr das, was die griechische Klassik für die Philosophie ist. Er ist ihr Ursprung, ihr Fundament und eine ihrer Hauptinspirationsquellen. Um genau zu sein, bezeichnet man die Quelle der Achtsamkeit im Buddhismus als Satipatthana. Übersetzt bedeutet der Begriff »die Etablierung von Achtsamkeit«. Er umfasst vier Säulen, die zusammengenommen das Fundament der Achtsamkeit bilden und sich in den Sieben Säulen des Seins wiederfinden: Die Achtsamkeit des Körpers *(rupa)*, die Achtsamkeit des Geistes *(citta)*, die Achtsamkeit der Emotionen *(vedana)* – im Verständnis der Sieben Säulen entspricht das der Seele – und die Achtsamkeit des Dharma. Interessanterweise entspricht das Dharma im Hinduismus dem eigenen Weg, den es zu erfüllen gilt.

Doch bevor wir uns weiter auf die Reise zu den Quellen dieser wundervollen Wissenschaft begeben, hier eine Definition des Begriffes »Achtsamkeit«: Es handelt sich bei Achtsamkeit um einen mentalen Zustand, der erreicht wird, wenn wir uns bewusst entscheiden, unsere Aufmerksamkeit möglichst frei von Wertung auf den gegenwärtigen Moment zu richten. Ein Ziel der Achtsamkeit ist es, dass wir unsere Gefühle, Gedanken und Körperempfindungen, die wir bei dieser bewussten Wahrnehmung erleben, verstehen, anerkennen und akzeptieren. Zen beinhaltet daher das Ziel, diese Fähigkeit zu entwickeln.

Meditation, Ethik und Erkenntnis

Zen-Buddhismus ist eine Ausprägung des Buddhismus, die im 5. Jahrhundert in China entstand. Wichtig für das Verständnis von Zen ist, dass diese spirituelle Praxis weder Religion oder Philosophie noch Weltanschauung ist. Das Erleben des gegenwärtigen Augenblicks steht im Zentrum der Praxis. Zen ist das bewusste Praktizieren einer Lebenshaltung. Diese ist auf drei Säulen begründet: Meditation, Ethik und Erkenntnis der Wirklichkeit, womit die Essenz der Achtsamkeit wunderbar zusammengefasst werden kann. Es gibt im universellen Verständnis von Zen keine Götter und keine bestimmten Regeln. In buddhistischen Zen-Klöstern hingegen gibt es davon jede Menge: Jede alltägliche Handlung wird in Routinen organisiert, eine traditionelle Form des Achtsamkeitstrainings.

Es geht bei Zen nicht darum, Wissen zu erwerben, oder bestimmte Glaubenssätze zu verinnerlichen, sondern, einfach ausgedrückt, um Folgendes:

1. die Praxis der Sinneswahrnehmung (Meditation),
2. das Kultivieren von Wertfreiheit (Ethik),
3. die Entdeckung der gegenwärtigen Realität aus den Augen eines Beginnenden (Erkenntnis der Wirklichkeit).

Jenseits des Ego

Menschen, die Zen praktizieren, nehmen sich zum Ziel, ein tieferes Verständnis und eine Verbundenheit des Ichs zu erreichen und damit gleichzeitig ihre Umwelt bewusster und intensiver zu erleben. Grundstein des Zen ist, dass es nichts lehrt, sondern den Weg weist. Die Auflösung des Ichs, das Loslassen von Vergangenheit und Zukunft und damit ein vollkommenes Einssein mit dem Jetzt ist das beständige Ziel des Zen. Wie du merkst, steckt die Achtsamkeitslehre bereits im Herzen der Zen-Kultur.

Unified Mindfulness

In Ergänzung zu der sehr traditionellen Lesart des Zen-Buddhismus ist Unified Mindfulness hingegen ein sehr weltlicher, wissenschaftlich fundierter Achtsamkeitsansatz, den der US-amerikanische ehemalige Zen-Mönch Shinzen Young entwickelt hat. Shinzen Young hat über Jahrzehnte die Achtsamkeitstraditionen in den verschiedensten Kulturen erforscht und daraus als Essenz seinen eigenen Ansatz entwickelt. In dieser Lehre wurde ich zum Achtsamkeitscoach ausgebildet. Während es eine Vielzahl verschiedener Achtsamkeitsansätze gibt, so zum Beispiel die hierzulande bekanntere Form MBSR – Mindfulness-Based Stress Reduction (achtsamkeitsbasierte Stressreduktion nach Jon Kabat-Zinn) –, bietet Unified Mindfulness einen etwas universelleren Rahmen. Für mich und viele, die sich mit dieser Schule auseinandergesetzt haben, war das ein echter Gamechanger. Die Unified-Mindfulness-Praxis (UM) hat meine Lebensqualität signifikant verbessert, weil fast alle Faktoren, die dafür bekannt sind, die Lebensqualität zu verbessern, auf die eine oder andere Weise ihre Wurzeln in der Achtsamkeitspraxis haben. Unified Mindfulness bietet eine große Bandbreite an Techniken, die es uns ermöglichen, selbst bei den Routinetätigkeiten des täglichen Lebens Achtsamkeit zu praktizieren. Es geht im Kern um die Entwicklung und Vertiefung der drei folgenden zentralen Kompetenzen, wenn es unser Wunsch ist, ein achtsames, erfülltes Leben zu führen. Zum einen trainieren wir die Konzentrationsfähigkeit, damit wir uns besser auf Dinge fokussieren und einlassen können. Zweitens üben wir Klarheit, mit der wir die Geschehnisse um uns herum in Echtzeit wahrzunehmen imstande sind. Die dritte Kompetenz ist Gelassenheit, mit deren Hilfe wir all die angenehmen und unangenehmen Dinge, die wir erleben, zulassen können, ohne alles ständig bewerten oder verändern zu wollen. Bei der Praxis entsteht ein positives Fundament, dass uns hilft, in Stress- und Angstsituationen entspannt und gelassen zu bleiben. Wir entwickeln buchstäblich mehr Selbstbewusstsein und schaffen Ruhe und Balance für diesen wilden Ritt durch die unvorhersehbare Realität, die wir Leben nennen und viel mehr genießen wollen.

Achtsame Sinne
Was hörst du jetzt?
Radio? Musik? Ein vorbeifahrendes Auto? Einen Krankenwagen? Das Rauschen des Windes in den Blättern? Eventuell etwas, das niemand sonst hören kann? Eine nörgelnde innere Stimme? Ein Rauschen im Ohr? Hör genau hin und achte nicht nur auf das, was du hörst, sondern auch auf die tiefe Natur des Klanges, seine Form, den Ort und die Bewegung des Geräusches, auf all die Details, die du erfassen kannst. Lass dir dafür ein paar Momente Zeit.
Was hast du gehört? War etwas Neues dabei? Etwas, das dir vorher nicht auffiel?
Lass uns weitermachen:
Was siehst du gerade um dich herum?
Wovon wird dein Blick magisch angezogen und woran schaust du vorbei? Achte detailreich auf deine visuelle Umge-

bung und experimentiere mit Tiefenschärfe, Distanz und Nähe. Es gibt so viel zu entdecken, egal, ob du am Strand, im Wald oder in einem Zimmer sitzt. Nimm dir hierfür einen Augenblick Zeit. Konntest du etwas Neues sehen? Unbekanntes? Überraschendes?

Nun gehen wir ins physische Fühlen:

Damit sind alle Sinneseindrücke gemeint, die wir mit und in unserem Körper als physisches Erlebnis fühlen können, wobei wir unsere Emotionen aussparen, zu denen kommen wir später. Kannst du wahrnehmen, an welchen Stellen deine Haut berührt wird, beispielsweise von Kleidung oder Schmuck? Kannst du die Kontaktpunkte fühlen? Spürst du vielleicht Wind, Regen oder die Sonne auf deiner Haut? Fühlt sich die Stelle, mit der dein Körper den Boden berührt, warm und weich an? Gibt es Anspannung in deinen Schultern, deinem unteren Rücken, oder meldet sich dein Knie zu Wort, weil es den Schneidersitz partout nicht mag? Geh auf Entdeckungsreise und erforsche, was du spürst.

Wie fühlt sich das an?

Gab es nur angenehme oder auch unangenehme Eindrücke physischer Erlebnisse? Etwas Unerwartetes? Oder hat sich alles bekannt angefühlt?

Einfacher als Lesen und Schreiben

Diese kleinen Übungen sind ein wesentlicher Schritt in unserem Achtsamkeitstraining. Das bewusste Wahrnehmen unserer Sinneseindrücke bildet in jeder Achtsamkeitslehre und in der Zen-Meditation ein wichtiges Fundament. So wie es in den Metaphern unzähliger Zen-Parabeln beschrieben wurde, finden wir uns selbst in der Weise, wie wir die Welt wahrnehmen. Statt nur auf den Bildschirm oder das ungemachte Bett zu achten, kannst du schon viel über dich selbst erfahren, indem du darauf achtest, welche sensorischen Eindrücke dich direkt einnehmen und welche du erst nach einiger Zeit wahrnimmst. Unser Bewusstsein ist leider nicht immer so bewusst, wie wir es uns wünschen. Wir nehmen die Realität sehr selektiv wahr, weil die Anzahl der Reize, die auf unser Nervensystem einwirken, uns sonst überfordern würde. Doch auch unsere Persönlichkeitsprägungen beeinflussen unsere Wahrnehmung, sie entscheiden darüber, wie wir bestimmte Sachverhalte wahrnehmen und deuten. Diese unbewussten kognitiven Verzerrungen erzeugen automatische Stereotypen und andere unbewusste Denkmuster, die tief in unserem Unterbewusstsein verwurzelt sind. Unser Weltbild wird durch diese selektive Wahrnehmung fortwährend bestätigt. Wenn wir glauben, dass unsere Wohnung zu klein oder der Arbeitsweg zu weit ist, wenn wir von uns denken, dass wir nicht ordentlich oder zu langsam sind, dann finden wir für diese Annahmen ständig Bestätigungen. Wir überlassen die Betrachtung der Welt und unserer Persönlichkeit der unterbewusst-automatisierten Wahrnehmung. Es scheint, als bestätige die Realität ständig, wie schwierig, unangenehm und lausig unser Leben eigentlich ist.

Um unsere Paradigmen, die festgefahrenen Perspektiven auf uns selbst und die Welt herauszufordern, reicht manchmal schon ein genauerer Blick. Dann finden wir in der Überschaubarkeit unserer Wohnung die Geborgenheit, die wir so gerne haben. Der Arbeitsweg präsentiert sich plötzlich als großartige Zeit für etwas Ruhe, Kontemplation, ein herrliches Vakuum des Nichtstuns für die tägliche Achtsamkeitspraxis. In unserem Chaos entdecken wir vielleicht die Suche nach Halt. Anstatt uns mit dem Chaos abzufinden, werden wir motiviert, eine für uns schöne Ordnung zu schaffen und diesen Prozess zur Schulung unserer Achtsamkeitsskills zu nutzen.

Wenn wir genau hinhören und -sehen, wenn wir die Kleidung auf der Haut in allen Details fühlen können, dann trainieren wir damit unsere Konzentrationsfähigkeit. In Momenten der Überforderung, in denen uns alles zu viel wird, hilft uns diese Fähigkeit, unser Wahrnehmungsspektrum trotz Chaos zu reduzieren und so zu entspannen. Mit jedem Mal, mit dem wir Sinneseindrücke bewusst wahrnehmen, jene, die wir kannten, und ebenso all das Neue, Ungesehene, Ungehörte und Ungefühlte, steigern wir unsere Klarheit ein bisschen mehr. Und in Momenten, wenn alles undurchdringbar scheint, wird uns genau diese Fähigkeit helfen, die Übersicht zu behalten. Wenn wir bei uns selbst bleiben und bei all den Sinneseindrücken, ganz gleich, ob angenehm oder unangenehm, die innere Ruhe behalten lernen, ohne dem Wunsch nachzugeben, wegzulaufen, abzuschalten oder zu verdrängen, trainieren wir unsere Gelassenheit. Wir brauchen Gelassenheit, um all die kleinen und großen Herausforderungen, mit denen wir ständig konfrontiert werden, so hinzunehmen, wie sie sind, zu akzeptieren, was wir nicht ändern können, und souverän auf Emotionen zu reagieren.

Achtsamkeit ist kein Filter für Negativität

Oft verfallen wir bei der Arbeit an uns selbst in den Glauben, dass Achtsamkeitspraxis ausschließlich Positives fokussiert. Als würden wir unsere Erfüllung durch das Ausblenden angeblich schlechter Einflüsse schützen können. Das kann bei manchen Menschen funktionieren, jedoch kann auch das Gegenteil eintreten: Der Kontrast zwischen dem Positiven, das wir fokussieren, und der innerlichen Schwere, die wir tatsächlich fühlen, wird größer und wir werden noch mehr daran erinnert, dass mit uns irgendetwas nicht stimmt. Der im Zen verankerte authentische Bezug zur Realität wird hier mit einem Ideal überschrieben, was der Entfaltung des bewussten Selbst des oder der Übenden nicht unbedingt hilft.

In der Achtsamkeit widmen wir uns dem inneren Hinhören, Hinsehen und Hineinfühlen und entdecken bei dieser Gelegenheit viele Nuancen unseres authentischen Selbst. Denn in dem, was wir fühlen, was wir als visuelle oder akustische Gedanken entfalten, versteckt sich einiges von dem, was uns ausmacht und belastet, ebenso wie tiefe Ängste und Sehnsüchte. Belastungen, Ängste, Sehnsüchte, Einsamkeit, Traurigkeit, Schwere oder andere angeblich negative emotionale Erfahrungen sind nicht grundsätzlich schlecht. Sie sind ein Teil von uns. Ohne sie könnten wir die Leichtigkeit, die Freiheit und Zufriedenheit, die ein erfülltes Leben mit sich bringt, nicht wirklich erkennen, erleben und genießen. Diese sogenannten negativen Emotionen anzunehmen, genauso wie die positiven, ist manchmal harte Arbeit, denn diese inneren Impulse können sehr flüchtig oder schwierig zu erkennen sein. Manchmal sind Gefühle sehr subtil, Eindrücke vermischen sich – die große Kunst der Achtsamkeit ist es, bei den inneren Wahrnehmungen die Übersicht zu bewahren. Genau dieser Herausforderung widmen wir uns im Achtsamkeitstraining. Im Folgenden erläutere ich ein paar Beispiele für sensorische Wahrnehmung.

Hören

Wir können Dinge hören, die im Außen sind, wie Vogelgezwitscher oder einen Wasserfall. Wenn wir uns darauf einlassen, erkennen wir jedoch auch, dass wir Klänge oder Stimmen wahrnehmen können, die nicht wirklich zu hören sind. Stell dir zum Beispiel das Geräusch eines stark bremsenden Autos oder das Martinshorn eines Krankenwagens vor. Versuche, die Details zu erfassen. Wo genau erfasst du diese Klänge? Bewegen sie sich oder bleiben sie an dieser Stelle? Wir nennen dieses innere Auditorium im weiteren Verlauf den inneren Klangraum. Weißt du, wer in diesem inneren Klangraum meistens zu hören ist? Genau, du selbst. Deine innere Stimme, die alles kommentiert. Vielleicht jetzt. Vielleicht hörst du sie, wie sie dir aus dem Off ins Bewusstsein flüstert: »Alles Quatsch, was der erzählt. Ich habe mal versucht, meine innere Stimme zu hören, und es hat nicht geklappt. Hat es doch, ich habe es sehr wohl geschafft. Hast du eigentlich vorhin den Ofen ausgemacht? Ich glaube, die Kaffeemaschine ist noch an, richtig? Mist, ich bin zu spät dran. Was ziehe ich heute eigentlich an? Ob die U-Bahn wieder fährt? Dieser Busersatzverkehr nervt gewaltig. Wann muss ich los, wie spät ist es jetzt genau? Nein, ich lasse meine Augen jetzt zu und bleibe hier sitzen. Die Session höre ich mir jetzt zu Ende an. Na, das schaffst du aber nie, wenn du noch duschen willst. Jetzt sei doch bitte mal still, ich kriege ja gar nichts von dem Kurs mit!«

Du weißt bestimmt sehr genau, welche Stimme ich meine – und vielleicht kannst du ihr ja mal ein bisschen zuhören?

Sehen

Ähnlich wie im Fall des inneren Klangraums haben wir eine eingebaute Kinoleinwand in uns. Wir nennen sie im Weiteren den inneren Bildschirm. Wenn ich dir jetzt sage, denk bitte an eine rote Zwiebel, dann wird dir auf diesem inneren Bildschirm eine rote Zwiebel angezeigt. Interessant ist es, genau hinzusehen, wie die Zwiebel aussieht, denn das ist Teil deiner Persönlichkeit, die die Sache ausgestaltet. Ist es eine ungeschälte Zwiebel? Oder liegt sie schon klein gehackt auf dem Brettchen? Spürst du die Augen brennen, wenn du nur daran denkst? Dann gehörst du vermutlich zu den Leuten, die häufiger kochen. Oft nehmen wir Erinnerungen an vergangene Erlebnisse als Filmchen wahr, die für die Bruchteile einer Sekunde auf diesem inneren Bildschirm ablaufen. Wenn wir in der Bahn sitzen und aus dem Fenster schauen, aber nicht wirklich sehen, was vor unseren Augen passiert, dann sind dies häufig visuelle Gedanken. In diesen Momenten verarbeiten wir oft Geschehenes und unser Gehirn tüftelt vor sich hin. Ähnlich wie bei akustischen Impulsen kann es sein, dass wir Dinge sehen, die uns stressen, wie wir wutentbrannt mit jemandem streiten oder glücklich sind, wenn wir an diesen wundervollen Strand denken, an dem wir tolle Erlebnisse mit unseren Liebsten hatten.

Fühlen

Unsere Gefühle sind besonders interessant: Wir glauben, wir sind unseren Gefühlen ausgeliefert, dabei können wir sie bewusst steuern. Das braucht ein bisschen Übung, aber vor allem braucht es Klarheit, was wir fühlen und warum. Und in beiden Fällen hilft die Achtsamkeitslehre aus.

Da gibt es das physische Fühlen: Der Wind, den wir auf der Haut spüren, oder die Kleidung, die Verspannung im unteren Rücken, der Druck unseres Körpers auf die Unterlage. Wenn wir atmen, spüren wir, wie sich unser Brustkorb und Bauch heben und senken, das sind ebenfalls physische Sinneswahrnehmungen. Doch auch beim Fühlen gibt es das innere Pendant zum Klangraum oder zu der Kinoleinwand: Können wir artikulieren, wie sich Angst anfühlt? Oder Enttäuschung? Oder Einsamkeit? Auch wenn es zunächst unglaublich schwer scheint, diese Konzepte zu verbalisieren, wissen wir dennoch alle ziemlich genau, was wir meinen. Zu ergründen, wie sich unsere Gefühle genau anfühlen und wie sie sich dann als Emotionen in unserem Körper, unserem Gesicht, unserer Stimme manifestieren, ist eine äußerst wichtige und hilfreiche Übung. Sie kann in der Meditationspraxis trainiert werden, um die Achtsamkeitskompetenz zu steigern.

Die Praxis, Achtsamkeit durch Meditation zu kultivieren, kann auf viele Arten erreicht werden. Einfach ausgedrückt bedeutet es, sich bewusst zu sein, worauf wir unsere Aufmerksamkeit richten. Was auftaucht, kann angenehm oder unangenehm sein. Aber wenn wir dieses Eintauchen nach innen mit nicht wertender Aufmerksamkeit üben, werden wir in der Lage sein, auf den inneren Frieden zuzugreifen, der bereits in uns existiert. Wir alle können mit achtsamer Meditationspraxis beginnen, um eine neue Ebene der Ruhe zu finden. Es dreht sich alles um die Disziplin, sich hinzusetzen und nach innen zu gehen. Wie wir die Willenskraft und Selbstdisziplin dafür aufbringen, wird im nächsten Abschnitt über das Verhalten (ab Seite 105 ff.) erklärt.

Das große Extra

Unser Leben ist abhängig von der Art, wie unser Gehirn funktioniert. Während wir viel Arbeit investieren, um unseren Körper zu entwickeln, zu pflegen, zu stählen, kommt unser Gehirn oft zu kurz. Meditation bietet ein hochwirksames Gehirntraining und die Vorteile dessen sind enorm. Wir können sie nur nicht im Spiegel sehen. Meditieren stärkt neuronale Verbindungen und kann die Vernetzung dieser neuronalen Netzwerke verändern. Durch regelmäßiges Üben können wir eine widerstandsfähige Neurobiologie kultivieren, unser Wohlbefinden steigern, die Gesundheit des Gehirns bis ins hohe Alter erhalten, psychischen Stress besser abbauen und Empathie entwickeln. Hinzu kommen die bereits erwähnten Schlüsselfähigkeiten wie Konzentration, Gelassenheit und Klarheit.

Anti-Falten-Creme für Seele und Gehirn

Das Schöne an der Meditationspraxis ist: Im Vergleich zu teuren Anti-Falten-Cremes für unsere Haut ist sie jederzeit und das ganze Leben verfügbar, und das sogar kostenlos. Sie ist unsere Zeitmaschine gegen das geistige Altern, denn Krankheiten wie Alzheimer lassen sich unter anderem auf einen Mangel von Gehirnaktivität zurückführen. Studien haben gezeigt, dass es nur acht Wochen konsequenter Meditation braucht, bis die graue Substanz sich signifikant vermehrt hat. Graue Substanz befindet sich in unserem zentralen Nervensystem und besteht hauptsächlich aus neuronalen Zellkörpern. Diese Art von Gewebe ist besonders wichtig in Bereichen, die für Muskelkontrolle, Sinneswahrnehmung, Emotion, Gedächtnis, Entscheidungsfindung und Selbstkontrolle verantwortlich sind. Neuroplastizität wiederum ist die Fähigkeit des Gehirns, Verbindungen zwischen den Neuronen herzustellen, dabei wird die Dichte der grauen Substanz erhöht. Durch Meditation wird dieser Effekt erzielt, das heißt, wir können unser Gehirn mit wenigen Minuten Praxis am Tag verändern.

Genauer heißt das laut Studien, dass Meditation den Kortex verdickt, also dort zusätzliche neuronale Verknüpfungen gebildet werden. Dieses Gehirnzentrum verwaltet Funktionen höherer Ordnung, wie Bewusstsein, Konzentration und Entscheidungsfindung. In MRT-Scans von Gehirnen regelmäßig Meditierender zeigte sich, dass Meditation die Funktionen höherer Ordnung stärkt, während Gehirnaktivitäten niedrigerer Ordnung abnehmen. Sara Lazar, eine Neurowissenschaftlerin an der Harvard Medical School, fand heraus, dass Beständigkeit bei der Meditation das Erfolgsgeheimnis ist. In ihrer Studie entdeckte sie, dass erfahrene Meditierende im Alter von 40 bis 50 Jahren die gleiche Menge an grauer Substanz hatten wie ein durchschnittlicher 20- bis 30-Jähriger. In dieser älteren Gruppe blieb die Gesundheit des Kortex erhalten. Tägliche Achtsamkeitsroutinen wie Yoga, Meditation, UM oder MBSR sind also fast unverzichtbar, um die zentralen Fähigkeiten zu entwickeln, die es für ein erfülltes Leben braucht. Und für dieses Training brauchen wir kein Gym, keinen Sportplatz, keine Yogamatte, nicht mal irgendeine Form von physischem Raum, wir können es ohne Hilfsmittel in uns selbst durchführen.

Logbuch-Eintrag vom 8. Januar 2019

Thailand. Wo der Sommer im Winter wohnt. Hier, an einem wunderschönen Inselstrand irgendwo an der Westküste, liegen wir auf der Sonnenliege. Es ist einfach, zu entspannen. Aber was ich entspanne, ist allein mein Körper, während mein Geist ruhelos ist, immer noch, als ob er immer in der großen Stadt des Lärms residiere. Das ist mein lieber Freund, Monkey Mind. Er springt von Baum zu Baum, schnappt sich hier eine Frucht, kratzt sich dort am Kopf. Ich bin froh, dass ich die ganze Zeit Monkey Mind bei mir habe, denn er erinnert mich daran, wie rastlos ich eigentlich bin. Wenn Monkey Mind seine lustigen Moves vollzieht, erinnere ich mich daran, in diesem Moment zu sein.

Wenn ich zum Beispiel ein Buch lese, versuche ich wirklich, die Bedeutung zu verstehen (besonders wenn es sich um Sachbücher handelt). Mein Monkey Mind springt von den Seiten weg und zeigt auf Dinge. »Schau mal, das Boot da drüben«, »Du könntest mal wieder essen«, »Vielleicht Postkarten schreiben?«, »Sind die Nüsse im Hotelzimmer gratis?«, »Soll ich ins Meer pinkeln oder besser eine Toilette aufsuchen?« …

Du verstehst mich.

Schlüsselfaktor Gewohnheiten: Verhalten entschlüsseln

Die neunte Weisheit: Wenn wir nicht an uns selbst arbeiten, dann wird an uns gearbeitet.

Stellen wir uns vor, unser Verhalten ist eine Software, ein hochintelligentes Programm, das in uns abläuft und entwickelt wurde, um unser Überleben zu sichern. Das ist das einzige Ziel unseres Betriebssystems. Die Zeit hat neue Entwickler auf den Plan gerufen, die diese Software hacken, um das Konzept von Überleben zu ihren Gunsten zu verändern. Wir sollen brav in der Annahme verharren, nicht gut genug zu sein, und fleißig konsumieren, was uns ständig auf allen Kanälen um die Ohren gehauen wird.

Es gibt jedoch Wege, sich dieses gehackte Betriebssystem zunutze zu machen. Dazu decodieren wir unser eigenes Verhaltensmuster, um es danach neu auszurichten. Der Schlüssel liegt in der Verbindung von Achtsamkeit und Motivation. Wie diese Verbindung automatisiert eine Reihe von Entscheidungen für uns trifft, ohne dass wir es mitbekommen, beschreibt der Habit Loop.

Eine Einführung in den Habit Loop

Das Konzept des Habit Loop wurde vom US-Journalisten und Pulitzer-Preisträger Charles Duhigg in seinem Buch *The Power of Habit* (auf Deutsch erschienen unter dem Titel *Die Macht der Gewohnheit*) im Jahr 2012 einer breiten Öffentlichkeit vorgestellt. Der Autor beschreibt darin, dass unterbewusstes Verhalten und insbesondere

Gewohnheiten nach einem bestimmten Muster ablaufen, das sich aber verändern lässt. Dazu müssen wir unsere Verhaltensroutinen ins Bewusstsein holen, wo wir sie besser kontrollieren können.

Die Neurowissenschaft und die Verhaltensforschung haben erkannt, dass Gewohnheiten entstehen, weil unser Gehirn nach Optimierungsmöglichkeiten sucht. Es ist stets bemüht, möglichst wenig Energie zu verbrauchen, was im evolutionären Kontext durchaus Sinn macht, denn Gehirntätigkeit ist ein wahrer Energiefresser. Unser Gehirn hat zwar nur einen Anteil von zwei Prozent am gesamten Körpergewicht, verbraucht jedoch rund 20 Prozent des täglichen Energieaufkommens. Bewusstes Handeln erfordert viel mehr Energie als unbewusstes Handeln, weswegen unser Gehirn versucht, sich oft wiederholendes Verhalten in automatisierte, unterbewusst gesteuerte Routinen, also Gewohnheiten, umzuwandeln. Dieser Kraftersparnis-Instinkt ist nicht nur ein großer Vorteil bei der Bemessung von Energiezufuhr, sondern auch ein Überlebensfaktor bei der Geburt. Denn ein effizientes Gehirn benötigt weniger Platz, was zu einem kleineren Kopf führt, was wiederum die Geburt erleichtert und daher weniger Todesfälle bei Säuglingen und Müttern verursacht. Ein effizientes Gehirn macht es überflüssig, über grundlegende Verhaltensweisen nachzudenken: Prozesse wie Gehen, Atmen, Sprechen, Trinken, Verdauen et cetera sind komplett automatisiert und verbrauchen im Gehirn deutlich weniger Energie.

Der Prozess in unserem Gehirn, bei dem Gewohnheiten etabliert werden, ist laut Duhigg eine dreistufige Schleife (Habit Loop). Erstens gibt es einen *Auslöser*, der unserem Gehirn sagt, dass es in den automatischen Modus wechseln und welche Gewohnheit es auslösen soll. Dann folgt zweitens die *Routine*, die körperlich, geistig oder emotional sein kann. Schließlich gibt es drittens eine *Belohnung*, die unserem Gehirn hilft herauszufinden, ob es sich lohnt, sich an diesen bestimmten Loop zu erinnern. Im Laufe der Zeit wird dieser Loop automatisiert. Der Hinweis und die Belohnung werden miteinander verflochten, bis ein ausgeprägtes Gefühl von Erwartung und Verlangen entsteht. Und so bilden wir über die Zeit Gewohnheiten. Gewohnheiten können praktisch sein, wie in den oben genannten Beispielen (sprechen, atmen, trinken), sie können jedoch auch schädlich sein (rauchen, streiten, fernsehen), da macht unser Gehirn leider keinen Unterschied. Allerdings ist das Gehirn radikal effizient. Wenn eine Gewohnheit auftaucht, hört es auf, sich an der Entscheidungsfindung zu beteiligen. Es arbeitet nicht mehr aktiv beziehungsweise lenkt den Fokus auf andere Aufgaben, die in diesen Momenten relevanter sind. Wenn wir also nicht bewusst gegen eine Gewohnheit ankämpfen – es sei denn, wir finden neue Routinen –, arbeitet unser Gehirn unterschwellig mit automatisierten Programmen, die im Hintergrund ablaufen und nicht überwacht werden.

So programmieren wir uns selbst

Die meisten Gewohnheiten können (leider) nicht einfach aus unserem System gelöscht werden. Erfolgversprechender ist es, das automatisierte Programm umzuschreiben. Am ehesten gelingt uns das, wenn die goldene Regel der Gewohnheitsänderung angewendet wird: Wenn wir den gleichen Auslöser und die gleiche Belohnung beibehalten, dann können wir eine neue Routine einfügen. Damit sich eine Gewohnheit ändert, müssen wir allerdings daran glauben, dass Veränderung möglich ist. Dieser Glaube ist vergleichbar mit dem Konzept der Selbstwirksamkeit des kanadischen Psychologen Albert Bandura: Wenn wir an unsere Fähigkeit zur Veränderung glauben oder an einen höheren Sinn, der sie aus moralischen, ethischen oder aus religiösen Gründen notwendig macht, dann ist die Wahrscheinlichkeit, dass wir Gewohnheiten nachhaltig verändern können, um ein Vielfaches höher. Aber Gewohnheiten lassen sich nie wirklich löschen. Sie sind in die Strukturen unseres Gehirns eincodiert. Das ist ein Glücksfall für uns, denn es wäre äußerst anstrengend, wenn wir in jedem Sommer das Schwimmen neu lernen müssten. Wie oben bereits erwähnt, ist die harte Codierung nur ein Problem, weil unser Gehirn auch die schlechten Gewohnheiten auf der Festplatte behält.

Die Entdeckung des Spill-over Effects

Einige gute Gewohnheiten sind besser als andere, weil sie Anstekungskraft haben (Spill-over Effect). So können wir mit einer Schlüsselgewohnheit, also eine bestimmte Gewohnheit, die andere Routinen positiv beeinflusst, unsere Bereitschaft für eine weitreichende Verhaltenstransformation signifikant begünstigen. Verhaltensforscher haben ein paar sehr interessante Dinge entdeckt: Wenn es uns gelingt, eine bestimmte Schlüsselgewohnheit zu adaptieren, werden wir viel weniger Probleme damit haben, andere gute Gewohnheiten aufzunehmen, die überhaupt nichts mit der ursprünglich veränderten zu tun haben müssen. Charles Duhigg beschreibt das in seinem Buch wie folgt: »Wenn Menschen anfangen, regelmäßig Sport zu treiben, auch wenn es nur einmal pro Woche ist, beginnen sie, andere, nicht damit zusammenhängende Muster in ihrem Leben zu ändern, oft unbewusst. Typischerweise essen Menschen, die Sport treiben, besser und werden bei der Arbeit produktiver. Sie rauchen weniger und zeigen mehr Geduld mit Kollegen und Familie. Sie nutzen ihre Kreditkarten seltener und sagen, dass sie sich weniger gestresst fühlen.«

Ich kann aus eigener Erfahrung sagen, dass diese Erkenntnis ein ganz zentraler Faktor für die Nachhaltigkeit und Erfüllungsqualität der Arbeit mit den Sieben Säulen des Seins ist. Diesen »Hack« zu kennen, bringt einige Vorteile mit sich. Zu wissen, dass eine Schlüsselgewohnheit eine solche Einflusskraft in unserem Leben entfaltet, macht es noch leichter, unseren inneren Schweinehund zu überwinden und uns beispielsweise zum Sport zu motivieren. Wir können in unserem Kopf die Verknüpfung schaffen, dass wir in den Lauf am Abend für unsere Kinder investieren, weil wir dann viel entspannter mit ihnen umgehen.

Beispiele für Schlüsselgewohnheiten
Morgendlicher Yoga-Flow

Ein kurzer Yoga-Flow direkt nach dem Aufstehen erzeugt in einem noch verschlafenen Zustand innere Gelassenheit sowie durch die vertiefte und bewusste Atmung und die intensive Bewegung mentale Agilität, die uns leichter in den Tag finden lässt. So werden andere Gewohnheiten – wie gesunde Ernährung, regelmäßiges Schreiben, Meditieren oder Sporttreiben – in der Folge viel leichter umgesetzt.

Morgendliche kalte Dusche

Ich putze mir inzwischen die Zähne morgens drei Minuten lang unter kaltem Wasser (die kälteste Stufe, die in Berlin möglich ist). Man kann das jetzt bescheuert finden (ist es auch), doch ich freue mich jeden Morgen darauf. Wenn ich aus diesem kalten Bad steige, fühle ich mich unbezwingbar, weil ich früh am Tag einen Riesenschritt außerhalb meiner Komfortzone gemacht habe. Ich beginne den Tag mit dem Gefühl, tief im Zentrum meines Kontrollbereichs zu sein.

Mittags spazieren gehen

Oft fällt es uns schwer, unseren Arbeitsplatz, das Büro oder das Homeoffice zu verlassen, wenn wir einmal im Arbeits-Groove stecken. Auszubrechen und sich etwas Bewegung an der frischen Luft zu gönnen, ist allerdings auf verschiedenen Ebenen hilfreich. Es holt uns aus dem Trott heraus und inspiriert uns zu Achtsamkeitsreflexion: Wie fühle ich mich eigentlich gerade, worüber denke ich nach, was belastet mich, was erfüllt mich? Es versorgt unser System mit frischem Sauerstoff, steigert somit unsere Konzentrationsfähigkeit und unser Wohlbefinden und letztendlich unsere Produktivität. Wenn wir zurück zum Schreibtisch kommen, erzielen wir bessere Ergebnisse, die uns am Ende des Tages ein gutes Gefühl geben.

Die wichtigste Zutat: Willenskraft

Bei all den Möglichkeiten unser Verhalten zu reflektieren, zu sezieren und umzuprogrammieren, müssen wir jedoch feststellen, dass es eine Zutat gibt, die über jeden Erfolg oder Misserfolg bei der Veränderung unseres Verhaltens entscheidend ist: die Willenskraft. Vielleicht haben wir alles, was es braucht, wie Interesse, Verständnis, Kompetenz. Aber uns fehlt die Willenskraft, unsere Gewohnheitsentwicklung zu kultivieren, und schon glauben wir, dass wir es nicht können. Doch weit gefehlt. Willenskraft lässt sich trainieren wie unsere Muskelkraft oder Ausdauer. Genau genommen ist Willenskraft nichts anderes als die Fähigkeit, Befriedigung hinauszuzögern. Es ist unsere Selbstbeherrschung, die uns hilft, ablenkenden Verlockungen zu widerstehen und durchzuhalten. Wie die American Psychological Association es so schön ausgedrückt hat: »Willenskraft ist die Fähigkeit, kurzfristigen Versuchungen zu widerstehen, um langfristige Ziele zu erreichen.«

Es wird angenommen, dass Willenskraft eine der wichtigsten Determinanten für persönlichen und beruflichen Erfolg ist. Gemeinhin als »Selbstdisziplin« bezeichnet, ist Willenskraft das, was uns hilft, dauerhafte positive Veränderungen in unserem Leben zu bewirken. Sie ist die innere Stärke, die uns hilft, trotz der Herausforderungen, die auf dem Weg unvermeidlich sind, unseren Zielen näher zu kommen. Untersuchungen legen nahe, dass

Willenskraft tatsächlich als Muskel betrachtet werden sollte: Um einen Muskel zu stärken, müssen wir ihn trainieren. Wenn wir uns aber dabei überanstrengen, werden die Muskeln müde und brauchen Zeit, um sich zu erholen. Dies bedeutet, dass wir unsere Willenskraft regelmäßig trainieren sollten, uns aber von Zeit zu Zeit Entspannung gönnen müssen, damit der »Muskel der Willenskraft« eine Chance hat, sein Energieniveau wiederherzustellen. Entgegen der landläufigen Meinung geht es bei der Stärkung der Willenskraft nicht darum, härter zu pushen. Es geht vielmehr darum, die Natur der Disziplin zu entschlüsseln und dieses Wissen zu nutzen.

Jeden Tag dranbleiben und langsam steigern

Es gibt drei wichtige Regeln, die du bei deinem Training beachten solltest. Erstens: Arbeite jeden Tag an dir. Das ist das Grundprinzip der Arbeit mit den Sieben Säulen des Seins. In der ersten Phase der aktiven Entwicklung stellen wir uns kleine, leichte, aber dafür kontinuierlich umsetzbare Aufgaben, die wir jeden Tag umsetzen können. Dieses Engagement stärkt unsere Willenskraft. Körperliche Aktivitäten sind die einfachste Möglichkeit, um unseren Willensmuskel zu trainieren, weswegen die erste Säule »Körper« ist. Hier ist die Wahrscheinlichkeit, Schlüsselgewohnheiten zu finden, die uns andere Entwicklungsarbeit erleichtert, am größten. Der Trick besteht darin, klein anzufangen und aufzubauen. Je kleiner, desto besser!

Die zweite Regel lautet: Steigere dein Training Schritt für Schritt. Wenn wir also über den Tag nicht alle Strecken zu Fuß oder mit dem Fahrrad hinbekommen, dann können wir uns zumindest darauf verpflichten, eine Woche lang jeden Tag eine (idealerweise dieselbe) Teilstrecke unmotorisiert zurückzulegen. Im Laufe der Zeit können wir den Fahrradanteil sukzessive erhöhen und damit unsere Willenskraft stählen.

Und Nummer drei lautet: Setze deine Schlüsselgewohnheiten ein. Füttern wir also unser Gehirn mit der richtigen Nahrung – Willenskraft und Entscheidungsfindung sind eng miteinander verbunden. Jedes Mal, wenn wir an unsere Willenskraft appellieren, beginnt ein Kampf zwischen den rationalen und emotionalen Teilen unseres Gehirns. Wir müssen uns entscheiden, was wir wählen wollen: sofortige Befriedigung oder größeren Nutzen zu einem späteren Zeitpunkt. Studien deuten übrigens darauf hin, dass schlechte Ernährung uns dazu bringt, eher emotionale und unüberlegte Entscheidungen zu treffen. Es gilt auch hier: klein anfangen und dranbleiben.

Wir könnten damit anfangen, die zweite Tasse Kaffee am Tag durch eine Tasse Kräutertee zu ersetzen. Oder wir wählen statt dem Zimt-Zucker-Gebäck eine Vollkornoption. Halten wir die Änderungen klein, damit unser Gehirn gar nicht merkt, dass es zu Änderungen kommt, und in kürzester Zeit bauen wir jede Menge Selbstdisziplin auf. Das menschliche Gehirn ist so verdrahtet, dass es sofortige Befriedigung einer verzögerten Belohnung vorzieht (egal, wie viel größer diese ist). Wenn wir das über unser Gehirn wissen, können wir Versuchungen unter Umständen leichter widerstehen. Das gilt genauso für Ziele: Wenn wir unser großes »smartes« Ziel in mehrere kleinere Ziele aufteilen und für jedes erreichte Ziel eine wertvolle Belohnung vergeben, können wir mit unserer Willenskraft schon bald Berge versetzen oder sie überwinden lernen.

Mit dem Wissen aus diesem ersten Kapitel sind wir bestmöglich vorbereitet für die Arbeit mit den Sieben Säulen des Seins.

Logbuch-Eintrag vom 23. Dezember 2014

Zeit, aufzuräumen. Innen und außen. Raus mit den alten Klamotten, die nicht mehr passen, weil man rausgewachsen ist. Raus mit den Ideen, die jahrelang das Herz belagerten und doch nicht stark genug sind, es zu erobern. Wie Kalk in der Kaffeemaschine sitzt das ganze Zeug in der Wohnung, beobachtet dich mit tausend Augen und schläft nie. Raus mit den vermummten Trojanern im System, die irgendwann mal über die Vergangenheit in die Gegenwart gestolpert sind und da warten, bis du hinfällst, um dich zu korrumpieren. »Carpe diem« kann ein törichter Gedanke sein in einer Zeit, die den Nutzen zum Selbstzweck macht. Die Transformation vom Menschen zum User, hineinprogrammiert in ein Spiel, in dem die Regeln erst noch geschrieben werden müssen. Raus mit den alten Maschinen, die im Hintergrund wie Parasiten deine Energie abzapfen. Raus mit alten Ressentiments, vor denen keiner von uns mehr sicher ist in einer Welt der konstanten transmedialen Manipulation. Raus mit alten Mustern, die dich zwar hierhergebracht haben, aber dich daran hindern weiterzukommen. Erfülltes Leben ist die Kunst der Transformation, der Echtzeitevolution. Wer hadert, bleibt hängen. Wer Fehler macht, hat es zumindest versucht. Und wer aus Fehlern lernt, wird morgen erkennen, dass die Fehler eigentlich keine Fehler waren, sondern bisher unbekannte Cheats für das beste Spielerlebnis. Nur wer bereit ist loszulassen, in den Spiegel zu schauen und ehrlich zu sein, den Status quo zu Ende zu erleben, der erkennt in jeder Beziehung das Potenzial für Freundschaft, in jeder Liebe die Ewigkeit und in jedem Verlust den Gewinn von Freiheit.

Schlüsselfaktor Sinn:
Wo ist er im Leben?

Die zehnte Weisheit: Das Leben hat keinen Sinn, bis wir ihm einen geben.

In unserer heutigen Zeit kommen wir bei dem Diskurs über den Sinn des Lebens nicht an Viktor Emil Frankl vorbei. Der österreichische Psychiater und Psychotherapeut begründete die Logotherapie und die Existenzanalyse. Sein Ansatz war als »dritte Schule« der Wiener Psychotherapie anerkannt. Die ersten beiden Schulen sind die Ansätze von Sigmund Freud sowie Alfred Adler. Die Grundlage von Frankls Theorie war, dass die primäre Motivation eines Individuums die Suche nach dem Sinn im Leben ist und dass der primäre Zweck der Psychotherapie darin bestehen sollte, einem Individuum zu helfen, diesen Sinn zu finden. Der Name seiner Therapieform »Logo-Therapie« erschließt sich passenderweise aus dem griechischen *Logos*, was übersetzt »Sinn«, beziehungsweise »Gehalt« bedeutet.

Viktor Frankl und die Sinntherapie

Frankls Logotherapie basiert auf der Überzeugung, dass jeder Mensch einen gesunden Wesenskern hat. Logotherapeuten gehen davon aus, dass Menschen neben einem Geist auch einen Körper und eine Seele haben und jeder Mensch einzigartig ist. Die Therapie zielt darauf ab, Menschen die Werkzeuge an die Hand zu geben, die sie benötigen, um auf ihre inneren Ressourcen zuzugreifen, damit sie ihr geistiges Wohlbefinden wiederherstellen können. Die Annahme, dass das Leben einen Sinn hat, auch wenn Menschen unerträgliches Leid erfahren, prägte die Entwicklung der Logotherapie und ist deren wichtigste Überzeugung. Der Logotherapie zufolge können Menschen ihre Lebensaufgabe sowohl durch das Engagement für eine Sache als auch durch Erfahrungen und Beziehungen entdecken. Bedeutung kann ebenso aus der Haltung abgeleitet werden, die ein Mensch einnimmt, wenn er mit Leid konfrontiert wird. Frankl entwickelte den Begriff »noogene (abgeleitet aus dem Griechischen: durch eine existenzielle Krise hervorgerufen) Neurose«, der das Gefühl der Angst und Sinnlosigkeit, die manche Menschen in ihrem Leben entwickeln, beschreibt. Laut Frankl kann dieses Gefühl der Sinnlosigkeit zu Aggression, Depression und Sucht führen. Seine Arbeit ist bereits für sich als eine der herausragenden wissenschaftlichen und philosophischen Werke der Menschheitsgeschichte zu betrachten, doch vor dem Hintergrund seiner persönlichen Geschichte umso bewundernswerter.

Frankl promovierte im Jahre 1930 in Medizin und leitete bis 1937 das Programm zur Suizidprävention für Frauen in der Psychiatrischen Anstalt Am Steinhof in Wien. Eine im Anschluss eröffnete Privatpraxis musste Frankl aufgrund seiner jüdischen Abstammung nach der Annexion Österreichs durch Nazideutschland im Jahr 1938 zwangsläufig schließen. Bis 1942 wirkte er zwar noch als Chefarzt der Neurologie am Wiener Rothschild-Krankenhaus, das ausschließlich der jüdischen Bevölkerung diente, bevor Frankl und seine Familie 1942 in das Konzentrationslager Theresienstadt gebracht wurden, wo sein Vater ums Leben kam. 1944 wurden Frankl und seine noch verbliebene Familie nach Auschwitz gebracht, wo seine Mutter ermordet wurde; seine Frau starb später im Konzentrationslager Bergen-Belsen. Angesichts der Brutalität und Erniedrigung um ihn herum stellte der Psychiater die Theorie auf, dass diejenigen Insassen, die einen Sinn in ihrem Leben hatten, eher überleben würden. Eine Reihe von Vorträgen, die er 1946 in Wien bei einem Kongress hielt, thematisieren diese Erlebnisse auf eindrucksvolle Weise und wurden in dem weltbekannten Buch *Über den Sinn des Lebens* (siehe Anhang) zusammengefasst und veröffentlicht. Ich kann nicht bestreiten, dass dieses Buch meine persönliche Arbeit und Denkweise sowohl für den Bereich Marketing als auch für diese Arbeit maßgeblich und nachhaltig beeinflusst hat.

Alfred Adlers Einfluss

Zurück zu den großen Ideen, die Menschen wie Frankl über das Thema des Lebenssinns mit der Welt teilten. Der Psychologe Alfred Adler war für Viktor Frankl ein wichtiger Einfluss. Ebenso wie Freud und Frankl war auch Alfred Adler ein österreichischer Arzt und Psychiater. Er ist heute vor allem für seine Theorie der Individualpsychologie bekannt und entwickelte als einer der Ersten Konzepte zum Minderwertigkeitsgefühl, uns allen als »Minderwertigkeitskomplex« bekannt, denen er eine wichtige Rolle bei der Persönlichkeitsentwicklung zuschrieb. Das individualpsychologische Konzept von Alfred Adler war das erste bekannte Konzept zum Sinn des Lebens: Der Sinn des Lebens kann nur erfüllt werden, wenn ich ihn erkennen kann. Ein erfülltes Leben ist laut Adler erreichbar mit einem »gesunden, selbstbewussten Geist«, den es zu fördern gilt. Adler konzentrierte sich darauf, Minderwertigkeitsgefühle und Selbstzweifel, die aufgrund ständiger Vergleiche mit anderen entstehen, zu heilen. Adlers Sichtweise der Psychologie enthüllt die Bemühungen der Menschen, ihre empfundene Unterlegenheit gegenüber anderen auszugleichen. Er fokussierte sich auf die stark kontextbezogenen und einzigartigen Überzeugungen, die ein Individuum in der Kindheit entwickelt und die oft seinen Lebensstil und seine Denkmuster als Erwachsener diktieren. Wenn die Einstellung, Eigenheiten, Verhaltensweisen, Macken und letztendlich der Blick auf sich selbst negativ sind, wird der Blick auf die Welt düster.

Die Reise in die Erfüllung beginnt in unserer Kindheit

Nach den Begründern der analytischen Psychologie – Sigmund Freud, Carl Gustav Jung und Alfred Adler – ist es die innere Resonanz eines ursprünglich meist in unserer frühen Kindheit erlebten Traumas oder Schmerzen, die unser Verhalten prägen und sich wie ein roter Faden durch unser Leben ziehen. Oft stoßen wir immer wieder an dieselben Grenzen, in wiederkehrenden Konfliktsituationen oder in Beziehungen oder wenn es darum geht, Ziele zu erreichen. Wir können aus dieser Erkenntnis heraus besser nachvollziehen, weshalb wir bei bestimmten Themen, Verhaltensweisen, Aufgaben, Jobs, Situationen, Umgebungen oder Orten innere Widerstände empfinden. All diese Situationen und Begebenheiten sind Indikatoren für nicht aufgelöste innere Spannungen und ein wichtiger Bestandteil der Lösung liegt darin, das innere Selbst zu verstehen, mit all seinen echten Bedürfnissen, Ängsten, Erfahrungen und Sorgen. Erst wenn dieser innere Kern klar ist, kann eine nachhaltige und erfüllende Entwicklung des Lebens gelingen. Auf unserer Reise in die Erfüllung müssen wir somit damit beginnen herauszufinden, was genau es zu erfüllen gilt, welches Versprechen an die Welt wir einlösen wollen. Bei diesem ersten und allerwichtigsten Schritt scheitern bereits viele Versuche der Lebenstransformation, auf der Suche nach dem einen, perfekten Lebenssinn.

Die Psychologie des Lebenssinns

Professor Dr. Tatjana Schnell forscht genau auf diesem Gebiet. Wir haben schon im Kapitel »Ziele« (Seite 55) mit ihr Bekanntschaft geschlossen. Sie setzt sich für eine nachdenkliche, kritische und interdisziplinäre Psychologie ein, die sich mit allen Fragen menschlicher Belange befasst und zu einem guten Leben in gerechten Gesellschaften inspiriert (einen Link zu ihrem spannenden Online-portal findest du im Anhang). Dr. Schnell definiert Sinnerfüllung als »grundlegendes Vertrauen in die Sinnhaftigkeit des eigenen Lebens«. und unterscheidet vier Merkmale der Sinnerfüllung:

1. Bedeutsamkeit (das Ich und mein Handeln erfahren Resonanz, werden wahrgenommen)
2. Orientierung (Klarheit über die Perspektive im eigenen Leben)
3. Zugehörigkeit (sich als Teil eines größeren Ganzen in dieser Welt verstehen)
4. Kohärenz (Stimmigkeit und Kongruenz des Handelns mit dem eigenen Wertekompass)

Buddhas Sinn

Neben all den Gedanken, die Philosoph*innen, Psycholog*innen und die moderne Wissenschaft ermöglicht haben, bin ich in der Entwicklung von schlüssigen Theorien für die Ableitung der Frage, was der Grund für alles ist, das wir tun, immer wieder auf die simplen und doch so andersartigen Konzepte des Buddhismus gestoßen. Anders als die theologischen Modelle vom Islam, Judentum oder Christentum, die geprägt sind vom ewigen Kampf von Gut und Böse mit der Idee eines über allen herrschenden Gott, der die Menschen und die Welt und das Universum erschuf und anders als unser kapitalistisch inspiriertes Streben nach Leistung, Reichtum und Status, bereichert der Buddhismus den Diskurs um den Sinn des Lebens um tiefe Weisheiten, die mich nicht selten zu sinnvolleren Erkenntnissen inspirieren. Der Buddhismus behauptet, dass das Streben nach Reichtum, Macht und Ruhm unserem Leben letztendlich keinen Sinn geben kann. Der Wunsch nach solchen Dingen steht dem Erreichen des Glücks tatsächlich im Weg. Also sollten wir tun, was wir können, um die westliche, materialistisch geprägte Vorstellung von Glück durch eine zu ersetzen, die unsere Sehnsucht nach solchen Dingen verringert.

Die Sache mit der Erleuchtung

Die grundlegenden Ideen des Buddhismus wurden von Siddharta Gautama (563–483 vor Christus), besser bekannt als Buddha, entwickelt. Nach buddhistischem Denken weist das Streben nach materiellem Erfolg oder das Schwelgen in Sinnesfreuden und Luxus ebenso wie das (»asketische«) Leben der Selbstverleugnung auf eine übermäßige Sorge um die Dinge dieser Welt hin. Stattdessen sollten wir erkennen, wie solche Sorgen unsere Existenz lediglich als eine Episode im »Rad des Lebens« charakterisieren. Wahre spirituelle Erleuchtung tritt nur ein, wenn eine Person, nachdem sie viele Leben gelebt hat, der endlosen Leinwand der weltlichen (diesseitigen) Existenz entkommen kann, indem sie im Einklang mit dem Universum lebt. Die Aktivität oder Lebenskraft des Universums wird Karma genannt, wonach alle Ereignisse als Ursache und Wirkung zueinander in Beziehung stehen und alle unsere Handlungen zu Mitteln werden, um unser zukünftiges Leben zu bestimmen. Wann immer wir handeln, setzen wir eine Reihe von Ereignissen in Gang, die auf uns zurückfallen. Manchmal kann das, was im eigenen Leben ein Hindernis zu sein scheint, tatsächlich eine Gelegenheit sein, sich spirituell zu entwickeln.

Da wir in allem, was wir tun, frei sind, spirituell voranzukommen, entscheiden wir über unser Schicksal: Niemand sonst ist schuld. Es gibt keinen Gott, der uns belohnt oder bestraft, der das Universum kontrolliert und der uns trotz unserer Sünden rettet. Wir entscheiden durch unser Handeln, wie lange wir am Rad des Lebens drehen und wie dieses Leben aussehen wird. In gewissem Sinne ist der Buddhismus also optimistisch, indem er vorschlägt, dass wir den Kreislauf der Wiedergeburt beenden können, indem wir die richtigen Entscheidungen treffen und in Übereinstimmung mit Buddhas Lehren leben; aber es legt uns auch die schwere Last der Verantwortung auf.

Die Vier Edlen Wahrheiten

Die Anleitung zur spirituellen Entwicklung ist nach Buddha in den Vier Edlen Wahrheiten und dem Achtfachen Pfad enthalten. Gemäß den vier Wahrheiten können wir das Leiden beenden, wenn wir erkennen:

1. Jedes Leben enthält Leid.
2. Ursachen, die zum Leid führen, sind das Verlangen nach materiellen Dingen wie Vergnügen, Reichtum, Schönheit, Macht oder Ruhm.
3. Das Ende des Leidens ist die Erfüllung. Die ist nur möglich, wenn wir aufhören, uns Dinge zu wünschen, die unsere individuelle Bedeutung und unseren Status erhöhen.
4. Erfüllung oder Erleuchtung tritt ein, wenn wir unsere Sehnsucht überwinden und eine ethische Lebensweise pflegen.

Erfüllung wird daher nicht erreicht, wenn wir all unsere Wünsche nach materiellen Gütern erfüllen. Zufriedenheit ist vielmehr möglich, wenn wir unsere Wünsche und Bedürfnisse reduzieren, meditieren, unseren Geist entwickeln, an andere denken, Weisheit anstreben und unsere Wünsche kontrollieren. Dies bedeutet nicht, dass wir alle buddhistischen Mönche werden müssen, um erfüllt zu sein. Es bedeutet, dass unser Leben in allem Handeln Sinn erreichen kann, wenn wir diesen einfachen Prinzipien Folge leisten.

Logbuch-Eintrag vom 22. Januar 2012

Es ist schon merkwürdig, wie die Freunde reagierten. Habe heute Nico und Ansgar von der Idee erzählt, ein Buch über all das hier zu schreiben. Mit einem System, das die Persönlichkeitsentwicklung dokumentieren soll. Die Idee von den Sieben Säulen des Glücks kam ganz gut an …

Die sieben Säulen beschreiben einen neuen Weg, einen neuen Anfang. Wie sonst soll ich nach diesen 35 aufregenden Jahren meines Lebens den nächsten Schritt gehen? Es muss irgendwie weitergehen, jedoch ohne die Belastungen der Vergangenheit. Mein Blick ist nach vorn gerichtet und ich fließe in Gedanken voran. Die Sieben Säulen sind ein Konzept, das die Summe meiner Erfahrungen in Einklang bringt. Es ist mein Manifest für ein bewussteres Leben. Es ist das Manifest zum Glücklichsein, das Versprechen, das ich Lina mit ins Grab gegeben habe und vermutlich nichts Geringeres als meine Lebensaufgabe. Vielleicht gibt dieses Konzept dem Rest meiner Existenz den Sinn, nach dem ich so lange gesucht habe. Vielleicht ist es meine Aufgabe, dieses Wissen, diese Erfahrung weiterzugeben, zumindest an mein Kind. Was es auch ist, es muss niedergeschrieben werden, damit es zu Ende wachsen kann, reifen kann, entstehen kann, bislang ist es nur eine Idee, die noch geformt werden muss.

Zweiter Teil

EINFÜHRUNG

IN

DIE

SIEBEN

SÄULEN

DES

SEINS

Ein neues System
für ein erfülltes Leben

Die meisten von uns sehnen sich nach Optimierung, nach beruflichem und persönlichem Erfolg, nach Reichtum und Glück. Wir wollen Menschen an unserer Seite, die uns feiern, die zu uns stehen und immer für uns da sind, wenn wir sie brauchen. Wir suchen die große Liebe, die großen Abenteuer und die große Bestimmung, die alles mit Sinn erfüllt. Wir würden gerne so viele Orte entdecken, Dinge beherrschen, Fähigkeiten besitzen und dennoch genug Zeit haben, um für unsere Familie, Freunde und Kinder da zu sein. Irgendwo existiert diese Vision von uns selbst als durchtrainierte, gesunde Person, die schlagfertig ist, sich stets behaupten kann, der niemals die Luft ausgeht, die all die Klassiker gelesen hat, innere Ruhe besitzt wie ein Dalai Lama, und weiß, was zu tun ist, wenn mal alles schiefgeht.

Spätestens jetzt meldet sich in aller Regel irgendwo in unserem Kopf der innere Woody Allen zu Wort und erklärt uns, dass das ja alles Unsinn sei. Doch ist es das? All das in seinem Leben haben zu wollen, ist ja nicht verwerflich, vieles davon bringt uns große Freude. Wir können ein, zwei Dinge von der Liste schaffen, zum Beispiel beruflich erfolgreich sein, nebenbei noch Yogalehrer*in werden, das Spanisch auf ein ordentliches Level bringen und die Welt bereisen. Doch haben wir dann noch die Zeit, um die perfekte Mutter oder der perfekte Vater für unsere Kinder zu sein? Wir können durchtrainiert und gesund werden, Triathlons in Hawaii bestreiten, nebenbei ehrenamtlich im Jugendknast Rhetorik-Seminare geben, keine Frage! Aber haben wir dann noch die Zeit, um vier Sprachen und drei Instrumente zu erlernen? Wir wissen, dass es nicht funktionieren kann, aber halten dennoch an unseren etablierten Denkweisen fest. Also was soll das alles? Um uns erfüllt zu fühlen, müssen wir uns aus diesen etablierten und illusionären Denkmustern herausholen.

Denkmuster versus Freiheit und Erfüllung

An dieser Stelle möchte ich drei zentrale Erkenntnisse vorstellen, die uns von unrealistischen Denkmustern befreien. Lieber innerer Woody Allen, setz dich bitte kurz hin, nimm dir eine Tasse Tee und hör zu:

1. Uns selbst neu entdecken beginnt damit, unser bisheriges Selbst zu hinterfragen

Wenn wir uns bewusst sind, welcher Mensch, welche Persönlichkeit, welche Fähigkeiten sich tief in uns verbergen, dann wissen wir, wonach wir uns wirklich sehnen. Da kommt Carl Gustav Jungs ganzheitlicher Ansatz des Selbst zum Zuge, denn all diese äußeren Ideale, Fähigkeiten, Statussymbole oder Auszeichnungen wünschen wir uns meist nur deshalb, weil wir in unserer Welt mit einem Konzept von perfekter Existenz konditioniert wurden, durch Familie, Fernsehshows, soziale Medien und soziokulturelle Prägung. Das authentische Leben findet sich jedoch in unserem Inneren, wir müssen es hinter all dem Schein entdecken.

2. Uns auf den Weg statt auf das Ziel zu freuen, bringt uns an die besten Orte

Wenn wir ausgehend von dieser Selbstentdeckung für einen Augenblick all die stereotypischen Ideale, die in uns eine solche Lust und Begierde erzeugen, ausblenden und uns darauf fokussieren, wer wir wirklich sein wollen, dann kommen wir in einen Flow.

Dieser Zustand der Freude am Sein nährt sich, indem wir tun, was mit unserer wahren Identität übereinstimmt und uns daher zutiefst befriedigt. Dann ist es sogar viel wahrscheinlicher, dass einige der oben genannten verlockenden Wünsche sich erfüllen. Jedoch nicht, weil wir uns diese Dinge zum Ziel gesetzt haben, sondern als Ergebnis unserer Freude am Weg.

3. Uns vielseitig zu investieren gelingt, indem wir allen Aspekten ihre Zeit geben

Wenn wir unsere Sehnsucht nach Erfüllung nicht mit Gedanken, sondern mit Taten stillen, merken wir schnell, dass es gar nicht an Visionen für unser Leben mangelt. Es fehlt uns lediglich die Zeit, diese Versionen von uns zu verwirklichen. An der Zeit können wir aber nichts ändern, wir haben alle dieselbe Zeit zur Verfügung. Wir brauchen also ein System, das uns hilft, die richtigen Prioritäten zu setzen und die passende Chronologie zu entwerfen. So können wir unsere Reise nicht nur organisieren, sondern auch aus tiefstem Herzen erleben und genießen. Und genau ein solches System sind die Sieben Säulen des Seins.

Schritt für Schritt neue Routinen entwickeln

Im Folgenden stelle ich dir die einzelnen Säulen detailliert vor und liefere konkrete Ansätze, wie die Transformationsarbeit aussehen kann. Kurz gesagt: Es geht darum, sich kleine Aufgaben, Gewohnheiten oder Themen zu suchen, die dann Schritt für Schritt und Tag für Tag über Sieben-Tages-Episoden in unser Leben gebracht werden. Das ist der vereinfachte Umsetzungsrahmen, welcher die wissenschaftlichen Erkenntnisse, Prinzipien und Philosophien berücksichtigt, die im ersten Teil des Buches vorgestellt wurden. Was die Sieben-Säulen-des-Seins-Strategie von anderen einfachen Programmen zur generischen Entwicklung von Alltagsroutinen unterscheidet, sind folgende drei Faktoren:

Faktor 1: Wir nehmen uns die Zeit

Der Plan, in dem die Routinen, Gewohnheiten und Reflexionen etabliert werden, folgt einem sehr nachhaltig angelegten Entwicklungskonzept und ist dementsprechend praktikabel in den Alltag zu integrieren. Im Alltag ist es nicht viel Zeit, die wir für das Programm aufbringen müssen. So ist es leichter, langfristig dranzubleiben und die gewünschte Veränderung zu erreichen.

Faktor 2: Reihenfolge und Rhythmus

Die Sieben Säulen des Seins geben eine Reihenfolge und einen Rhythmus vor, um die einzelnen Lebensbereiche effektiv und Schritt für Schritt zu verändern. So nutzen wir die Erkenntnisse der Wissenschaft für die höchstmögliche Wirksamkeit der Arbeit. Auch die Sieben-Tages-Episoden spielen eine wichtige Rolle, weil sie genug Zeit bieten, Änderungen zu etablieren. Sie sind außerdem, lang genug, um mit verschiedenen Mustern zu experimentieren, aber auch kurz genug, um schnelle Erfolge zu ermöglichen.

Faktor 3: Im Einklang mit dem echten Selbst

Jede*r kann sich aus dem vielschichtigen Angebot aus konkreten Vorschlägen an Verhaltensänderungsmaßnahmen für das individuelle Transformationsprogramm jene aussuchen, die im Einklang mit dem echten Selbst stehen. So gelingt die nachhaltige Persönlichkeitsentwicklung deutlich leichter. Wir bringen nur Dinge zur Entfaltung, die uns wirklich aus der Tiefe unserer Persönlichkeit wichtig sind, und auf eine Weise, die für uns und in unseren Alltag passt.

Einführung in das System

Das System der Sieben Säulen des Seins ist in vier Ebenen beziehungsweise Entwicklungsphasen untergliedert. Die Bedeutung der vier Ebenen wurde eingangs bereits beschrieben. Nachfolgend geht es um die praktische Anwendung des Systems als Wegweiser zu einem erfüllten Leben.

Hinweis: Während die vier Ebenen und die darunter organisierten Sieben Säulen des Seins in diesem zweiten Teil des Buches vorgestellt werden, finden sich konkrete Anleitungen zu allen im Folgenden erwähnten Übungen im Praxisprogramm, dem dritten Teil.

Ebene 1: Das Fundament – Selbstentdeckung

In der ersten Phase bauen wir das Fundament. Wir offenbaren das authentische Selbst, setzen uns inspirierende Ziele und entwerfen Strategien.

Ebene 2: Der innere Kreis – Selbstverbindung

In der zweiten Phase konzentrieren uns auf jene Säulen des Seins, die uns mit uns selbst verbinden: Körper, Geist und Seele.

Ebene 3: Der äußere Kreis – Selbstwirksamkeit

In der dritten Phase beginnen wir unsere persönlichen Beziehungen, unsere Beziehung zum Geld und unsere Mission zu beleuchten und durch kleine, kontinuierliche Verhaltensanpassungen in Angriff zu nehmen.

Ebene 4: Der universelle Kreis – Erfüllung

In der vierten Phase vollenden wir die initiale Transformationsphase, geben unsere Kraft und Liebe in die Welt zurück und erfüllen auf diese Weise die Aufgaben, die das Leben an uns stellt.

Ebene 1: Selbstentdeckung

Wir wenden uns zu Beginn der Arbeit unserem Ursprung zu und lernen zu verstehen, wer wir eigentlich sind. Wir entdecken den inneren Kern, aus dem all die Entscheidungen für unser Leben ganz natürlich abgeleitet werden können, der innere Kompass, der uns den Weg zeigt, wenn wir mal nicht mehr weiterwissen. In einer Reihe von Übungen, die im dritten Teil, dem Praxisprogramm, angeleitet werden, lernen wir systematisch, uns selbst zu verstehen, unsere tiefsten Prägungen offenzulegen und zu erkennen, wo unsere Verhaltensmuster ihren Ursprung haben. Wer neugierig und ungeduldig ist (zwei Eigenschaften, die mir sehr vertraut sind), kann direkt an den Anfang des dritten Buchteils vorrücken, um dort gleich in die Praxis einzusteigen.

Hier eine kurze Übersicht, was dich dort erwartet:

Schritt 1: Das authentische Selbst entdecken
Mit verschiedenen Übungen, die aus einer Reihe von etablieren Konzepten der analytischen und positiven Psychologie entnommen und neu konfektioniert wurden, schaffen wir einen Zugang zu den verschiedenen Ebenen des Selbst nach Jung. Wir beantworten Fragen zu verschiedenen Lebensthemen wie zur Identität: Wer bin ich wirklich und wer möchte ich eigentlich sein? Fragen zu deinen Herausforderungen: Was stört mich an mir? Und was stört mich in der Welt? Und schließlich zu deiner Motivation: dein Versprechen an die Welt.

Schritt 2: Inspirierende Ziele setzen
Kennen wir unsere Identität, unsere Herausforderung, unser Versprechen an die Welt und unser Wertesystem, dann sind wir in der

Lage, Ziele zu formulieren. Ziele, die uns wirklich motivieren, die mit unserem Selbst synchronisiert sind. Nicht diejenigen Ziele, die uns wie Versager fühlen lassen, weil sie unerreichbar sind. Wir beantworten Fragen zu unseren Zielen: Welche Ziele verfolge ich in meinem Leben wirklich? Und wir stellen Fragen zum Thema Erfolg: Wie sieht Erfolg konkret für mich aus? Und zu den Ergebnissen: Welche Ergebnisse entstehen durch meine Zielausrichtung von selbst?

Die Übungen sind nummeriert, da sie die Grundlage für das Transformationsprogramm und einen detaillierten und strukturierten Plan bilden, den ich dir an die Hand geben werde. Wie bereits beschrieben: Die Anleitungen zu den Übungen finden sich im dritten, nächsten Teil des Buches.

Ebene 2: Der innere Kreis – die Selbstverbindung

In der Ebene 1 legen wir das Fundament für die Arbeit an den Sieben Säulen des Seins. Es geht von der Entdeckung des Selbst in all seinen Facetten über die Findung einer Vision für unser Leben bis hin zu der Gestaltung von Zielen, die uns jeden Tag inspirieren und unser Wesen zur Geltung bringen, statt uns in ein Optimierungskorsett zu zwingen. Die nächste Ebene führt uns in jene Bereiche unseres Lebens, für die nur wir selbst verantwortlich sind. Sie sind jene Säulen des Seins, die uns mit uns selbst verbinden, die Grundsäulen unserer Existenz, welche den Einklang unseres physischen, mentalen und emotionalen Seins beschreiben.

Herzlich willkommen zu den ersten drei Säulen des Seins! Wir beginnen mit dem Körper.

Säule 1: Der Körper – unsere materielle Existenz

Im Folgenden eine kurze Einführung in die Theorie und Wissenschaft unseres Körpers, bevor wir die Möglichkeiten der praktischen Arbeit an und mit unserem Körper besprechen. Der Körper ist die physische Manifestation unserer Existenz. In ihm wohnt unser Selbst. Unser Körper ist das Zuhause unseres Bewusstseins und unseres Nervensystems. Unsere Gedanken, Gefühle und Erinnerungen sind in ihm gespeichert, wie auf einem Computer. Unser Körper ist die Hardware, die unser Leben sinnlich erlebbar werden lässt, und wird nicht umsonst »der Tempel unseres Seins«

genannt. Unser Körper ist Startpunkt und Endpunkt unserer Existenz, unserer Entwicklung und unseres Wirkens in der Welt, und als solches gilt es, unseren Körper als das zu zelebrieren, was er ist: Sternenstaub. Jede Zelle im menschlichen Körper besteht aus Elementen, die von Sternen geschmiedet wurden. Genauso verdanken alle Bausteine unserer Nahrung, des Wassers, der Steine, der Pflanzen, der Tiere, der Luft und aller Gegenstände, die wir benutzen, ihre Existenz fernen Sonnen.

Das Natural History Museum berichtet auf seiner Website von den Erkenntnissen der Planetenforscherin und Sternenstaub-Expertin Dr. Ashley King: Sterne, die zur Supernova werden, sind für die Erschaffung vieler Elemente des Periodensystems verantwortlich, einschließlich derjenigen, aus denen der menschliche Körper besteht. »Es ist zu hundert Prozent wahr«, so King. »Nahezu alle Elemente im menschlichen Körper wurden in einem Stern hergestellt und viele davon haben mehrere Supernovas erlebt.« Als wäre das nicht schon beeindruckend genug, gibt es weitere Fakten, die uns verdeutlichen, welch sonderbare Magie unserer körperlichen Existenz innewohnt:

- Der menschliche Körper enthält fast 40 Billionen Zellen.
- Bei der Entwicklung vom Säugling zum Erwachsenen verschwinden fast 100 Knochen.
- Jede Sekunde produziert unser Körper 25 Millionen neue Zellen.
- Wir verfügen über bis zu 150 000 Kilometer an Blutgefäßen in unserem Körper (zusammengelegt kämen wir damit circa viermal um die Welt).
- Unsere Knochen sind stärker als Stahl. Ein Knochenblock von der Größe einer Streichholzschachtel kann bis zu 9 Tonnen Gewicht tragen.
- Etwa drei Prozent unseres Körpers machen körperfremde Lebewesen aus.

- Jeden Tag verarbeiten die Nieren etwa 200 Liter Blut.
- Ein Erwachsener besteht aus etwa 10^{27} (in Worten: zehn Quadrilliarden, eine 1 mit 28 Nullen!) Atomen.

Wir bestehen also aus demselben Material, aus dem alles andere um uns herum gebaut ist: der Stuhl, auf dem wir sitzen, der Kühlschrank, in dem unsere Lebensmittel frisch bleiben, die Lebensmittel, selbst die Lampe, die unseren Raum erhellt, und der Zug, mit dem wir uns fortbewegen. Wir sind mit allem verbunden.

Warum das relevant ist? Weil es uns hilft zu erkennen, dass wir tatsächlich mit jeder Materie auf diesem Planeten (und darüber hinaus) verbunden sind. Wir sind buchstäblich ein unverzichtbares Element im Universum und unser Körper ist voll von Wundern. Unser Körper ist pure Magie und alles andere als eine Selbstverständlichkeit, und genau so sollten wir uns selbst sehen. Unser Körper ist nicht zuletzt unser Zuhause, unser wichtigstes und fähigstes Werkzeug. Er ist unsere Verbindung zur Außenwelt und jeder weiß, dass nur in einem gesunden Körper auch ein gesunder Geist wohnen kann. Daher ist die Arbeit an der Säule »Körper« der Einstieg in die Arbeit der Sieben Säulen des Seins. Mit dem Körper fängt alles an.

Die Sache mit der Gesundheit

Nicht jeder arbeitet gerne mit dem eigenen Körper, doch jeder von uns besitzt einen Körper. Und wir alle sind es gewohnt, Gesundheit als etwas zu erkennen, das sich zumindest signifikant, wenn auch nicht ausschließlich, auf die körperliche Kondition unseres Seins bezieht. Nun ist es so, dass der Begriff »Gesundheit« selbst uns wieder eine Perfektion vorgaukelt, eine Idee von vollständiger Beschwerdefreiheit, die wir irgendwie so gut wie nie erreichen. Irgendwas ist ja immer. Ganz gleich, ob es chronische Erkrankungen oder Behinderungen sind oder nur der verspannte Rücken, der unruhige Magen, Long Covid gar oder die Migräne. Es ist ein Zeichen unserer Zeit, dass wir ständig nach Gesundheit streben wie nach einem Phantom, in dem Wissen, dass dieses Nach-Gesundheit-Streben uns ebenfalls ständig in einer Wahrnehmung manifestiert, dass wir eben nicht gesund sind. Sind wir dann krank? Sind wir ungesund? Ist dabei der ganze Bereich der psychischen Gesundheit auch nur annähernd berücksichtigt? Wer kann von sich heutzutage schon behaupten, »vollständig gesund« zu sein? Braucht es diese Einordnung wirklich? Mal abgesehen davon, dass es eine gigantische globale Industrie hinter diesem kleinen Wort »Gesundheit« gibt, die einen weltweiten Umsatz von sagenhaften 10 Billionen US-Dollar generiert. (Das sind 10 Millionen Millionen US-Dollar!) Die Gesundheitsbranche ist der größte Arbeitgeber in der umsatzstärksten Volkswirtschaft der Welt.

Betrachten wir diese ökonomische Dimension, wird schnell klar, dass Gesundheit ein Produkt geworden ist, das uns wie Softdrinks, Alkohol oder Fast Food verkauft wird. Die Verknüpfung ist auf pervertierte Weise genial: Je mehr Softdrinks, Alkohol oder Fast Food wir konsumieren, desto ungesünder leben wir, desto dringender benötigen wir das Produkt Gesundheit. Wenn es uns jedoch gelingt, die Autorität darüber, was gesund für uns ist, wieder unter unsere Kontrolle zu bringen, dann wird vieles leichter.

Quantified Self

Viele von uns, mich eingeschlossen, sind in den letzten Jahren große Fans der Quantified-Self-Bewegung geworden. Wir hatten das Bedürfnis, unsere körperliche Entwicklung zu dokumentieren und über Communitys mit anderen zu teilen. Ich arbeitete bei einem der Weltmarktführer in der Sportartikelindustrie als global Verantwortlicher für die weltweit größte Markensport-Community, die adidas Runners. Um zu verstehen, wie wir Leute zu

Sport bewegen (womit sie dann unsere Produkte kaufen würden), habe ich alle möglichen Formen der psychologischen und technologischen Motivation, die zum regelmäßigen Sporttreiben führen sollen, studiert und selbst getestet. Ich besorgte mir intelligente Geräte für die Anleitung und Aufzeichnung von sportlichen Aktivitäten, für die Verbindung zu anderen Athleten, fürs Mutmachen, zum Mitmachen und Weitermachen. Ich hatte manchmal drei Uhren zum Laufen dabei, eine, die meine Schritte zählte (meine Alltagsuhr), ein weiteres Gerät, das eigentlich keine Uhr war, sondern ein sehr innovativer Metabolismus-Tracker, welcher meinen Erschöpfungs- und Erholungszustand bestmöglich dokumentierte, und eine Laufuhr für die Kilometer-Pace, Rundenzahl und Geschwindigkeit. Ich hatte zu Hause eine Smart Scale, also eine intelligente Sportwaage, die mir nicht nur mein Gewicht, sondern auch die aktuelle Zusammensetzung meiner Körpermaße verriet (Knochen, Muskeln, Fett) und entsprechende Trends in die eine oder andere Richtung meldete. Ich hatte unzählige Apps, mit denen ich meine Ernährung dokumentierte, Fortschritte verzeichnete und Trends analysierte.

Hat mir das alles etwas gebracht? Persönlich hat es mir zumindest für den Zeitraum, in dem ich selbst Rennen lief, durchaus eine ordentliche Leistungssteigerung ermöglicht. Für Profi-Athleten ist das alles sehr sinnvoll und effektiv. Und für unsere Arbeit in der Leitung der Sport-Community war das alles sehr erhellend, weil wir lernten, mit welchen ganzheitlichen Trainingskonzepten wir die Menschen leistungsfähiger machen konnten, aber auch, mit welchen Elementen der Gemeinschaftsbildung und erzeugten Verbundenheit die Motivation zum Dranbleiben gesteigert werden konnte. Ich machte meine Functional-Trainer-Lizenz und eine Achtsamkeitscoach-Ausbildung und arbeitete mit hochkarätigen, erfahrenen Experten Jahr für Jahr an Programmen, um eine möglichst optimale Balance zwischen Performance und Wohlbefinden für die Bedürfnisse jedes Runners zu erreichen. Das waren zum einen leistungsorientierte Angebote für jene Athlet*innen, die gute Rennergebnisse erzielen wollten, und andererseits und zum größten Teil Angebote für Leute, denen es um einen gesunden Lebensstil und um die Verbundenheit in der Community ging.

Nebeneffekte

Neben all den großartigen Erlebnissen, die ich als Teil dieser wundervollen Community niemals missen möchte, gibt es in der Retrospektive für mich ein paar Erkenntnisse, die mich nachdenklich machen. Ich realisierte zum Beispiel, dass jede Vorbereitung zu einem Marathon mich sehr unter Druck gesetzt hat. Diese Idee, einen Marathon in einer Zeit unter drei Stunden laufen zu können, hat mich so sehr gepackt und begeistert, dass ich spürte, wie es zu einer wahren Besessenheit wurde. Am Ende ging es vor allem darum, es dieser kleinen Gruppe von Alltagsathlet*innen, mit denen man trainiert hat, zu beweisen, dass ich, mit meiner Vita, dazu in der Lage wäre, das Ziel zu schaffen. Der Aufwand, den man investieren muss, um das zu schaffen, ist gigantisch. Da sind neben den rund 50 bis 70 Kilometern pro Woche Training über mehrere Monate auch die Kraft- und Schnelligkeitstrainings, die Mobilitäts- und Erholungseinheiten und natürlich eine sehr disziplinierte Ernährung. In einem Job, der gerne mal 50 bis 60 Stunden pro Woche in Anspruch nimmt, in einer Partnerschaft, die eben nicht nur aus dem Nebeneinander-Existieren bestehen soll, als Vater eines Kindes im Schulalter, dem man bei den Hausaufgaben noch helfen kann, als Freund, Partygänger, ehrenamtlich engagierter Mensch et cetera ist das mit unglaublichen Opfern verbunden. Im Nachhinein erkannte ich, dass ich mich mit diesen Ambitionen genauso ausbrannte wie in den diversen Phasen meines Lebens, in denen ich glaubte, durch noch mehr Arbeit die fehlende Selbstliebe in meinem Herzen kompensieren zu können.

Die Moral der Geschichte: Ich habe es zwar nie geschafft, einen Marathon in unter drei Stunden zu bewältigen, aber das war nicht wirklich wichtig. Ich habe mich in vielen dieser Trainingsphasen bis in die Depression ausgebrannt und erschöpft und musste am Ende eingestehen, dass es für mich keinen Sinn machte, mich zu sehr zu quälen für etwas, das an und für sich eine wundervolle Erfahrung sein kann, nämlich einen Marathon zu laufen. Ich habe diese wundervolle Lebenserfahrung aber mit meinem überbordenden Ehrgeiz zunichtegemacht. Durch meine Quantified-Self-Obsession hat sich mein Ehrgeiz auf eine Weise verselbstständigt, dass ich die anderen wichtigen Bereiche in meinem Leben – die restlichen Säulen des Seins – zu stark vernachlässigt habe. Das war für eine Marathonsaison vielleicht noch vertretbar, denn einmal seine Leistungsgrenze zu erfahren, hat einen sehr positiven Langzeiteffekt, doch Jahr für Jahr daran festzuhalten, hat mir mehr geschadet.

Wohlbefinden und Körpergefühl

Ich erkannte, dass die Arbeit mit Messgeräten zur Dokumentation meiner Körperwerte auf Dauer weder motivierend noch gesund ist, denn was dabei geschieht, ist Folgendes: Wir verlagern die Autorität darüber, wie wir uns fühlen, nach außen. Wenn wir auf die Waage schauen und dort steht, wir hätten 25 Prozent Anteil Körperfett in uns bei einem Body-Mass-Index von 30, dann denken wir von uns eventuell, wir seien fett. Das ist wie eine offizielle Bescheinigung darüber, fett zu sein, wo doch jede*r von uns einzigartig ist. Die permanente Übersetzung unseres Seins in Zahlenwerk, in wie viele Schritte wir jeden Tag gegangen sind, wie viele Stunden wir in der REM-Phase verweilt haben, wie viel Gramm Muskelmasse seit unserem letzten Training hinzugekommen ist, wie schnell wir auf 100 Metern laufen, lenkt uns davon ab, uns die eigentlich wichtige Frage zu stellen: Wie fühle ich mich eigentlich? Bin ich müde? Erschöpft? Fühle ich mich wohl oder unwohl, ohne das gleich in diese »richtig/falsch«- oder »gesund/krank«-Kategorien fassen zu müssen? Bin ich erholt? Brauche ich noch Bewegung? Was brauche ich eigentlich? Welche Nahrung? Welche Erholung? Die Sieben Säulen des Seins habe ich entwickelt, um uns daran zu erinnern, uns diese Fragen zu stellen und Lösungen zu finden, die uns die Macht und Autorität über unser eigenes Wohlbefinden, über unser Glück und unsere Erfüllung zurückgeben. Unser Körper ist solch ein wundervolles Geschenk, ein unglaubliches Wunder der Natur, eine Manifestation der Liebe. Und so viel mehr.

Wie definieren wir unseren Körper?

Um das Ganze konkret zu übersetzen, greifen wir an dieser Stelle auf die wissenschaftliche Betrachtung zurück: Hier unterscheiden wir bei der Definition, was ein Körper ist, die beiden Kategorien Anatomie und Physiologie. Die menschliche Anatomie befasst sich mit der Struktur des Körpers und seinen Teilen. Dazu gehören Gewebe und Organe. Die grobe Anatomie beinhaltet große Strukturen (Körper, Organe und Organsysteme) und die Histologie die eher kleinen Strukturen (Gewebe, Zellen und Organellen). Die Humanphysiologie beschreibt wiederum die Funktionsweise des menschlichen Körpers. Sie beschreibt die Chemie und Physik hinter grundlegenden Körperfunktionen, vom Verhalten von Molekülen in Zellen bis hin zur Zusammenarbeit von Organsystemen. Es hilft uns zu verstehen, was in einem gesunden Körper im Alltag passiert und was schiefgeht, wenn jemand krank wird. Anatomie und Physiologie sind eng miteinander verbunden. Wenn wir etwas mit einer Hand greifen, dann ist das physiologisch eine Funktion. Ohne die Anatomie, also die Form und Beweglichkeit der Finger, würde es diese Funktion jedoch nicht geben können. So arbeiten Anatomie und Physiologie eng zusammen, um den menschlichen Körper zu dem multifunktionalen Meisterwerk zu machen, das es ist.

Funktionen unseres Körpers

Die Wissenschaft identifiziert insgesamt zehn grundlegende Funktionen unseres Körpers, die uns am Leben halten. Werfen wir einen kurzen Blick darauf:

1. Bewegung
Positionsänderung des Körpers oder eines Körperteils; Bewegung eines inneren Organs

2. Reaktionsfähigkeit
Reaktion auf interne oder externe Veränderungen

3. Wachstum
Größenzunahme ohne Formänderung

4. Reproduktion
Neue Organismen oder neue Zellen

5. Atmung
Verbrauch von Sauerstoff; Entfernung von Kohlendioxid

6. Verdauung
Zerlegung der Nahrung in einfachere Formen

7. Absorption
Bewegung von Substanzen durch Membrane und in Flüssigkeiten

8. Zirkulation
Bewegung in Körperflüssigkeiten

9. Assimilation
Umwandlung von Nährstoffen in chemische Formen

10. Ausscheidung
Entfernung von Stoffwechselschlacken

Zusammengenommen machen diese zehn Funktionen unseren Stoffwechsel aus – die körperlichen und chemischen Ereignisse, die Energie gewinnen, freisetzen und verbrauchen.

Infos vom Experten: Sportmediziner Dr. Pouria Taheri über Körperarbeit

Das folgende Interview führte ich mit einem echten Körper-Profi und fantastischen Menschen: Mit Pouria verbinden mich einige Jahre der beruflichen Zusammenarbeit, aus der sich irgendwann eine sehr enge Freundschaft entwickelte. Pouria ist nicht nur ein unglaublich großherziger Mensch, ehemaliger Profi-Basketballer und Sportarzt, sondern denkt im wahrsten Sinne des Wortes jenseits der Schablonen und Kategorien, in denen Medizin üblicherweise gedacht wird. Im Folgenden ein kleiner Auszug aus einem wundervollen Gespräch, das ich für die Arbeit an diesem Buch mit ihm in seiner Praxis führte. Das gesamte Gespräch mit unglaublich vielen wertvollen Tipps zur ganzheitlichen körperlichen Gesundheit und tiefen Einblicken in Pourias Geschichte gibt es im Podcast. Den Link zur Ausgabe findet du im Anhang.

Ganzheitliche Körperarbeit – eine Einführung vom Leistungssportmediziner

Erkläre mir doch bitte, welchen Einfluss der Körper oder die Arbeit an dem Körper auf unsere mentale und emotionale Gesundheit hat.

Pouria Taheri: Dadurch, dass Arbeit in die Bewegung investiert wird, entsteht in der Muskulatur Energie. Diese Energie entsteht dadurch, dass Nahrung verwertet wird. Das passiert auf molekularer Ebene mit Kohlenhydraten, Proteinen und Fetten. Doch wenn wir weiter in die Tiefe gehen, auf die Ebene der Transmitter und Hormone, erkennen wir, welche Rolle die Bewegung für das Wohlbefinden hat, weil die Transmitter in den Muskeln über Rezeptoren mit jenen Hirnregionen verbunden sind, die die Glückshormonausschüttung kontrollieren. Daher ist Sport auch sehr wichtig und immer vorteilhaft für die mentale und emotionale Konstitution.

Zu welcher Art von Einstieg in die Arbeit mit dem Körper rätst du als ganzheitlicher Spezialist?

PT: Der übergeordnete Faktor heißt Routine. Eine Routine aufbauen, am besten mit Dingen, die dir Spaß machen, bei denen du dich wohlfühlst. Für manche sind das Ausdauersportarten, zum Beispiel ein Spaziergang zur Arbeit als Alternative zur U-Bahn. Für andere ist es Kraft – jemand will zehn Liegestütze schaffen, zu Beginn auf den Knien. Und so weiter. In meiner Athletensprechstunde sagen viele: »Ich will einen Halbmarathon laufen«, oder: »Ich will wieder gesünder leben«, und: »Ich will wieder weniger rauchen« und all diese Dinge. Wer aber zwei Schachteln am Tag raucht, dem tut es vermutlich nicht so gut, wenn ich ihm sage: Lass das ab morgen weg. Das ist so eine krasse Symptomatik. Es geht darum, über die Zeit kleine Routinen zu etablieren, um die Menschen an ihre Ziele heranzuführen. Das kann zum Beispiel so einfach sein, wie damit anzufangen, die Zigaretten um die Hälfte abzuschneiden.

Die Wissenschaft hat uns einige Erkenntnisse geschenkt, welche Kraft in der Verbindung von der Arbeit mit unserem Körper und unserem Geist (wie Lernen, Informationen-Aufnehmen, Planen, Organisieren) oder unserer Seele (wie Meditieren, Schreiben, Lesen, Spielen) liegt. Der Vorteil in der Arbeit mit dem Körper liegt darin, dass Gewohnheiten, die mit Körperarbeit zusammenhängen, den bei Weitem größten Anteil an Schlüsselgewohnheiten mit Spill-over-Effekt ausmachen, der uns durch die Praxis auch andere Gewohnheiten im Alltag leichter zugänglich macht. Blicken wir tief in uns hinein und erfühlen, wie wir konkret beginnen wollen.

Einstieg in die Arbeit am Körper

Wir nähern uns konkreten Ansätzen für unsere Transformation an. Das mag alles auf den ersten Blick etwas simpel, ja eventuell sogar bedeutungslos aussehen, doch sind in diesen einfachen Gedanken die relevantesten wissenschaftlichen Erkenntnisse konsolidiert.

Die Arbeit am Körper ist in vier verschiedenen Bereichen möglich: bei Bewegung, Ernährung, Erholung und Körperpflege. Hier ein paar Tipps und Ideen dazu für den Alltag. Weitere Ideen findest du online im Toolkit (Link im Anhang).

Bewegung hat einen mächtigen Einfluss auf unser Wohlbefinden. Für den Einstieg reicht bewegungsarmen Menschen ein täglicher 15-minütiger **Mittagsspaziergang**, an sieben Tagen die Woche, egal bei welchem Wetter. Kannst du Schönheit hinter dieser Idee erkennen? Oder ist es eher die tägliche Fünf-Kilometer-Joggingschleife im Park, die dich begeistert? In der Praxis kannst du zum Beispiel mit dem Fahrrad zur Arbeit fahren. Damit schonst du nicht nur das Klima, sondern bist auch ein gutes Vorbild für andere in deinem Umfeld. Radfahren verbessert die Herzfitness und hilft, Fett zu verbrennen sowie Muskelmasse und Kraft zu steigern.

Oder du nimmst die Treppen statt des Aufzugs: **Treppensteigen** ist eine intensive Form der Bewegung und zeigt bei täglicher Praxis positive aerobe Trainingseffekte. Wir verbrennen beim Treppensteigen eine Menge Kalorien, übrigens auch beim Hinabgehen, und dabei sogar mehr als beim Joggen. Dem Treppensteigen wird übrigens eine stimmungsaufhellende Wirkung zugeschrieben. Wie immer gilt: Je regelmäßiger die Praxis, desto stärker der Effekt. **Yoga** wiederum stärkt unter anderem unsere Herzgesundheit. Konkret reduziert Yoga den Blutdruck und sogar Vorhofflimmern. Regelmäßige Yogapraxis lindert depressive Gefühle und Angst, steigert die innere Ruhe und verbessert die Schlafqualität. Schon der zehnminütige Sonnengruß am Morgen vor Arbeit oder Schule hilft wunderbar gegen Rückenleiden und steigert unsere gesamte Körperbeweglichkeit (und somit unsere mentale Agilität).

Auch gegen eine kleine **Kraft-Einheit** in der Mittagspause ist nichts einzuwenden: Die Kombination aus ein paar Liegestützen, Kniebeugen und Sit-ups vor dem Mittagessen kriegt man fast überall hin: Im Büro, im Sommer im Park, im Sportklub um die Ecke oder natürlich praktischerweise im Homeoffice.

Ernährung ist der Treibstoff, mit dem wir unser System zum Schwingen bringen: Es gibt eine Vielzahl an Konzepten zu gesunder Ernährung. Einen guten Einstieg in die Materie bieten dir die beiden sehr kompakten und angenehm zu lesenden Bücher *Energy*

Booster von Yuri Elkaim oder *The New Health Rules* von Frank Lipman und Danielle Claro (Letzteres ist nur auf Englisch erhältlich). Effektive Gewohnheiten für die erste Woche fokussieren sich auf unsere größten Energiediebe Kaffee, Zucker, Weizen, und auch das Thema Fleisch findet in unserer heutigen Zeit mehr und mehr Relevanz. Vielleicht findest du leckere und gesündere Alternativen? Hier ein paar Ideen für tägliche Ernährungsgewohnheiten: Ein Glas **Wasser mit** einem Spritzer **Zitrone** nach dem Aufstehen. Das lauwarme Wasser kurbelt die Verdauung und andere Körperfunktionen an und füllt unsere Feuchtigkeitsspeicher, die wir über Nacht verbraucht haben. Zusätzlich wirkt es dadurch entgiftend.

Sehr gesundheitsfördernd ist **energieschonende Nahrungsaufnahme** im letzten Tagesdrittel: Konsumiere idealerweise jeden Tag vier bis sechs Stunden vor dem Zubettgehen keine süßen, oder kohlenhydratreichen Lebensmittel mehr. Der Körper wandelt die abends nicht mehr verarbeitete zugeführte Energie in Fettreserven um.

Am meisten Kontrolle über das, was du zu dir nimmst, hast du natürlich, wenn du deine Mahlzeiten selbst zubereitest. Beim **Kochen** bist du von Anfang bis Ende Teil des Zubereitungsprozesses – vom Supermarkt bis zum Teller. Es bringt dich in Einklang mit der Nahrung, die du deinem System zuführst. Wie wäre es, eine Woche lang jeden Tag mindestens zwei der täglichen Mahlzeiten selbst zuzubereiten? Kultiviere dabei auch auf deinem Teller Ausgewogenheit: Überprüfe deine Verhaltensweisen und achte darauf, wie du deine Mahlzeiten zusammenstellst. Jede gesunde Mahlzeit folgt einer einfachen Formel: Eiweiß, Gemüse, Fett und Kohlenhydrate sollten darin vorkommen – ist eigentlich gar nicht so schwer.

Erholung ist besonders wichtig, wenn wir ständig unter Druck stehen, beispielsweise weil wir eine körperlich anstrengende Arbeit verrichten oder sich unser innerer Stress bereits physisch manifestiert. Im Zentrum steht hier der **Schlaf**, doch in diesen Bereich fallen auch Dehnübungen, Massagen, Physiotherapie oder Rekonvaleszenz nach Verletzungen.

Doch es ist wahr, dass der Schlaf so mächtig und universell relevant ist, dass es sich unbedingt lohnt, ein paar Maßnahmen zur Verbesserung der **Schlafqualität** in dein Transformationsprogramm zu integrieren. Schlafmangel hat einen großen Einfluss auf unser Wohlbefinden und damit direkt auf die wahrgenommene Qualität unseres Lebens. Wir wissen, dass Schlafentzug tiefgreifende Folgen für unsere körperliche Gesundheit hat. Jede*r Dritte leidet unter schlechtem Schlaf und Stress. Die stete Nutzung von Computern und Smartphones sowie die Pausenlosigkeit unseres Alltags sind unter anderem Gründe dafür. Guter Schlaf stärkt das Immunsystem und verhindert unerwünschte Gewichtszunahme, fördert das geistige Wohlbefinden und beugt Diabetes vor, steigert den Sexualtrieb und erhöht die Fruchtbarkeit. Wir können besser schlafen, wenn wir uns regelmäßig bewegen, die Finger von berauschenden Stoffen lassen (Alkohol eingeschlossen), für eine störungsfreie Schlafumgebung sorgen (Dunkelheit, Schlafbrille, Ohrenstöpsel – für mich Garanten für tiefen erholsamen Schlaf) und möglichst regelmäßig zur selben Zeit ins Bett gehen.

Flexibilität ist erforderlich, um alltägliche Aktivitäten auszuführen, nicht nur um die sportliche Leistung zu unterstützen. Wenn unsere Muskeln steif sind, werden uns Bewegungen schwerer fallen und wir haben ein größeres Verletzungsrisiko. Flexible Gelenke und Muskeln erreichen wir durch regelmäßiges **Dehnen**; Stress wird dadurch ganz nebenbei auch abgebaut. Ganz wichtig ist in diesem Zusammenhang ist die Recovery-Praxis für die die Muskeln umgebenden Faszien: **Foam Rolling** oder **Faszienmassagen** sind Techniken zur Selbstmassage und gehören zu den bewährten Techniken der Recovery-Praxis. Es kann helfen, Muskelverspannungen, Schmerzen und Entzündungen zu lindern und den Bewegungsbereich unserer Gelenke zu erweitern. Alternativ sind **Mobi-**

lity-Sticks eine gute Option für physiotherapeutisch orientierte Dehnung und Entspannung am Morgen oder nach dem Training. Regelmäßige **Sauna**-Gänge fördern die Durchblutung und sind daher gut bei Muskelkater, -verspannungen und Gelenkbeschwerden. Saunieren senkt unseren Stresslevel, da die Wärme Entspannung fördert, und steigert somit das gesamte Wohlbefinden. Regelmäßiges Saunieren verringert ebenfalls das Risiko für Herz-Kreislauf-Erkrankungen. Menschen mit Asthma können durch die Benutzung einer Sauna zusätzlich Linderung einiger ihrer Symptome erleben.

Der vierte Bereich der Säule »Körper« ist die **Körperpflege**. Alles, was wir für unseren Körper tun können und was nicht in die Bereiche Erholung, Bewegung oder Ernährung fällt, gehört hierhin. Eine gute Körperpflege ist der Grundstein für Fitness und Gesundheit. Sie verhindert eine immense Anzahl an Stressoren oder Problemen, die unseren Alltag vor viel größere Herausforderungen stellen würden als die Überwindung, die tägliche Praxis der Körperpflege zu kultivieren. Wie problematisch ist zum Beispiel der angewandte Sonnenschutz für die Haut im Vergleich zu einer Hautkrebserkrankung im Alter? Wie sehr nervt die tägliche Zahnseide, wenn wir so die Freude an unseren echten Zähnen und unserem Zahnfleisch bis ins hohe Alter bewahren können? Wie diszipliniert wollen wir an notwendigen, täglichen Anwendungen für unsere Körper festhalten, wenn dadurch Heilungsprozesse beschleunigt oder überhaupt erst ermöglicht werden können?

Der erste Schritt ist der wichtigste

Wie im Abschnitt »Gewohnheiten« im ersten Teil bereits verdeutlicht, sind wir auf das Etablieren von Routinen programmiert. Laut einer Studie von Phillippa Lally, Senior Researcher am University College London (Quelle im Anhang), kann es zwischen 18 und 254 Tagen dauern, bis eine Gewohnheit im Verhalten einer Person etabliert ist. Der effektivste Weg, so Lally, ist jedoch, mit einfachen Gewohnheiten zu beginnen und damit die Fähigkeit, Gewohnheiten zu etablieren, zu steigern. Innerhalb der Sieben Säulen ist daher vorgesehen, dass wir jeweils sieben Tage mit einer Gewohnheit experimentieren. Es geht um kleine Veränderungen, um kurze Distanzen, um uns selbst, unseren Lebensrhythmus und unsere Umgebung sanft und nachhaltig auf das Entwickeln neuer Gewohnheiten heranzuführen. So können wir Woche für Woche verschiedene Dinge ausprobieren und dabei jeweils über sieben Tage Disziplin und Willenskraft trainieren und anwenden, bis wir herausgefunden haben, was und wie wir mit Lust und Ehrgeiz dauerhaft neue Gewohnheiten in unser Leben integrieren. Dann schaffen wir zehn Wochen am Stück, weil wir es schaffen *wollen*. Und dabei gilt immer: Der erste Schritt ist der wichtigste.

Vielleicht hast du dir schon eine schöne Übung für die ersten sieben Tage ausgesucht. Wenn bis hierhin noch nichts für dich dabei war, dann schau dir auf den folgenden Seiten weitere Übungsvorschläge an, da wirst du sicher etwas für dich finden. Vielleicht hast du eigene Ideen, welche Art von Übung du ab heute jeden Tag in dein Leben integrieren möchtest.

Wir beenden die Säule »Körper« mit einer kurzen Bodyscan-Meditation, einer wunderbaren Übung, die das Körperbewusstsein, Harmonie und innere Ruhe fördert.

Meditation: Bodyscan

Recke und strecke deinen Körper, gähne einmal bewusst und schließe die Augen. Atme ein paarmal tief ein und wieder aus.

Atme ganz entspannt weiter durch die Nase ein und durch die Nase wieder aus. Lass deinen Atem seinen entspannten, natürlichen Rhythmus finden. Spüre, wie sich die Luft ganz von selbst den Weg in deine Lunge bahnt. Beobachte sie ein paar Atemzüge dabei.

Jetzt wende dich deinem Körper zu. Spüre, wie dein Blut durch deinen Körper strömt. Warm und voller Leben. Spüre es in deinen Füßen, an deinen Fußsohlen, den Zehen und den Knöcheln. Spüre es in den Waden, deinen Kniekehlen und Oberschenkeln. Spüre es in deiner Hüfte, deinem Gesäß und deinem Oberkörper. Spüre deine Wirbelsäule, Wirbel für Wirbel vom Becken hoch bis in den Nacken. Spüre deine Arme, deine Hände, deine Finger. Spüre deine Schultern. Bei der nächsten Einatmung öffnest du den Brustkorb, indem du die Schultern sanft nach hinten und die Schulterblätter zusammenziehst.

Spüre die Entspannung in deinem Nacken und widme dich jetzt deinem Kopf. Beginne mit dem Kiefer, entspanne ihn bewusst. Löse deine Zunge vom Gaumen und lass sie ganz entspannt im Mund ruhen. Entspanne bewusst deine Ohren und spüre deine Kopfhaut, wie sie sachte deinen Kopf bedeckt. Entspanne deine Stirn und die Augen. Deine Lider ruhen ganz sanft auf den Augäpfeln. Entspanne dein Gehirn.

Du befindest dich in deinem Körper, dem Zuhause deines Wesens. Hier kannst du vollkommen du selbst sein. Wenn dir ab und zu ein Gedanke in den Sinn kommt, ist das vollkommen okay. Fokussiere dich auf die Reise deines Atems, so gelangst du immer wieder zurück in deine Mitte.

Hier bist du nun, in diesem wundervollen, leeren Raum, den du in dir geschaffen hast. Atme. Und lass los. Atme und lass los.

Säule 2: Der Geist – unser denkendes Bewusstsein

Wie wir es schon in der Säule »Körper« etabliert haben, folgt auch hier eine kurze Einführung in die Theorie und Wissenschaft unseres Geistes.

In der psychoanalytischen Persönlichkeitstheorie von Sigmund Freud besteht der Geist aus allem, was sich in unserem Bewusstsein befindet. Dies ist der Aspekt unserer mentalen Verarbeitung, über den wir auf rationale Weise nachdenken und sprechen können. Nach Viktor Frankl beschreibt der Begriff »Geist« die Dimension der spezifisch humanen Phänomene, also das, was uns Menschen von den Tieren unterscheidet. Daher definiert er einen Menschen als eine geistige Person, die bewusst selbst entscheidet und handelt. Aus dieser Perspektive des Geistes heraus ist der Mensch in der Lage, sich selbst zu gestalten, sich zu distanzieren, Freiheit zu erleben und schließlich Verantwortung zu übernehmen.

Der Begriff »Geist« beschreibt also die Summe mentaler Kompetenzen, die uns als Menschen ausmacht. Dazu gehören Denken, Vorstellungsvermögen, Gedächtnis, Wille und Wahrnehmung. Wir nehmen unseren eigenen Körper wahr (innere Empfindungen wie Schmerz, innere Bilder, innere Stimmen) und externe Objekte (Gegenstände, Menschen, Umgebung), visuell, akustisch sowie somatisch. Erinnerungen werden in unserem Gedächtnis gespeichert. Unser Vorstellungsvermögen beschreibt unsere Fähigkeit, neue Realität durch kreatives Denken zu erschaffen. Wir bilden Überzeugungen über uns selbst und über andere Personen, Dinge oder Ideen. Außerdem entwickeln wir Rückschlüsse, die es uns ermöglichen, aus der erhaltenen Information neue Erkenntnisse zu gewinnen. Wir machen Pläne, um Probleme zu lösen oder Zwecke zu erfüllen. Die Gefühle und Emotionen, die unser Denken beeinflussen oder durch sie beeinflusst werden, sind hingegen nicht im Geist, sondern in der Seele verortet.

Das Mysterium

Neben dem Menschen kann auch ein Tier oder eine Maschine intelligent sein, doch was uns unterscheidet, ist nicht, Intelligenz zu haben, sondern, dass unsere Denkprozesse (geistigen Prozesse) intelligent sind. Dabei ist wichtig zu unterscheiden: Nicht alle geistigen Prozesse sind intelligente Prozesse (zum Beispiel Wahrnehmung oder Glaubenssätze), jedoch sind alle intelligenten Prozesse auch geistige Prozesse. Zu den intelligenten Prozessen gehören zum Beispiel unsere Lernfähigkeit, Problemlösungskompetenz und Argumentationskraft. Über 100 Billionen neuronale Verbindungen in unserem Gehirn arbeiten zusammen, um diese Fähigkeiten zu entfalten, um uns das Bewusstsein darüber zu ermöglichen, am Leben zu sein. Dieses Verständnis ist ein großes Mysterium, dem sich in der Geschichte der Menschheit bereits einige große Denker verschrieben haben. In seinem Buch *The Tell-Tale Brain* (wörtlich: Das Geschichten erzählende Gehirn) beschreibt der Neurowissenschaftler V. S. Ramachandran dieses Mysterium auf eindrucksvolle Weise: »How can a three-pound mass of jelly that you can hold in your palm imagine angels, contemplate the meaning of infinity, and even question its own place in the cosmos? Especially awe inspiring is the fact that any single brain, including yours, is made up of atoms that were forged in the hearts of countless, far-flung stars billions of years ago. These particles drifted for eons and light-years until gravity and change brought them together here, now. These atoms now form a conglomerate – your brain – that can not only ponder the very stars that gave it birth but can also think about its own ability to think and wonder about its own ability to wonder. With the arrival of humans, it has been said, the universe has suddenly become conscious of itself. This, truly, is the greatest mystery of all.«

Übersetzung: »Wie kann eine drei Pfund schwere Masse Gelee, die Sie in Ihrer Hand halten können, sich Engel vorstellen, über die Bedeutung der Unendlichkeit nachdenken und sogar ihren eigenen Platz im Kosmos infrage stellen? Besonders beeindruckend ist die Tatsache, dass jedes einzelne Gehirn, einschließlich Ihres, aus Atomen besteht, die vor Milliarden von Jahren in den Herzen unzähliger weit entfernter Sterne geschmiedet wurden. Diese Partikel drifteten Äonen und Lichtjahre lang, bis die Schwerkraft und der Wandel sie hier und jetzt zusammenbrachten. Diese Atome bilden jetzt ein Konglomerat – Ihr Gehirn –, das nicht nur über die Sterne nachdenken kann, die es hervorgebracht haben, sondern auch über seine eigene Fähigkeit zu denken und sich über seine eigene Fähigkeit zu wundern. Mit der Ankunft der Menschen, so heißt es, sei sich das Universum plötzlich seiner selbst bewusst geworden. Das ist wirklich das größte Mysterium von allen.«

Verblüffende Tatsachen

Unser Geist bleibt das größte Mysterium von allen, und folgende Liste mit Fakten und Denkanstößen zu der Materie geben uns einen Eindruck, warum das so ist:

- Das Gehirn macht nur zwei Prozent der Körpermasse aus, verbraucht jedoch 20 Prozent der Sauerstoff- und Blutversorgung.
- Das Gehirn wiegt etwa eineinhalb Kilo und kann schrumpfen, beispielsweise wenn wir über eine längere Zeit stark schwitzen.
- Ungefähr 60 Prozent des Trockengewichts des Gehirns sind Fett, aber 73 Prozent des gesamten Gehirns bestehen aus Wasser.
- Informationen reisen mit 400 Stundenkilometern schneller als jeder Formel-1-Pilot zum und vom Gehirn.
- Das menschliche Gehirn kann sich weder auf zwei Dinge gleichzeitig konzentrieren noch kann es mehr als eine Sache gleichzeitig lernen.
- Das Gerücht, dass Menschen nur zehn Prozent der Gehirnka-

pazität nutzen, ist widerlegt. Wir nutzen die meiste Kapazität unseres Gehirns, selbst wenn wir schlafen.

- Obwohl Schmerz über das Gehirn verarbeitet wird, spürt unser Gehirn selbst keinen Schmerz.
- Erinnerungen können sich im Laufe der Zeit ändern. Kontext, Emotionen, Motivation, Hinweise und Häufigkeit des Erinnerns können sich darauf auswirken, ob unsere Erinnerungen korrekt sind.
- Im Wachzustand produziert unser Gehirn genug Strom, um eine Glühbirne zu betreiben.
- Unser Gehirn ist nicht gleich unser Geist: In Computerbegriffen ausgedrückt entspricht das Gehirn der Hardware, der Geist der Software.

Der Geist aus verschiedenen Perspektiven und eine Schnittmenge

Die Summe der Erfahrungen in unserem Leben prägt unser Unterbewusstsein, welches ein Teil unseres Unbewussten ist. Das Unbewusste umfasst alle (körperlichen) Vorgänge, die nicht bewusst ablaufen oder bewusst gesteuert werden, wie das Schlucken, der Stoffwechsel oder die Atmung. Das Unterbewusstsein hingegen stellt einen speziellen Bereich in unserer Psyche dar. Hier werden beispielsweise traumatische Erlebnisse abgelegt, an die wir uns bewusst nicht erinnern. Auf das Unbewusste haben wir keinen Zugriff, auf das Unterbewusste können wir jedoch mithilfe bestimmter Techniken und Therapien sehr wohl zugreifen. Unser Unterbewusstsein beeinflusst daher unser Verhalten, also die Entscheidungen, die wir in jedem Moment treffen, in einem hohen Maße. Andersherum gestalten wir diese Erfahrungen selbst, wenn wir uns bewusst für sie entscheiden. Diese eigenen Prägungen zu erkennen, zu verstehen und zu gestalten, und auf dieser Grundlage das Bild, wie wir die Welt sehen, zu verändern oder weiterzuzeichnen, ist das Ziel der Sieben Säulen des Seins. Eines der wichtigsten Instrumente bei dieser Arbeit ist die Achtsamkeit. Bei der Arbeit an dieser zweiten Säule üben wir uns in Achtsamkeit. Während das Ziel bei unserer Arbeit am Körper ein gesunder und starker Körper ist, entwickeln wir hier einen achtsamen (klaren, gelassenen, konzentrierten) Geist. So bilden wir die Grundlage für die dritte Säule, die Seele, und die Entfaltung eines liebevollen und friedlichen, emotionalen Selbst. Die Betrachtung aus der Perspektive der indischen spirituellen Tradition erzeugt neben den rationalen, technischen Interpretationen der westlichen Wissenschaft den Raum für Spiritualität. Diese lässt sich in der Feinstofflichkeit des Seins immer wieder erspüren und ist doch schwer identifizierbar. In der Verbindung moderner, wissenschaftlich fundierter Konzepte mit der metaphysischen Weisheit der indischen Philosophie existieren die wertvollsten und effektivsten Denkanstöße für die Art von Leben, die unsere Generation eigentlich will – und braucht. In einem Interview mit dem WDR aus dem Jahr 2008 bringt der Religionsforscher Michael von Brück dieses Phänomen auf den Punkt: »Der Buddhismus präsentiert sich als eine rationale Religion ohne Dogmen. Er betont die Bedeutung der eigenen Erfahrung und setzt auf das Experiment mit der eigenen Lebensweise. Das ist für Menschen im Westen attraktiv.« Den Link zum Interview findest du im Anhang.

Gemäß den Yogasutren des Gelehrten und Urvaters des Yoga, Patanjali, besteht beispielsweise der Geist (oder Antahkarana) aus 16 Dimensionen, die wiederum in vier Kategorien unterteilt sind, die ich kurz im folgenden Kasten anreiße.

Patanjalis Konzept des Geistes und seine vier Kategorien

Buddhi (Erkenntnisvermögen) kommt traditionell an erster Stelle und beschreibt den Intellekt. Es wird als informationsverarbeitendes Werkzeug verstanden, um Wissen zu erwerben, sich zu entwickeln und um das Überleben zu optimieren.

Manas (Denksubstanz) ist das Gedächtnis, das Bewusstsein über Dinge, die unsere Sinne wahrnehmen. Manas ist eine Datenbank der Erinnerung, doch befinden sich diese Erinnerungen nicht nur im Gehirn, sondern in jeder Zelle unseres Körpers.

Die Art der Bestätigung, die der eigenen Individualität zugeschrieben wird, ist das Werk von **Ahamkara**, bekannt als Ego. Sie birgt unser Verständnis von Identität. Ahamkara wird häufig auf das Konzept von Ego reduziert, doch »Identität« trifft es hier etwas besser. Die Menschen werden auf verschiedenen Ebenen identifiziert, von ihrem Körper, ihrer Familie, Gesellschaft, Herkunft, Religion, Nationalität bis hin zum Universum (Unendlichkeit).

Citta (das universelle Bewusstsein) beschreibt die Fähigkeit, durch die der Geist im weitesten Sinne das Thema seines Denkens für sich selbst erhebt und darauf verweilt. Es ist die vierte Kategorie des Geistes und wird als Geist ohne Gedächtnis beschrieben, als kosmische Intelligenz.

Das Fundament der kognitiven Neurowissenschaft

Im Gegensatz zur yogisch geprägten Definition des Geistes mutet unsere westliche Interpretation geradezu simpel an. Nichtsdestotrotz lohnt sich besonders der Blick auf die Schnittmengen, die es mit den Lehren Patanjalis, die vor rund 2300 Jahren entstanden sind, gibt. Der saloppe Ausdruck »westliche Interpretation« enthält natürlich das Fundament der kognitiven Neurowissenschaft, welche ein interdisziplinäres Forschungsgebiet ist, das aus den Neurowissenschaften und der Psychologie hervorgegangen ist. Sie beschäftigt sich mit der Frage, was unser Geist genau ist und wie er funktioniert. Darüber hinaus versucht die kognitive Neurowissenschaft, die biologischen Grundlagen des menschlichen Geistes zu erschließen. Ein zentrales Ziel der kognitiven Neurowissenschaft ist es, zu erklären, wie Menschen denken, und die Repräsentationen und Prozesse zu offenbaren, die es uns ermöglichen, zu urteilen, zu argumentieren, uns zu erinnern und zu entscheiden. Um dieses Ziel zu erreichen, haben kognitive neurowissenschaftliche Theorien in der Regel bestimmte Grundannahmen getroffen:

- Wissen wird im Gehirn repräsentiert.
- Wissen wird durch das Individuum repräsentiert.
- Wissen wird zwischen Individuen übertragen.

Wissen wird hier im weitesten Sinne verstanden wie in der Verhaltenswissenschaft üblich: als der Versuch von Menschen, ihre Welt, einschließlich beobachtbarer und unterschwelliger Objekte und Prozesse, auf eine Weise darzustellen, die Gedächtnis, Verständnis, Argumentation und Entscheidungsfindung unterstützt.

Der Geist schließt die Gesamtheit der Fähigkeiten ein, die für mentale Aktivitäten verantwortlich sind. Oft wird der Begriff mit den mentalen Fähigkeiten selbst assoziiert. Zu diesen Schlüsselfähigkeiten des Geistes gehören Denken, Vorstellungsvermögen,

Gedächtnis, Wille und Empfindung. Sie sind verantwortlich für verschiedene mentale Phänomene, wie Wahrnehmung, Schmerzerleben, Glauben, Verlangen, Absicht und Emotion. Zusammengefasst und stark vereinfacht wird die Funktionalität des Geistes in die drei zentralen Fähigkeiten Denken, Fühlen und Wollen unterteilt. **Denken** ist der Teil des Geistes, der Dinge herausfindet. Es macht Sinn für die Ereignisse des Lebens. Es schafft die Ideen, durch die wir Situationen, Beziehungen und Probleme definieren. Es sagt uns ständig: »Das ist, was vor sich geht. Dies ist, was passiert. Beachte dies und das.« Das Denken ist auch für Lernprozesse verantwortlich.

Auch wenn wir glauben, dass wir unseren Gefühlen ausgeliefert sind: **Gefühle** werden durch Denken erzeugt. Indem wir bewerten, ob die Ereignisse in unserem Leben positiv oder negativ sind, beeinflussen wir, wie wir uns fühlen. Auf diese Weise haben wir mithilfe unseres Geistes und der Art der Bewertungen, die wir in unserem Leben vornehmen, ein starkes Instrument, um unsere Gefühle zu steuern. Die Art der Bewertung in positiv und negativ ist wiederum stark abhängig von unserer Haltung, unserer Einstellung zum Leben, unserem »Mindset«. Schau dir dafür unbedingt noch mal den Abschnitt »Mindset« im ersten Teil des Buches an.

Unsere **Wünsche** ordnen Energie dem Handeln zu, im Einklang mit dem, was wir als wünschenswert und möglich definieren. Es sagt uns ständig: »Das ist es wert, gekauft zu werden. Tue es!« Oder umgekehrt: »Das lohnt sich nicht. Mach dir keine Sorgen.« Die Natur des Wollens ist daher ebenfalls geprägt von der Bewusstmachung bestimmter Bedürfnisse, welche eng verzahnt sind mit der Funktion des Denkens und Fühlens.

Diese drei Funktionen des Geistes können entweder durch die angeborene Egozentrik oder durch die potenziellen rationalen Fähigkeiten gesteuert werden. Egozentrische Tendenzen funktionieren automatisch und unbewusst. Rationale Tendenzen entstehen nur aus aktiver Selbstentfaltung und sind weitgehend bewusst. In dieser zweiten Säule des Seins konzentrieren wir uns auf die bewussten Möglichkeiten der Entfaltung.

Wie wir aktiv mit unserem Geist arbeiten können

Im Licht der hier aufgeführten und zusammengefassten wissenschaftlichen und philosophischen Erkenntnisse zum Geist identifizieren wir vier Bereiche, die unsere Arbeit mit unserem Geist strukturieren: Kompetenzentwicklung, Achtsamkeitstraining, Informationskontrolle sowie Planen und Organisieren.

Das Erlernen von Kompetenzen erweitert unseren Horizont und entwickelt unsere Persönlichkeit. Wenn wir etwas gern lernen, dann hat das Gelernte meist etwas mit unserer inneren Wahrheit zu tun. Daher lohnt es sich, besonders bei der Frage »Was möchte ich lernen?« genau auf die eigenen emotionalen Reaktionen zu achten. Sie können uns wie ein Geigerzähler zum Kern unseres Seins führen. Mit **Kompetenzentwicklung** (Denken, Vorstellungsvermögen, Intellekt) trainieren wir unser Denkvermögen und steigern dabei speziell die Fähigkeiten in den Bereichen, die für unsere Erfüllung gemäß Ebene 1 besonders relevant und wichtig sind. Neben dem Lernen gehört zur Kompetenzentwicklung unbedingt das Lehren dazu, denn nichts entwickelt unsere Kompetenz mehr, als sie anderen beizubringen.

Achtsamkeitstraining (Bewusstsein) beinhaltet die Arbeit an den drei Achtsamkeitsskills Konzentrationsfähigkeit, Klarheit und Gelassenheit. Mit dieser Basis trainieren wir unsere Wahrnehmungsqualität und manifestieren unser Sein im Hier und Jetzt. Wir optimieren unsere Fähigkeit, mit emotionalen Hindernissen umzugehen, lernen, das Leben so zu nehmen, wie es kommt, wie wir ihm mit unserem Handeln eine Richtung geben können und wie wir all das gleichzeitig genießen können. Zu Guter Letzt ist Achtsamkeit ein wichtiger Begleiter bei der Überwindung des überbordenden Egos. Ein paar Hinweise, wo die Achtsamkeitspraxis beginnen könnte, finden sich im Anhang (Tools).

In der **Informationskontrolle** (Wahrnehmen, Fühlen) definieren wir, welche Information (Nahrung des Geistes) wir zulassen und welche wir ausblenden, um auf diese Weise unsere Wahrnehmung zur bewussten Steuerung von Gefühlen zu filtern. Die (sozialen) Medien, die wir täglich konsumieren, haben einen erheblichen Einfluss auf unser Denken, Verhalten und unsere Emotionen. Gerade in Momenten, in denen es uns ohnehin nicht gut geht, können soziale Medien unser mentales oder seelisches Leid eher verstärken. Ein ständiger Strom aufmerksamkeitsfordernder, sensationsheischender »Katastrophen«-Berichte kann unseren Stresspegel erhöhen und Symptome wie Angst und Schlafstörungen auslösen. Eine effektive Steuerung und Filterung unseres Medienkonsums kann uns helfen, auf dem Laufenden zu bleiben, aber gleichzeitig Stress zu reduzieren.

Der Bereich **Planen und Organisieren** (Wollen) ist ein essenzielles Feld, in dem wir eine Menge für unsere Lebensqualität tun können, um die Weichen für ein Leben in Erfüllung zu stellen. Die wenigsten Menschen sind sich der außergewöhnlichen Vorteile bewusst, die sich aus der effektiven Planung des eigenen Lebens ergeben, sei es in Bezug auf Arbeit, Familie oder Persönlichkeitsentwicklung. Erfüllung ist zu einem großen Teil das Ergebnis einer guten Planung, denn sie optimiert in erster Linie unsere Nutzung der Zeit. Wir etablieren Prioritäten und konzentrieren uns auf diese, und können so intuitiv unterscheiden zwischen Dingen, die uns von unserem Weg ablenken, und Dingen, die uns weiterbringen. Eine gute Organisation gibt uns Kontrolle über unseren Zeitplan und wir fühlen uns weniger fremdbestimmt. Eine kreative und dennoch zuverlässige Aufgabenverwaltung kann Spaß machen, spielerisch organisiert sein und steigert sogar unsere mentale Kapazität, weil wir unser Unbewusstes nicht mit der Angst vor dem Vergessen von Prioritäten paralysieren. Zu guter Letzt sind die Sieben Säulen des Seins auch deswegen so effektiv, weil sie ein Planungsinstrument sind, das uns nicht nur dabei hilft, Prioritäten zu setzen und Aufgaben zu strukturieren. Die Säulen sorgen dafür, dass wir nicht einseitig aus dem Ruder laufen und die Qualität unserer Life-Balance im Blick behalten.

Infos vom Experten: Autor und Führungskräfte-Trainer Sebastian Purps-Pardigol über Gefühle

Folgender Auszug stammt aus einem Interview mit dem Autor, Redner und Trainer Sebastian Purps-Pardigol, das ich mit ihm für dieses Buch führen konnte. Ich kenne Sebastian schon seit 20 Jahren, seit unserer gemeinsamen Zeit in der Musikbranche. Seitdem hat er neben seiner Arbeit als Coach und Trainer vor allem als Bestsellerautor zahlreicher Bücher von sich hören lassen. Das Besondere an seinen Büchern ist, dass er wissenschaftliche Erkenntnisse der Hirnforschung für die Bedürfnisse von Unternehmen, Berufstätigen und an Persönlichkeitsentwicklung interessierten Menschen übersetzt. Besonders sein jüngstes Werk *Leben mit Hirn* ist voller spannender Geschichten und wertvollem Wissen. Sebastian hat mich mit seiner Arbeit sehr beeindruckt und seine Bücher dienten mir als wichtiger Recherche-Input für dieses Buch.

Das gesamte Gespräch ist mit vielen weiteren aufschlussreichen Einblicken gespickt, zum Beispiel welchen Unterschied es im Gehirn macht, wenn wir nur denken oder zusätzlich sprechen, wie wir in Gruppenarbeit an uns arbeiten können oder was der Dalai Lama einmal im Jahr mit Wissenschaftlern bespricht. Das Gespräch gibt es natürlich in voller Länge als Podcast. Die Links zu den jeweiligen Podcast-Ausgaben findest du im Anhang.

Was Lernen mit Fühlen zu tun hat und wie wir uns besser motivieren können

Sebastian, worauf kommt es bei dem Wissensaufbau, der Entwicklung von Kompetenz am meisten an?

Sebastian Purps-Pardigol: Es kommt darauf an, wie wir lernen. Das Wichtige beim Lernen ist zu verstehen, dass es dann am besten funktioniert, wenn unser Gehirn dabei einen ganz bestimmten Mix von Botenstoffen ausschüttet, sogenannte neuroplastische Botenstoffe. Diese Botenstoffe werden ausgeschüttet, wenn wir etwas tun, wenn wir etwas lernen, das uns emotional berührt, wenn es ein hohes Maß an Bedeutung für uns hat. Wenn wir etwas lernen, was uns unter die Haut geht. Wenn uns das wichtig ist. Es gibt auch das andere Lernen: die Kinder in der Schule, die Angst haben. Angst ist überhaupt kein guter Zustand des Lernens. Die dadurch entstehende neuronale Übererregung sorgt dafür, dass die sogenannte Neuroplastizität – die Entstehung neuer neuronaler Netzwerke – nur noch eingeschränkt stattfindet. Ich erinnere mich immer noch an einen Freund meiner Kindheit, der in der Schule nicht so klasse war. Er musste nachmittags immer mit seinem Vater lernen, und dieser hat ihn immer angeschrien, wenn er irgendwas nicht verstanden hat. Es war also ein Desaster. Es ist eine Katastrophe, was da im Kopf eines Kindes passiert.

Wie kann ich mich denn zum Lernen motivieren?

SPP: Mein Freund Gerald Hüther hat da ein schönes Beispiel: Wenn Sie jetzt in die Volkshochschule gehen und Sie wollen Chinesisch lernen, dann wird das ziemlich lange dauern. Wenn

Sie sich aber in eine Chinesin verlieben und mit ihr nach China ziehen und in diesem Umfeld dann leben, ist die Wahrscheinlichkeit, dass Sie die Sprache lernen, deutlich höher. Und genauso ist das mit jeder anderen Art des Lernens. Wenn du jetzt eine neue Programmiersprache lernen sollst, dann kann das für dich total langweilig sein. Wenn du dahinter aber die Vorstellung hast:»Hey, ich will ein neues Start-up gründen und ich werde mir ganz viele coole Programmierer suchen und ich muss ein bisschen verstehen, was sie da eigentlich machen. Also fuchse ich mich jetzt mal in diese Sprache rein.« Das, worauf es bei der Zielsetzung ankommt, dass man sich nicht nur ein Ziel setzt, sondern dass man sagt, wenn ich dieses Ziel erreiche, dann wird mir das und das dadurch möglich. Oder ich werde mich so und so fühlen oder das und das wird vielleicht leichter. Du brauchst ja emotional positiv aufgeladene Ziele, und wenn du das hast, dann fällt dir das Lernen leichter.

Am Ende geht es immer wieder darum in unserem Gehirn: Welche Bedeutung geben wir dem, was dort gerade geschieht? Geben wir dem, was wir dort tun, eine positive Bedeutung oder geben wir dem eine weniger negative Bedeutung? Und dieser Bedeutungsunterschied hat einen riesigen Einfluss darauf, welche Art von Neurotransmitter in unserem Hirn ausgeschüttet werden. Tun wir etwas, worauf wir keine Lust haben? Löst das eher die Ausschüttung von Stresshormonen aus? Oder tun wir etwas, was wir richtig toll finden? Dann führt das zu etwas ganz anderem, zu einem ganz anderen Cocktail von Neurotransmittern. Und diese andere Cocktail von Neurotransmittern erleichtert es, dass in unserem Gehirn Neuroplastizität stattfindet. Neuroplastizität ist die Verknüpfung von Nervenzellen oder die Intensivierung der bestehenden Verknüpfung von Nervenzellen. Und das brauchen wir ja, wenn Lernen stattfinden soll.

Praktische Tipps zur Arbeit mit dem Geist

Unser Geist ist ganz versessen darauf, zu lernen, zu wachsen, zu reifen. Geben wir ihm, was er sich wünscht. Mit welcher kleinen Aufgabe oder regelmäßigen Routine möchtest du beginnen? Du könntest zum Beispiel anfangen, eine **Fremdsprache** zu lernen. Sie eröffnet uns gedanklich die Möglichkeit, neue Länder und Kontinente in dieser Welt zu erleben und eine völlig neue Gruppe von Begegnungen zu erschließen. Ich lerne zum Beispiel konsequent seit über einem Jahr jeden Tag 15 Minuten Schwedisch auf einer App namens Duolingo. Das macht wirklich großen Spaß und ist sehr leicht zu bedienen. Meine Frau ist Schwedin und so habe ich einen guten Grund, es zu lernen. Mit der Zeit mache ich ordentliche Fortschritte. Wenn kein Partner da ist, mit dem sich das üben lässt, findet man auf sozialen Plattformen einige sogenannte Tandem-Angebote, die das Üben erleichtern.

Um neuen Menschen zu begegnen, lohnt es sich, öffentliche Bildungsangebote zu prüfen, so gibt es in Deutschland weitverbreitet sehr günstige Volkshochschulkurse, die abends oder am Wochenende stattfinden und ein zusätzliches qualitatives Lernumfeld ermöglichen. Jeden Tag Vokabeln, Grammatik oder Konversation zu üben, ist auf vielen Ebenen eine sehr wertvolle und ergiebige Sache. Das Ganze lässt sich übrigens wunderbar auf das **Erlernen** von **Musikinstrumenten** oder **Programmiersprachen** übertragen, da gibt es ähnliche Angebote auf ähnlichen Plattformen mit ähnlichen Effekten.

Eine fantastische Möglichkeit, seinen Geist zu benutzen, ist **Schreiben** – sei es ein Buch, eine Master- oder Doktorarbeit, ein Drehbuch, Gedichte oder einen Aufsatz zu schreiben. Das regelmäßige, tägliche Recherchieren, Lesen, Informationen-Verarbeiten und In-eine Struktur-Übersetzen ist ein wunderbares Beispiel dafür, wie ich gleichzeitig alle vier Bereiche der Geistesarbeit in einer Gewohnheit verdichte. Wir können uns vornehmen, jeden Tag zur selben Zeit und für einen bestimmten Zeitraum an einem Thema zu arbeiten.

Ordnung zu **schaffen** ordnet den Geist: Unordnung erzeugt eine Menge negativen Stress – überall in unserem Leben. Wenn wir mit dem Ordnung-Halten Schwierigkeiten haben, lohnt es sich, mal in ein Audiobuch von Marie Kondo reinzuhören. Ordnung ist nicht nur, das Bett zu machen und nach dem Kochen die Küche aufzuräumen, sondern auch, wie unsere Ablage auf dem Computer organisiert ist und ob wir unsere Buchführung im Griff haben. Wenn wir jeden Tag mindestens zehn Minuten dieser Kategorie widmen, können wir verschiedene Dinge erledigen und dabei nach und nach die mentalen Vorteile der Ordnung erleben. Denn Aufräumen spart Zeit und steigert das Wohlbefinden und Selbstwertgefühl aufgrund der empfundenen Kontrolle und Selbstwirksamkeit. Ein organisierter Wohnraum erzeugt das Gefühl von Kompetenz und Stolz.

Es gibt kaum eine wirksamere Übung, um Achtsamkeit zu praktizieren, als Dinge, die wir automatisch mit unserer Haupthand (meistens die rechte) erledigen, mit der **anderen Hand** zu versuchen. Ich nutze diese Übung immer, um Teilnehmenden bei Coachings oder Kursen zu vermitteln, was ein »Beginner Mindset« ist. Wenn wir zum Beispiel als rechtshändige Person eine Kartoffel mit der linken Hand in Scheiben schneiden müssen, erleben wir den Prozess, als wäre es das erste Mal. Wir konzentrieren uns, sind vorsichtig und etwas unbeholfen. Es fühlt sich fremd an und wir wollen uns nicht verletzen. Das ist ein Beginner Mind, der Anfängergeist! Da wir jeden Tag Hunderte automatisierter Handlungen mit der gewohnten Hand ausführen, ist der Handwechsel eine wundervolle, einfache Übung, die uns über die Achtsamkeit hinaus auf Dauer hilft, eine komplette Hand als Werkzeug in unser Repertoire aufzunehmen. Wenn wir uns einmal die Haupthand verletzt haben, wissen wir, wie wertvoll das

sein kann. Hier ein paar Dinge, die wir mit der anderen Hand pro-
bieren können: Brot schneiden, Stulle schmieren, Zähne putzen,
schreiben, spülen, wischen, Telefon halten, Nachrichten auf dem
Handy tippen, Ball werfen, Leine beim Gassigehen halten, Katze
streicheln, Toilette putzen, Reifen aufpumpen, Tennis oder Tisch-
tennis spielen …

Zurück zur Wurzel: Ein Blick auf die Ergebnisse der Ebene 1
Besonders ab der zweiten Säule ist es wichtig, dass wir bei der Auswahl beziehungsweise der Ausgestaltung unserer Gewohnheiten
eine Verbindung zu unserem authentischen Selbst im Blick haben.
Wenn wir uns die Ergebnisse der ersten sechs Übungen noch mal
anschauen, dann kommen uns die Ideen für Übungen im Bereich
Geist, die für uns geeignet sind, von ganz allein.

Meditation: Ankommen im Hier und Jetzt
Lass dich ein auf diesen Moment. Genieße die Fülle dieses
Augenblicks. Schließe die Augen und atme tief ein. Atme tief
durch die Nase und lass die Grundspannung mit einem kräfti-
gen Ausatmen durch den Mund aus deinem Körper entfliehen.
Finde einen komfortablen Sitz, öffne deine Brust und lass deine
Schultern beim Ausatmen entspannt fallen. Schiebe deinen
Scheitel nach oben und lege deine Hände sanft mit den Hand-
flächen nach oben auf die Oberschenkel.

Horche in dich hinein. Wie fühlst du dich gerade? Erinnere
dich an deine innere Wahrheit. In diesem Moment bist du ganz
für dich, kannst so sein, wie du bist, natürlich und echt.

Atme ein paarmal tief durch die Nase ein und aus dem Mund
wieder aus. Spüre, wie sich die frische Luft in deinem Inneren
ausbreitet, im Bauch, im Brustkorb, im Herzen. Mit jeder Einatmung wirst du federleicht und mit jeder Ausatmung wiederum

tonnenschwer. Irgendwann umgibt deinen Körper ein wohliges, warmes Gefühl. Dein Puls ist entspannt.

Dein Atem wird ganz von selbst tief, langsam, natürlich und gleichmäßig. Nun atmest du durch die Nase ein und durch die Nase wieder aus.

Achte besonders auf dein Gesicht. Entspanne deine Kiefer und lass sie frei. Lockere deine Zunge. Erlöse deine Stirn von ihren Falten. Entspanne deine Augen und stell dir vor, du könntest sogar den Bereich hinter den Augen entspannen. Spüre deine Lippen, wie sie sich leicht berühren. Registriere dein Körpergefühl.

Es kann sein, dass dir hier und dort ein Gedanke über den mentalen Weg läuft. Schau nicht weg, als hättest du ihn nicht gesehen. Sieh ihn an und erkenne ihn, aber lass ihn entspannt weiter seines Weges gehen.

Irgendwann erkennst du hinter diesem Weg eine einladende Naturlandschaft. Im Vordergrund eine farbenfrohe Blumenwiese und im Hintergrund Berge, Flüsse und Wälder. Du genießt die Dichte und Vollkommenheit der Umgebung.

Der Wind streicht zart über die Gräser und im Hintergrund präsentieren Vögel ihre schönsten Melodien. Es riecht nach Lavendel. Du spürst die aufgehende Sonne auf der Haut, wie sie dich sanft wärmt, dir diese Energie gibt, die dir nur die Sonne geben kann.

Hast du gemerkt, wie deine Gedanken für einen Moment still sind? Das ist, wenn sie dir zuschauen, wie du du selbst bist. Wie du im Hier und Jetzt angekommen bist.

Nun komme langsam zurück in diesen Tag. Bewege vorsichtig deine Zehen und Finger. Strecke deinen Körper so richtig aus, wie du es am angenehmsten findest, und öffne beim nächsten Ausatmen deine Augen. Registriere gelassen deine Umgebung, erkenne den Raum, in dem du dich befindest, und fokussiere dich gedanklich auf eine Sache, die du heute für dich erfüllen willst. Mit dieser Aufgabe im Kopf und der Sonne im Herzen ist es Zeit zurückzukehren. Danke dir selbst, dass du dir die Zeit für diese kleine Meditation genommen hast.

Zur Vollendung des inneren Kreises steigen wir im nächsten Kapitel in die ganzheitliche Vorstellung der dritten Säule des Seins, der Seele, ein.

Säule 3: Die Seele – unser Gefühlszentrum

Folgt man den gängigen Autoritäten im Bereich der Begriffsdefinitionen, lässt sich die Seele beschreiben als immaterielle Essenz, als belebendes Prinzip oder auslösende Ursache eines individuellen Lebens. Im Kontext der Sieben Säulen des Seins möchte ich den – zugegeben – sehr pathetischen Begriff der Greifbarkeit halber etwas enger fassen. Für mich ist die Seele die emotionale Natur des Menschen, die Qualität, die Emotionen und Gefühle weckt, auch eine spirituelle Kraft, in der Moral und Ethik ihr Zuhause haben. Die Vielfalt der Interpretationen dieses so wichtigen Begriffs lohnt sich dennoch zu erkunden, bevor wir uns der Arbeit an dieser Säule widmen.

Der Begriff »Seele« in Philosophie und Religion

Platon widmete seinem Lehrer Sokrates und dem Thema Seele ein ganzes Werk in Dialogform, den *Phaidon*. Das philosophische Thema des Dialogs ist die Unsterblichkeit der Seele. Auch sein Schüler Aristoteles argumentierte, dass der Körper eine Ansammlung von Elementen sei und die Seele seine Essenz. 1500 Jahre später sollte Thomas von Aquin diese Sichtweise von Platon und Aristoteles ins Christentum übernehmen. Sie teilten im Übrigen die Vorstellung, dass Erfüllung das Ziel der Existenz ist. Da laut Thomas von Aquin dieses Ziel auf Erden aber unerreichbar sei und die sogenannte Glückseligkeit erst nach dem Tod erlangt werden könne, brauche es die Seele als Träger der menschlichen Essenz, der diesen Transfer möglich macht. Der Tod ist in diesem Verständnis die Instanz, die Körper und Seele teilt, damit die Seele weiterreisen und ihre Unsterblichkeit entfalten kann.

Laut Judentum wurde die Seele von Gott geschaffen und mit einem irdischen Körper verbunden. Im modernen Judentum bleibt es ungewiss, wann ein Mensch zwischen Empfängnis und Geburt vollständig präsent ist. Ähnlich wurde im Islam dem Fötus von Gott die Seele eingehaucht. Wie im Christentum gehen die Meinungen darüber auseinander, aber die allgemeine Meinung besagt, dass die Seele etwa vier Monate nach der Empfängnis in den Fötus eintritt.

Naturorientierte Religionen wie der Hinduismus glauben, dass alle Lebewesen – vom kleinsten Bakterium bis zum größten Säugetier – selbst die Seelen sind (Atman, Jiva). Was wir auf der Welt erleben sei lediglich die physische Manifestation (ihr Körper). Das eigentliche Selbst jedoch sei die Seele, während der Körper nur ein Mechanismus ist, um das Karma dieses Lebens erfahrbar zu machen. Wie der Hinduismus akzeptiert der Buddhismus, dass es keine Zeit gab, in der wir nicht an den Kreislauf von Geburt und Wiedergeburt gebunden waren. Aber anders als der Hinduismus postuliert der Buddhismus nicht, dass es eine ewige, unveränderliche Seele gibt, die von einem Leben zum nächsten wandert. Es gibt in den Augen der Buddhisten nichts Beständiges in uns, genauso wenig, wie es in der Welt überhaupt etwas Beständiges gibt.

Die Seele und die Gefühle

Während sich die Wissenschaft seit Jahrhunderten als Autorität über die Interpretation von Bedeutung und Funktion des menschlichen Körpers und Geistes (im Sinne des bewussten Intellekts) etabliert hat, ist der Diskurs im Kontext der Seele nach wie vor spirituell geprägt. Spiritualität beinhaltet das Erkennen eines Gefühls oder Glaubens, dass es etwas Größeres als mich selbst gibt, dass mehr zum Menschsein gehört als die sinnliche Erfahrung, und dass das größere Ganze, dessen Teil wir sind, kosmischer oder göttlicher Natur ist. Nehmen wir der Spiritualität an dieser Stelle die universelle, kosmische, göttliche Dimension (die heben wir uns für die siebte Säule des Seins auf), erlangen wir einen Blick auf die Bedeutung der Seele, der geprägt ist von dem Menschlichen, dass sich eben nicht im Verstand oder Körper zum Ausdruck bringt. Und das ist die Seele als Zentrum unserer Gefühle.

Emotionen und Gefühle: Eine Definition

Bevor wir uns auf dieser Basis weiter dem Konzept von Seele annähern, ist es an dieser Stelle durchaus wichtig, die Unterscheidung von Gefühl und Emotion zu machen. Denn während eine Emotion ein körperliches Empfinden beschreibt, wird das Gefühl, das mit diesem körperlichen Empfinden einhergeht, als seelisches Phänomen durch eine Interpretation des Geistes verändert. Diese Interpretation ist das Ergebnis eines unbewussten Prozesses, in dem unter anderem unsere Weltanschauung (Ethik, Moral) zur Wirkung kommt. Emotionen entstehen also als Empfindungen im Körper. Gefühle werden von unseren Emotionen beeinflusst, aber von unseren Gedanken erzeugt.

Die wegweisende Psychologin und Neurowissenschaftlerin Lisa Feldman Barrett entdeckte, dass Emotionen nicht universell in unserem Gehirn und Körper vorprogrammiert sind, sondern dass sie einzigartige Erfahrungen beschreiben, die aus unserer individuellen Umgebung und persönlichen Geschichte geformt wurden. Ihr Buch *How Emotions Are Made: The Secret Life of the Brain* ist eine eindrucksvolle Quelle der Weisheit, wenn es darum geht zu verstehen, wie sehr wir in der Lage sind, unsere Gefühle selbst zu steuern. Stellen wir uns vor, wir sind beruflich auf eine Konferenz eingeladen und wir fahren dorthin. Kaum sind wir angekommen und durchqueren die Konferenzräume, erleben wir eine Emotion (körperliche Empfindung) des Unbehagens. Unser Magen zieht sich zusammen und unsere Herzfrequenz erhöht sich. Wir empfinden dieses Gefühl als Bedrohung, als Angst. Diese Interpretation kann zum Beispiel entstehen, wenn wir dort Menschen treffen, mit denen wir eine – aus unserer Sicht – unangenehme Historie teilen, wir glauben, dass die Leute uns nicht mögen, und sind beunruhigt beim Gedanken an ein Zusammentreffen. Nun kann es sein, dass diese Menschen genau die gleiche Emotion spüren wie wir: Der Magen zieht sich zusammen und das Herz schlägt schneller. Anders als wir empfinden diese Leute bei der Begegnung mit uns ein Gefühl der großen Freude, weil sie eine völlig andere Interpretation der gemeinsamen Erfahrung erleben. Freude und Begeisterung auf der einen Seite, Angst und Bedrohung auf der anderen Seite – zwei Gefühle, die unterschiedlicher nicht sein könnten, jedoch ausgehend von ein und derselben Emotion.

Warum ist die Unterscheidung wichtig?
Wenn wir Emotionen als Rohdaten betrachten, welche die Reaktion auf die gegenwärtige Realität abbilden, zeichnen sich Gefühle durch Prägungen aus, die wir auf der Grundlage von Erfahrungen der Vergangenheit oder Ängsten vor der Zukunft erschaffen haben. Auf unsere körperlichen Emotionen zu hören, die von unserer Sinneswahrnehmung geprägt sind, verbindet uns mit der Realität unserer gegenwärtigen Erfahrung, anstatt mit Geschichten, die aus möglicherweise ungenauen Überzeugungen bestehen.

Aus unserer Wahrheit heraus können wir Entscheidungen treffen, die für uns richtig sind. Wenn wir also in einer mentalen Gefühlsschleife hängen (was wir alle von Zeit zu Zeit tun), können wir eine authentische Einschätzung unserer Gefühle wiedererlangen, wenn wir unsere Emotionen, also unsere körperliche Reaktion, identifizieren. Das ist übrigens eines der wesentlichsten Wirkungsfelder der Achtsamkeitsarbeit. Wenn es uns schwerfällt, in unserem Körper zu sein, können wir in die entgegengesetzte Richtung arbeiten: Wir können das mentale Gefühl identifizieren und uns dann die Frage stellen: Woher weiß ich anhand der Signale in meinem Körper, dass das wahr ist?

Unsere Emotionen zu erkennen und darauf zu reagieren, ist eine wunderbare Art, Selbstbestimmung zu üben. Sobald wir wissen, was uns unsere Emotionen sagen wollen, können wir direkt an der Quelle dieser Empfindung in unserem Körper arbeiten, um ausgeglichen zu bleiben. Praktiken wie Atemübungen, Loslassen durch Bewegung, sich selbst zu umarmen oder eine Umarmung von jemand anderem zu bekommen, können uns in Momenten der emotionalen Überforderung Linderung verschaffen.

Aus diesem Grund ist Meditation eine der zentralen Arbeitsbereiche der Säule Seele. Hier benennen wir das Gefühl, welches wir mit unserer körperlichen Emotion verbinden. Wir durchdringen diese Identifikation mit unserem Atem und regulieren so unser Nervensystem. Diese Durchdringung kann in der modernen Achtsamkeitslehre (siehe: Unified Mindfulness) nicht nur durch den Atem erreicht werden, sondern durch jede Sinneswahrnehmung, die ebenfalls eine Ausdrucksform der Emotion ist. Achtsamkeit wird somit zu der Sprache, die uns hilft, mit unseren Gefühlen zu kommunizieren, indem wir die Wahrnehmung der Emotionen kultivieren und die bewusste oder unbewusste Interpretation dieser Emotion abstrahieren lernen.

Wir können Gefühle steuern

Emotionen und die daraus entstehenden Gefühle spielen in unserem Leben eine essenzielle Rolle. Positive Gefühle machen uns glücklich, negative Gefühle plagen uns. Wir sind alle irgendwann mal unglücklich verliebt oder unglaublich wütend und in den meisten Fällen wünschen wir uns, dass wir diese Gefühle beherrschen könnten. Doch statt nach Wegen zu suchen, das zu schaffen, versuchen wir oft, die unwillkommenen Gefühle zu unterdrücken. Das Problem ist: Es funktioniert nicht. Im Gegenteil: Das Unterdrücken von Gefühlen kann sich sehr negativ auf unsere Entwicklung auswirken.

Um unsere Gefühle achtsam steuern zu lernen, ist es notwendig, ihre Entstehung zu erfassen. Zunächst ein paar Fragen: Glaubst du, dass du traurig bist, weil dein Partner dich verlassen hat? Oder, dass du dich freust, weil dein Team die Meisterschaft gewinnt? Dann bist du nicht allein. Die meisten Menschen glauben, dass Gefühle durch Dinge entstehen, die im Außen passieren. Die Wahrheit ist aber: Deine Gefühle entstehen im Inneren. Es sind deine Gedanken, die deine Gefühle entstehen lassen. Wie wir uns in Bezug auf eine bestimmte Erfahrung fühlen, hängt allein davon ab, wie wir über eine Sache denken. Es ist im Grunde ganz einfach: Positive Gedanken erzeugen positive Gefühle und negative Gedanken erzeugen negative Gefühle.

Infos von der Expertin: Gesundheitscoach Mirian Lamberth über Gefühle

Mirian Lamberth: Mal globale Kreativchefin internationaler Modekonzerne in New York City, mal ganzheitliche Gesundheitsberaterin, Yogalehrerin und Heilpraktikerin in den Abruzzen. All das, ohne einen großen Plan zu verfolgen, sondern höchstens, ihn zuzulassen. Ich habe Mirian vor über elf Jahren kennengelernt, als wir beide bei Viacom (heute Paramount) für Sender wie MTV, Nickelodeon oder Comedy Central tätig waren. Ich erzählte ihr damals schon von den Sieben Säulen des Seins und sie mir von wirklich wichtigen Dingen im Leben, die sich nicht im Karrierestatus messen lassen. Ich kenne kaum jemanden, die so sehr Zen ist wie Miri und die ihr Leben wie einen spannenden Film verfolgt, ohne ständig den Anspruch zu haben, gleichzeitig die Autorin, Regisseurin und Hauptdarstellerin sein zu müssen.

Das volle Gespräch aus unserem Treffen in einem Café (daher die mäßige Klangqualität) erwartet dich in Form des Podcasts. Den Link findest du wie schon erwähnt auf der Übersichtsseite (siehe Anhang). Mirians Lebensgeschichte und ihre Art, mit Rückschlägen im Leben umzugehen sind die Zeit wert!

Eine Frau mit vielen Facetten

Wie geht es dir in deinem wunderschönen Haus in den Abruzzen?

Mirian Lamberth: Klar, wenn du aufwachst und du schaust raus und siehst die Berge, das macht natürlich was mit dir. Aber ich habe genauso wie alle anderen auch mal schlechte Tage und gute Tage und Stimmungsschwankungen und ich habe Angst und bin eifersüchtig oder was auch immer. Wütend bin ich vielleicht nicht mehr so sehr und manchmal habe ich Angstzustände und Panik. Aber ich glaube da nicht dran.

Wie distanzierst du dich von diesen Gefühlen?

ML: Also ich drücke sie nicht weg, aber ich kann sie beobachten und sagen: Okay. Das darf jetzt sein. Dann fühle ich da etwas am Solarplexus und ich sitze jetzt einfach damit im Moment.

Arbeitest du da jeden Tag an der Fähigkeit, mit Gefühlen so umzugehen? Hattest du nie eine Sucht zu überwinden?

ML: Doch, wir sind ja alle süchtig. Ich bin auch süchtig. Ich habe auf jeden Fall meine Suchtthemen. Nur weiß ich für mich, dass eine aufgezwungene Strategie mir nicht helfen wird, sondern dass ich mir da eher irgendwas aufbinde. Vielleicht ist es für mich besser, wenn ich mir erlaube, meine Sucht in einer bestimmten, vielleicht in einer mehr gesunden Art und Weise auszuüben. Aber dieses »Müssen« und dieser »Kraftaufwand« bei dem Versuch, sich zu optimieren, die sind oft nicht besser als die eigentliche Sucht. Ich kenne das mit einigen meiner Klientinnen, die eine – angeblich – ungesunde Sucht in eine – angeblich – gesunde Sucht transformieren wollen. Doch dann übertreiben sie es und beim Rennen knallen ihnen Gelenke raus. Manchmal frag ich mich, was das kleinere Übel ist. Vielleicht ist es für manche von ihnen doch besser, weiter ins Berghain zu gehen.

Wie Gefühle in unserem Gehirn funktionieren

Launen sind nichts anderes als vorübergehende Stimmungen, die beeinflussen, wie wir denken und die Welt sehen. Sie werden von Ereignissen in unserem Leben wie einem unfreundlichen Bäckereiangestellten stark beeinflusst, oder davon, wie viel Schlaf wir bekommen, von unserem Hormonstatus und natürlich vom Wetter. Aber welche Rolle spielt das Gehirn bei der Entstehung von Launen?

Das Gefühlszentrum in unserem Gehirn ist einer der ältesten Bereiche, der sich in der evolutionären Betrachtung unseres Gehirns bestimmen lässt. Das ergibt Sinn, denn unsere Stimmung war in der Frühzeit der Entstehung unserer Spezies von großer Wichtigkeit.

Eine ab und an negative, mürrische Art war in früh-evolutionären Phasen eventuell ein wichtiger Vorteil, weil sie unseren Blick fürs Detail schärfte. Nach dieser Logik, wie sie im Abschnitt »Resilienz« im ersten Teil bereits ausgeführt wurde, ist ein Hang zur negativen Weltsicht schlicht und ergreifend unserem Überlebensinstinkt geschuldet. Dennoch sind nicht alle Menschen auf diesem Planeten ständig mies gelaunt. Der Grund dafür liegt im raffinierten Design unseres Gehirns: Es kultiviert in kluger Ergänzung zum Alarmmodus durchaus eine leicht positive Geisteshaltung. Gute Laune macht uns nämlich eher bereit, nach neuen Erfahrungen zu suchen, kreativ zu sein, vorauszuplanen, uns fortzupflanzen und uns an veränderte Bedingungen anzupassen. Das bedeutet vereinfacht: Angst und Stress helfen uns beim Überleben, aber Spaß und Freude helfen uns bei der Weiterentwicklung.

Das limbische System

Das limbische System ist der wichtigste ursprüngliche Teil unseres Gehirns. Es ist verantwortlich für die Steuerung unserer Laune. Es ist ein Netzwerk aus Regionen, die zusammenarbeiten, um unsere Eindrücke von der Welt zu verarbeiten und ihnen einen Sinn zu geben. Neurotransmitter wie Serotonin und Dopamin werden als chemische Botenstoffe verwendet, um Signale an dieses Netzwerk zu senden. Im limbischen System empfangen wir diese Signale. Auf diese Weise erkennen wir Objekte und Situationen, können ihnen einen emotionalen Wert zuweisen, um unser Verhalten zu steuern und in Sekundenbruchteilen Risiko-Ertrags-Bewertungen vorzunehmen.

Das limbische System sitzt unter dem Großhirn (dem größten und neuesten Teil des Gehirns, wo auch der Neokortex sitzt) und besteht aus Strukturen wie dem Hypothalamus, dem Hippocampus und der Amygdala.

Die mandelförmige Amygdala verleiht Ereignissen und Erinnerungen emotionale Bedeutung. Der Hippocampus hingegen erinnert uns daran, welche Handlungsoptionen unserer Stimmung entsprechen. Wenn wir uns zum Beispiel gut fühlen, steigt unsere Bereitschaft, jemandem zu helfen, der ein Problem hat. Wir gehen mit einem Lächeln vor die Tür, nehmen das Fahrrad oder machen einen kontemplativen Spaziergang durch den Park. Wenn wir uns jedoch mies fühlen, nehmen wir das Auto, wir gehen eher in eine Bar statt in den Park, oder hören Playlists mit Songs von Sinead O'Connor. Forscher fanden heraus, dass der Hippocampus bei Menschen mit chronischer Depression geschrumpft ist. Dies kann Merkmale der Erkrankung erklären, wie eine vage oder unspezifische Erinnerung an vergangene Erlebnisse.

Das limbische System regelt zudem die stimmungsabhängigen biologischen Körperfunktionen wie einen beschleunigten Herzschlag und durch Nervosität ausgelöstes Schwitzen. Da das limbische System jedoch so alt ist, ist es ziemlich primitiv. Im täglichen Leben wird es von einigen neueren Netzwerken gesteuert, die unser Denken und Handeln koordinieren, sodass unser Verhalten das Erreichen langfristiger Ziele unterstützt, statt immer nur dorthin zu gehen, wo uns die momentane Stimmung und das limbische System hinführen würden.

Genau dort liegt unsere Chance, automatisch generierte Emotionen zu verstehen und die damit einhergehenden

Gefühle nicht ungefiltert unser Verhalten steuern zu lassen. Diese Fähigkeit lässt sich mit Meditation und Achtsamkeitstraining entwickeln.

Gehirnareale im Wettbewerb: Ich gegen die Welt

Auf der Suche nach Gehirnfunktionen, die unsere Stimmung steuern, fielen Forschern besonders zwei Bereiche auf: Das autobiografische Gedächtnis und das (frontoparietale) Aufmerksamkeitsnetzwerk. Das autobiografische Gedächtnis verarbeitet Informationen, die sich auf uns selbst beziehen, einschließlich persönlicher Erinnerungen und der Selbstreflexion. Zu diesem neuronalen Netzwerk gehören Gehirnbereiche innerhalb des präfrontalen Kortex, der sich an der Vorderseite des Gehirns befindet, der Hippocampus und der hintere Kortex, der den oberen Teil des limbischen Lappens bildet, sowie parietale Regionen, die hinter dem Frontallappen sitzen und für die mentale Vorstellung wichtig sind. Das Aufmerksamkeitsnetzwerk wiederum verbindet Regionen, die unsere Aufmerksamkeit und Konzentration koordinieren, damit wir Aufgaben erledigen können. Es aktiviert einen Schaltkreis im vorderen Teil des cingulären Kortex und des dorsolateralen präfrontalen Kortex, die auf emotionsloses, rationales Denken spezialisiert sind.

Es wird angenommen, dass diese beiden Netzwerke eine angespannte Beziehung haben. Das autobiografische Erinnerungsnetzwerk schaltet sich ein, wenn jemand mit Gedanken über sich selbst beschäftigt ist. Dies führt dazu, dass sich das aufgabenorientierte Aufmerksamkeitsnetzwerk abschaltet. Deshalb ist Tagträumen beim Lernen oder Arbeiten nicht besonders förderlich. Umgekehrt wird das autobiografische Gedächtnis unterdrückt, wenn das kognitive Kontrollnetzwerk die erforderliche Aufmerksamkeit für eine anstehende Aufgabe sammelt. Dies steht im Einklang mit der Vorstellung, dass wir »uns selbst verlieren«, wenn wir mit zu vielen Aufgaben beschäftigt sind. Trainieren wir unsere Achtsamkeit, schaffen wir damit eine Stärkung des Aufmerksamkeitsnetzwerkes und steigern unsere Fähigkeit, unsere Gefühle, Emotionen und damit das eigene Verhalten bewusster zu kontrollieren.

Das Einmaleins der menschlichen Emotionen

Es gibt viele verschiedene Arten von Emotionen, die einen Einfluss darauf haben, wie wir leben und mit anderen interagieren. Manchmal scheint es, als würden wir von diesen Emotionen beherrscht. Die Entscheidungen, die wir treffen, die Handlungen, die wir ergreifen, und die Wahrnehmungen, die wir haben, werden alle von den Emotionen beeinflusst, die wir in einem bestimmten Moment erleben.

Als Pionier im Bereich der Emotionsforschung gilt der Psychologe Paul Ekman, der in den Siebzigerjahren des letzten Jahrhunderts sechs grundlegende Emotionen identifizierte, von denen er annahm, dass sie in allen menschlichen Kulturen universell erlebt werden. Die Basisemotionen, die er identifizierte, waren Glück, Traurigkeit, Ekel, Angst, Überraschung und Wut. Später erweiterte er seine Liste grundlegender Emotionen um Dinge wie Stolz, Scham, Verlegenheit und Aufregung. Eine Übersicht zu den Ergebnissen von einer Forschungsarbeit, die von Paul Ekman begründet wurde, ist im Anhang (Tools) als Link zu einer Tabelle der Gefühle enthalten.

Wie bei vielen Konzepten der Psychologie sind sich nicht alle Wissenschaftler darüber einig, wie Emotionen zu klassifizieren sind oder welches tatsächlich die grundlegenden Emotionen sind. Während Ekmans Theorie verbreitet ist, haben andere Theoretiker ihre eigenen Ideen darüber, welche Emotionen den Kern der menschlichen Erfahrung ausmachen. Zum Beispiel haben einige Forscher vorgeschlagen, dass es nur zwei oder drei Grundemotionen gibt. Andere sagen, dass Emotionen in einer Art Hierarchie existieren. Primäre Emotionen wie Liebe, Freude, Überraschung, Wut und Traurigkeit können dann weiter in sekundäre Emotionen zerlegt werden. Um das Beispiel der Liebe erneut zu bemühen – diese könnte in die Bestandteile Zuneigung und Sehnsucht zerlegt werden. Eine universelle Definition von Emotionen in der Wissenschaft wird allerdings grundsätzlich kritisch betrachtet. Die Neuropsychologin Lisa Feldman Barrett ist beispielsweise der Überzeugung, dass eine Bestimmung von Emotionen wie hier dargestellt sich wissenschaftlich nicht bestätigen lasse, und hat eine entsprechende These in verschiedenen Forschungsprojekten widerlegt.

Nichtsdestotrotz halte ich die – wenngleich wissenschaftlich nicht eindeutige – Identifikation von Emotionen und die Auseinandersetzung mit ihren Facetten für sehr hilfreich, wenn wir uns als Neuropsychologie-Laien der grundsätzlichen Struktur unserer emotionalen Beschaffenheit annähern möchten. Emotionen spielen eine entscheidende Rolle dabei, wie wir unser Leben leben, von der Beeinflussung unseres Umgangs mit anderen bis hin zu den Entscheidungen, die wir treffen. Indem wir die verschiedenen Arten von Emotionen verstehen lernen, können wir ein tieferes Verständnis dafür gewinnen, welche Auswirkungen sie auf unser Verhalten haben.

Vier Bereiche für die aktive Arbeit mit unserer Seele

Die Seelenarbeit hat viele Facetten, doch in der Essenz liegen die Möglichkeiten mit unseren Gefühlen zu arbeiten, recht klar auf der Hand. Wir unterscheiden innerhalb der dritten Säule des Seins daher genau wie in der ersten und zweiten Säule vier Bereiche, die uns bei der Ausgestaltung unserer wöchentlichen Aufgaben behilflich sind.

1. Meditation

Die Wissenschaft hat in unzähligen Studien bewiesen, welche Vorteile die regelmäßige **Meditationspraxis** für uns Menschen hat. Mit Meditation ist der gewohnheitsmäßige Prozess gemeint, unseren Geist zu trainieren, um unsere Gedanken zu entschlüsseln, zu fokussieren und zu steuern. Die Popularität der Meditation nimmt zu, da immer mehr Menschen ihre zahlreichen gesundheitlichen Vorteile entdecken. Wir können meditieren, um das Bewusstsein für uns selbst und unsere Umgebung zu schärfen, sie ist eine höchstwirksame Methode, um Stress abzubauen und Konzentration zu entwickeln. Wir können Meditation auch nutzen, um Gefühle zu erzeugen, wie eine positive Stimmung und Einstellung, Selbstdisziplin, gesunde Schlafmuster und sogar eine erhöhte Schmerztoleranz. Es gibt viele verschiedene Arten der Meditation, jede mit unterschiedlichen Qualitäten und spezifischen Praktiken, die den Meditierenden in verschiedene Richtungen der Selbstentwicklung führen. Die Wahl einer Übung erfordert ein Verständnis der eigenen Ziele sowie der Wirkungsweise der verschiedenen Arten der Meditation.

Die wichtigste Technik ist sicherlich die **Achtsamkeitsmeditation**, die wir im bisherigen Verlauf bereits mehrfach behandelt haben. Doch Meditation ist nicht gleich Achtsamkeit, darüber hinaus gibt es eine Reihe weiterer Formen der Meditation, die wir hier jeweils nur kurz anreißen können. Es ist jedoch eine wunderbare Übung, die verschiedenen Meditationstechniken auszuprobieren und genau zu beobachten, welche am besten für uns funktioniert. Diese Übersicht dient daher lediglich als Inspiration, die uns bei der Erforschung der verschiedenen und zahlreichen Möglichkeiten behilflich sein kann. Es gibt hervorragende kostenlose Apps wie Insight Timer oder Plattformen wie Podcasts, YouTube oder Spotify, die eine Unmenge an Inspirationen für Meditationen liefern.

Nach der Achtsamkeitsmeditation ist **Metta, die Meditation der liebenden Güte,** für die Seele die zweitrelevanteste Technik. Die Liebende-Güte-Meditation dient dazu, Gefühle von Mitgefühl, Freundlichkeit und Akzeptanz gegenüber sich selbst und anderen zu stärken. Sie beinhaltet Techniken, unsere Seele zu öffnen, um Liebe von anderen empfangen zu können, und dann gute Wünsche an unsere Nächsten, Freunde, Bekannte und alle Lebewesen zu senden. Metta fördert Mitgefühl und Freundlichkeit und ist ideal für diejenigen, die Gefühle von Wut oder Groll in sich tragen.

Sogenannte **spirituelle Meditationen** werden in fast allen Religionen und spirituellen Traditionen verwendet und sind ebenso vielfältig. Spirituelle Meditation widmen sich der Entfaltung eines tiefen Verständnisses der spirituellen, meist religiösen Bedeutung und der Verbindung mit einer höheren Macht. Das naheliegendste Beispiel ist daher das **Gebet.** In allen großen Weltreligionen sind meditative Gebetstechniken verankert. So gehören sowohl das christliche kontemplative Gebet, der Sufi Dhikr (Erinnerung an Gott) als auch das fünfmal am Tag stattfindende muslimische Gebet oder jüdisch-kabbalistische Gebetspraktiken zu den Ausdrucksformen der spirituellen Meditation. Diese kann zu Hause oder an einem Ort der Anbetung praktiziert werden und ist besonders empfehlenswert für diejenigen, die nach spirituellem Wachstum und einer tieferen Verbindung zu einer spirituellen Kraft suchen.

Fokussierte Meditation bedeutet die Konzentration auf einen der fünf Sinne. Wir können uns beispielsweise auf einen inneren Vorgang konzentrieren wie unseren Atem, oder wir können die äußere Sinneswahrnehmung nutzen, um unsere Aufmerksamkeit zu fokussieren. Dazu gehören beispielsweise: Mala-Perlen zählen, visuelle oder akustische Sinneswahrnehmungen fokussieren, einem Gong lauschen, in eine Kerzenflamme blicken, Atemzüge zählen, in den Mond schauen ... Diese Praxis mag theoretisch einfach klingen, aber für Neulinge kann es zumindest anfangs schwierig sein, die Konzentration länger als ein paar Minuten aufrechtzuerhalten. Wenn deine Gedanken abschweifen, kehre zur Übung zurück und konzentriere dich neu. Es handelt sich hierbei um eine Unterform der Achtsamkeitsmeditation.

Obwohl die meisten Menschen an Yoga denken, wenn sie **Bewegungsmeditation** hören, kann diese Praxis in jeder sanften Bewegungsform ausgeübt werden, wie beispielsweise beim Gehen, Spülen, Wäsche aufhängen, Gartenarbeit, Tai-Chi oder Qigong. Es handelt sich um eine aktive Form der Meditation, bei der die Bewegung uns in eine tiefere Verbindung mit unserem Körper und dem gegenwärtigen Moment führt. Bewegungsmeditation ist gut für Menschen, die Ruhe in Bewegung finden und Körperbewusstsein entwickeln wollen.

Mantra-Meditation ist in vielen Lehren, einschließlich hinduistischer und buddhistischer Traditionen, von herausragender Bedeutung. Diese Art der Meditation verwendet einen sich wiederholenden Klang, um den Geist zu klären. Es kann eine Phrase, ein Ton oder ein Wort sein, so wie das bekannte »Om«. Das Mantra kann laut oder leise gesprochen werden. Nachdem wir das Mantra einige Zeit gesungen haben, werden wir wacher und kommen in Einklang mit unserer Umgebung. Dies ermöglicht es uns, tiefere Bewusstseinsebenen zu erreichen. Manche genießen die Mantra-Meditation, weil sie es einfacher finden, sich auf ein Wort zu konzentrieren als auf ihren Atem. Andere konzentrieren sich lieber auf die Vibration des Klangs in dem Körper, die das Mantra verursacht. Es ist eine gute Praxis für Menschen, die keine Stille mögen und Wiederholungen genießen.

Transzendentale Meditation (TM) ist eine Art der Meditation, die Gegenstand zahlreicher Studien in der wissenschaftlichen Gemeinschaft war. TM wurde von Maharishi Mahesh Yogi gegründet und ist eine Praxis, die darauf abzielt, den Geist zu beruhigen und einen Zustand der Ruhe und des Friedens herbeizuführen. Sie beinhaltet die Verwendung von Mantras und wird meist von zertifizierten TM-Guides geführt. Diese Praxis ist für diejenigen geeignet, die einen geführten Zugang zur Tiefe wünschen, die Meditation bietet.

Beim **Bodyscan** wird die Aufmerksamkeit auf Körperteile und Körperempfindungen in einer allmählichen Abfolge von den Füßen bis zum Kopf (oder andersherum) gerichtet. Wir scannen uns sozusagen mental, bringen unser Bewusstsein in jeden einzelnen Teil unseres Körpers und entdecken auf diese Weise Schmerzen, Anspannung oder allgemeines Unbehagen.

Visualisierungsmeditation ist eine Technik, die sich darauf konzentriert, Gefühle von Entspannung, Frieden und Ruhe zu verstärken, indem wir uns positive Szenen, Bilder oder Figuren vor unserem geistigen Auge vorstellen. Wir setzen alle fünf Sinne ein, um der Szene so viele Details wie möglich hinzuzufügen. Es kann bedeuten, eine geliebte oder geehrte Figur zu visualisieren, mit der Absicht, ihre Qualitäten zu verkörpern. Eine andere Form der Visualisierungsmeditation besteht darin, sich vorzustellen, wie wir bestimmte Ziele erreichen, was Fokus und Motivation steigert. Wir nutzen diese Technik, um unsere Stimmung zu verbessern, Stress abzubauen und inneren Frieden zu fördern.

2. Verbalisieren (Gefühle aussprechen, beschreiben, aufschreiben)

Wie bereits erläutert, werden unsere Gefühle stark von unserem Denken beeinflusst. Besorgte Gedanken lösen ängstliche Gefühle aus, und diese können wiederum unsere Sorgen verstärken. So kann sich ein Teufelskreis entwickeln. Wir können uns aber zum Glück selbst helfen, uns unseren Gefühlen zu stellen, indem wir sie verbalisieren, besonders die negativen Gefühle. Das ist in Schriftform möglich, zum Beispiel als Teil einer morgendlichen **Journaling-Praxis**, oder im **Gespräch** mit Therapeut*innen, Kolleg*innen, Freund*innen, Verwandten oder unseren Partner*innen. In dem Augenblick, in dem wir über unsere Ängste, Stress, Traurigkeit et cetera schreiben oder sprechen, nehmen wir ihm die Bedrohung, die uns oft am meisten zu schaffen macht. Wir können aus dem Gedankenkarussell aussteigen.

3. Kreativer Selbstausdruck (Gestalten)

Manchmal ist es gar nicht so leicht, Klarheit in unseren Gedanken zu finden, wenn wir nur Worte verwenden. Daher kann uns die kreative Arbeit helfen, unsere inneren Erfahrungen und Gefühle zu kommunizieren – auch wenn uns dafür manchmal die richtigen Worte fehlen. Wir nutzen **Kreativität**, um unsere innere Welt nach außen zu kommunizieren. Die Ausdrucksform, die wir wählen, ist dabei zweitrangig. Wir können singen, tanzen, musizieren, malen, töpfern, kochen oder backen. Auf diese Weise können wir auf unbewusste Daten zugreifen und aus ihnen etwas Neues erschaffen, das uns in der Retrospektive häufig ein viel authentischeres Bild unseres Seelenlebens ermöglicht, als Worte es gekonnt hätten. Durch den Einsatz eines kreativen Selbstausdruckes können wir den Intellekt und die damit einhergehenden Filter umgehen und unseren echten Kern entblättern.

4. Positive Verstärkung (Visualisieren, Programmieren)

Ein Mythos, mit dem wir an dieser Stelle leider aufräumen müssen, ist, dass wir allein durch Lächeln wieder gute Laune bekommen. Nach jahrelangen Selbsttests (und natürlich laut wissenschaftlicher Forschung, siehe Literaturliste) ist klar: Eher das Gegenteil ist der Fall, beziehungsweise die Effekte sind so minimal, dass wir diese Technik nicht in unser Sieben-Säulen-Instrumentarium aufnehmen möchten. Vielmehr ist ein anderer, dahinterliegender Aspekt zentral: Die mentale Entsprechung des Lächelns: **positive Fokussierung**. Um also mit unserer Transformation erfolgreich zu sein, ist es ungemein wichtig und effektiv, bei der Veränderung unseres Verhaltens in der Positivität zu bleiben. Diese Haltung drückt sich in der Weise aus, wie wir unsere gewünschte Veränderung konkret bezeichnen. Statt zum Beispiel an »Verzicht« zu denken, sollten wir uns innerlich auf »Gewinn« einlassen. Denn egal, was wir beenden, wir fangen gleichzeitig etwas Neues an. Der Fokus auf diesen Gewinn hilft uns, körperliche oder geistige Barrieren zu überwinden.

Zum Abschluss des Gefühls-Kapitels auch hier eine Meditation.

Meditation: Gefühle verabschieden

Mach es dir gemütlich auf deinem Platz und entspanne bewusst deinen Körper. Hole tief Luft und lass die Entspannung so in deine Sinne gelangen. Atme tief durch den Mund aus und lass die restliche Anspannung auf diese Weise raus. Mach das ein paarmal und entspanne deinen Atem, überlasse ihn seinem natürlichen Rhythmus.

Dein Körper ist still und schwer, nichts bewegt sich. Du spürst, wie der Atem von ganz allein in dich hineinströmt, deinen Brustkorb und Bauch anhebt und sich dann ganz langsam wieder zurückzieht.

Erfasse die Stille in dir. Gib ihr Raum. Lass sie alles andere übertönen.

Wir alle haben über all die Jahre viele Erfahrungen gemacht und diese Erfahrungen prägen unseren Charakter. Wir alle haben Trauer erlebt, Rückschläge, Verletzungen und Enttäuschungen. Diese Dinge haben über die Zeit eine Burg in uns errichtet, in der wir Zweifel, Misstrauen und Furcht sorgsam nähren und schützen. Aus dieser Burg heraus bestimmen diese Burgbewohner unsere Realität und unser Leben mit ihren ständigen Einwürfen, Kommentaren und Ratschlägen. Sie bewerten alles, was uns passiert, und erzeugen damit unsere Gefühle, ohne dass wir es merken. Und doch beschützen wir sie, weil sie hilfreich waren. Sie haben uns geholfen, mit negativen Erlebnissen in unserem Leben zurechtzukommen. Doch brauchen wir sie noch?

Bedanke dich bei der Trauer, dafür, dass sie dich gelehrt hat, den Verlust zu akzeptieren, und verabschiede dich von ihr.

Bedanke dich bei der Wut, dafür, dass sie dir die Energie gab, Dinge zu verändern, und verabschiede dich von ihr.

Bedanke dich bei der Einsamkeit, dafür, dass sie immer für dich da war, wenn es sonst niemanden gab, und verabschiede dich von ihr.

Bedanke dich bei den Zweifeln, dafür, dass sie dich vor Verletzungen beschützt haben, und verabschiede dich von ihnen.

Spüre in dein Herz hinein. Wie es für dich schlägt, ein ums andere Mal, seit du geboren wurdest, bis zu diesem Moment und darüber hinaus. Alles, was du zum Überleben brauchst, steckt in dir. So wie du bist, bist du richtig. Alles, was du zum Lieben brauchst, steckt in dir. Die Kraft, dich zu entwickeln. Der Mut, deine Komfortzone zu verlassen. Die innere Stabilität, die dir Halt gibt.

Komm vorsichtig und bewusst zurück zu deinem Atem, bevor du dich langsam löst und deinen Körper sanft in Bewegung setzt, bis du voll und ganz wieder im Hier und Jetzt angekommen bist.

Bedanke dich bei dir selbst für die Zeit, die du in diese innere Kraft investiert hast.

Ebene 3: Der äußere Kreis – die Selbstwirksamkeit

Die zweite Ebene führte uns von der Entdeckung unseres authentischen Kerns hinein in die Arbeit mit unseren ersten drei Säulen, in jene Bereiche unseres Lebens, für die nur wir selbst verantwortlich sind. Nach dieser zweiten Ebene, den ersten Monaten in der Entwicklung der ersten drei Säulen des Seins, folgt eine Phase der Reflexion, in der wir ausloten, wie wir uns mit dem Prozess, dem Fortschritt und den Erfahrungen fühlen. Wir ermitteln, welche Mechanismen gut für uns funktionieren, welche Veränderung sich in unserem Selbstbewusstsein, in unserer Selbstwahrnehmung bemerkbar macht. Diese kleinen Veränderungen scheinen im Alltag nur sehr selten durch, doch wir erkennen sie gut, wenn wir eine kleine Pause machen und einen Blick zurückwerfen auf diese letzten Wochen. Die genaue Vorgehensweise und die für diese Reflexion notwendigen Feinheiten werden im letzten Teil dieses Buches beschrieben. In der dritten Ebene des zweiten Teils erweitern wir das Spektrum der Entfaltung unseres echten Selbst um die drei Säulen des Seins, die uns mit der Welt verbinden. Dazu gehören die vierte Säule des Seins, Beziehungen, die fünfte Säule, das Geld, und die sechste Säule, unsere Mission.

Herzlich willkommen zu den zweiten drei Säulen des Seins. Wir beginnen mit den Beziehungen. Im Folgenden eine kurze Einführung in die Theorie und Wissenschaft unseres Bedürfnisses nach sozialen Bindungen, bevor wir die Möglichkeiten der praktischen Arbeit an und mit unseren Beziehungen erläutern.

Säule 4: Die Beziehungen – unsere Energiequelle

Über die Weise, wie wir unserem Körper, unserem Geist und unserer Seele begegnen, entscheiden nur wir selbst. Im Gegensatz zu diesen Säulen liegt die Arbeit in den folgenden drei Säulen nicht mehr ausschließlich in unserer Kontrolle. Beziehungen verbinden uns mit anderen Menschen. Daher ist es elementar, uns zunächst die Zeit zu nehmen, in den ersten drei Säulen die Verbindung zu uns selbst zu stabilisieren: Nur mit einem stabilen Fundament finden wir Antworten auf die Fragen, die wir im Außen suchen. Fragen wie: Wann/Wie/Wo finde ich endlich die/den Partner*in meines Lebens? Ist meine Beziehung noch zu retten? Wer steht wirklich bedingungslos zu mir? An wen verschwende ich meine Zeit, weil ich Energie verliere? Wie kann ich eine bessere Mutter, Schwester oder Freundin oder ein besserer Vater, Bruder oder Freund werden?

Den inneren Kreis schließen

Wie oft haben wir angenommen, dass unsere innere Leere oder Traurigkeit damit zusammenhängt, dass uns in dieser Säule etwas fehlt? Irgendwann verstehen wir, dass wir zuerst diesen inneren Kreis schließen müssen, bevor wir im Außen, in der Verbindung mit anderen Menschen, nicht mehr diesen Mangel spüren. Es funktioniert nie, innere Leere oder Traurigkeit durch andere Menschen zu füllen oder zu überwinden. Das können wir nur selbst schaffen. Erst wenn wir stabil sind, erlangen wir die innere Ruhe und Ausstrahlung, die wir brauchen, um für andere das zu sein, was wir wirklich gerne sein möchten.

Soziale Bindungen sind die Energiequelle, aus der wir schöpfen. Häufig sind uns jedoch andere Dinge wichtiger, als Zeit mit den Menschen zu verbringen, für die wir da sein wollen. Job, Sport, Konsum, alles kostet Zeit, und nicht selten fehlt sie uns dann für jene, die uns doch eigentlich am wichtigsten sind. Dass wir Menschen soziale Wesen sind, ist kein Geheimnis. Das liegt in unserer Natur und wir können unser Leben nicht ohne den Austausch und die Verbindung mit anderen Menschen gestalten, wenn wir Erfüllung erreichen wollen. Die Psychologie stellt fest, dass Menschen ein starkes angeborenes Bedürfnis haben, stabile zwischenmenschliche Beziehungen aufzubauen und aufrechtzuerhalten. Soziale Verbindungen machen uns glücklich, und Beziehungen, die wirklich erfüllend sind, erhalten unsere Gesundheit und verlängern unser Leben. Wenn Beziehungen positiv sind, fühlen wir Glück, Zufriedenheit und Ruhe. Beziehungen bringen jedoch auch dunkle Seiten in uns hervor, und das ist okay. Wenn wir keine Beziehung haben, fühlen wir uns meist einsam, leer und ab und zu sogar depressiv. Das gilt nicht nur für unsere romantischen Beziehungen, sondern auch für Freundschaften oder soziale Kontakte wie bei der Arbeit. Deswegen stellten zwei Jahre pandemisches Homeoffice für viele von uns auch eine richtig große seelische Herausforderung dar. Menschen um uns und in unserem Leben zu haben, hat einen starken Einfluss auf unser Gefühl der Erfüllung, besonders wenn wir mit diesen Menschen Intimität, Vertrauen, Humor, Werte und Liebe teilen.

Was sind Beziehungen?

Heutzutage wird das Wort »Beziehung« so oft verwendet, man möchte meinen, es gäbe eine universelle Definition dafür. Die Wahrheit ist: Es gibt wohl kaum zwei Menschen, die das gleiche Verständnis von Beziehungen haben. Im Folgenden der Versuch einer kleinen Übersicht, die uns helfen soll, über dieselben Dinge zu sprechen: Eine Beziehung ist eine Verbindung zwischen Menschen. Sie kann intim, platonisch, positiv oder negativ sein. Wenn Leute behaupten, »in einer Beziehung zu sein«, ist im Allgemeinen eine bestimmte Art von romantischer Beziehung gemeint, die sowohl emotionale als auch körperliche Intimität, ein gewisses Maß an anhaltender Bindung und meist Monogamie beinhaltet. Allerdings können romantische Beziehungen viele verschiedene Formen annehmen, von der Ehe über zwanglose Verabredungen bis hin zur ethischen Polygamie.

Diese romantischen Verbindungen eingeschlossen, unterscheiden wir vier grundlegende Arten von Beziehungen: familiäre Beziehungen, Freundschaften, Bekanntschaften und Liebesbeziehungen. Andere differenziertere Arten von Beziehungen können Arbeitsbeziehungen, Lehrende-Schüler*innen-Beziehungen und Gemeinschafts- oder Gruppenbeziehungen umfassen. Einige dieser Beziehungsarten können sich überschneiden – zum Beispiel können zwei Personen sowohl Arbeitskolleg*innen als auch enge Freunde sein. Es gibt viele Variationen innerhalb jeder Kategorie, wie co-abhängige Freundschaften, geschlechtslose Ehen oder toxische Familienmitglieder. Für manche Menschen sind Tiere wichtige soziale Verbindungen. Jeder, der ein Haustier hat, weiß, dass viele grundsätzliche Faktoren, die zur Pflege einer Beziehung gehören, auch auf die Verbindung zu einem Haustier angewendet werden können. Genauso wie wir Menschen benötigt jedes Haustier jenseits der physiologischen Grundbedürfnisse Zuwendung, Anerkennung, Wärme und Achtsamkeit. Die Loyalität, Hingabe und Freude, die wir zurückbekommen, ist nicht selten für uns ein Anker, der uns ein wenig von dem gibt, was wir im sozialen Kontakt suchen. Menschen, die ein Haustier in der Familie haben, können den intensiven Austausch mit einem Haustier als tägliche Beziehungsarbeit verstehen und in dem Praxisprogramm anwenden.

Soziale Beziehungen als Indikator für ein glückliches Leben

Eine Harvard-Studie über die Entwicklung Erwachsener gilt als die umfangreichste Studie ihrer Art: Sie begann 1938 und verfolgte das

Leben von 724 Männern über 75 Jahre lang. Ihr Fazit ist, dass gute Beziehungen die Schlüsselfaktoren sind, die am wichtigsten für lang anhaltendes Glück sind: »Die Lehre aus Zehntausenden von Seiten dieser Forschung war, dass gute Beziehungen uns glücklicher und gesünder machen«, sagt Dr. Robert Waldinger, Psychiater und Direktor der Harvard Study of Adult Development. Dutzende weiterer Studien haben gezeigt, dass Menschen mit befriedigenden Beziehungen glücklicher sind, weniger gesundheitliche Probleme haben und länger leben. »Menschen, denen es chronisch an sozialen Kontakten mangelt, leiden häufiger unter erhöhtem Stress und Entzündungen. Diese wiederum können das Wohlbefinden fast aller Körpersysteme beeinträchtigen, einschließlich des Gehirns«, schreibt Jane E. Brody von der *New York Times*. Wir alle versuchen, uns besser und glücklich zu fühlen, egal, in welcher Stimmung wir sind. Das ist ein wichtiger Treiber in unserem Leben. Um die besten sozialen Verbindungen zu finden, durchlaufen unsere Interaktionen einen Kreislauf, bestimmte Emotionen führen uns zu bestimmten Arten von Menschen, die uns entweder glücklich machen – oder das Schlimmste in uns hervorbringen.

Reflexion zum Geburtstag

Mark Adams ist ein sehr umtriebiger Medienmanager. Er arbeitet als Senior Vice President bei dem internationalen Medienunternehmen VICE. Dort hat Mark in führender Rolle ein bescheidenes Printmagazin in ein Sechs-Milliarden-Dollar-Imperium verwandelt und somit das größte »Young Media Imperium« der Welt mit erschaffen. Er hat mit Virtue eine preisgekrönte Kreativagentur unter dem VICE-Dach gegründet, mit VICE News die am häufigsten ausgezeichnete Nachrichtenorganisation im Jahr 2018 (unter anderem mit vier Emmys) aufgebaut. Mit VICE Records hat er eine neue Label-Heimat für Künstler wie Justice und The Streets hochgezogen und, als wäre das noch nicht genug, mit VICE Studios ein internationales Filmproduktionsunternehmen zum Erfolg geführt. Und das alles hat er geschafft, bevor er 40 wurde. An seinem 39. Geburtstag postete er folgenden Text auf seinem LinkedIn-Account:

»Heute ist mein Geburtstag und ich habe mir mein Budget angeschaut.
Ich gehe mal davon aus, dass ich, bis ich 90 Jahre alt bin, leben werde.
Dann habe ich jetzt 35 Prozent meines Lebenszeit-Budgets aufgebraucht.
Meine Eltern haben bereits 78 Prozent aufgebraucht.
Aber im Hinblick auf unsere gemeinsame Lebenszeit haben wir bereits 94 Prozent ausgegeben.

Während meiner ersten 18 Jahre sah ich sie jeden Tag.
Heute ist unser Budget drastisch gekürzt.
Wir sehen uns etwa zwölf Tage im Jahr.
Es sind nur noch sechs Prozent unseres Budgets für gemeinsame Zeit vorhanden.
Bei Freunden, Geschwistern, Cousins und Cousinen ist es auch nicht viel mehr als das.

Also ist mein Geburtstagswunsch an euch:
Wen auch immer du liebst: Zeigt es ihnen.
Stellt sie an die oberste Stelle eures Budgets.
Gib alles, was du kannst, dafür aus.
Dann klau dir extra Zeitbudget aus anderen Bereichen und gib noch ein bisschen mehr aus mit ihnen.«

Ich habe Mark Adams angeschrieben und ihn gefragt, ob ich sein Zitat nutzen dürfe, was er mir netterweise sofort zugesagt hat. Außerdem verwies er auf zwei Artikel von Tim Urban, der mir bis dahin noch nicht bekannt war. Einige seiner Artikel beschäftigen sich mit dem Konzept von Zeit, das Mark Adams wiederum im Sinne seiner eigenen Beziehungen übersetzt hat, wie wir oben lesen durften. Links zu den beiden Artikel findest du im Anhang.

Infos vom Experten: Modedesigner Inan Batman über Beziehungen

Inan Batman ist einer der aufstrebenden Modedesigner in Deutschland, arbeitet als DJ mit Größen in der Liga Jay-Z und Beyoncé zusammen, hat jüngst seine erste Single veröffentlicht und betreibt darüber hinaus noch diverse Mode- und Beratungsunternehmen. In meinem Gespräch mit Inan, das ich für dieses Buch mit ihm führen durfte, ging es um viele Themen der Erfüllung, unter anderem um das Thema Beziehungen. Hier ein kleiner Auszug aus diesem Teil des Interviews. Das gesamte Gespräch wurde aufgenommen und ist für euch als Podcast verfügbar. Schaut wie immer in den Anhang und zum Link.

Von Crew-Love und natürlicher Selektion

Warum ist es für dich so wichtig, dass du mit den Leuten, mit denen du zusammenarbeitest, eine persönliche Ebene hast? Und steht dir das nicht manchmal im Weg?

Inan Batman: Ich wollte immer diese Ideologie leben, die ich aus den USA und der Hip-Hop-Welt kannte und Crew-Love genannt wurde. Ich habe gedacht, nur so kann man erfolgreich sein. Dazu gehörte es, Familie und Freunde zu integrieren, jene Menschen, die dich am besten kennen, denen du blind vertrauen kannst, wenn du mal Wochen unterwegs bist, die das Business weiterführen. Aber heute sehe ich das anders. Ich denke heute, dass es manchmal sogar besser ist, wenn man das eigene berufliche Ding nicht mit Menschen macht, mit denen man so eng verbunden ist. Business und Freundschaft enthalten jeweils verschiedene Anforderungen. Es wird einem manchmal auch zum Verhängnis, weil du den Freunden, mit denen du dann auch zusammenarbeitest, nicht sagen kannst, was du über ihre Arbeit denkst, wenn du nach der Arbeit mit ihnen noch ein Bier trinken willst und dann nicht für die schlechte Laune verantwortlich sein möchtest. Also musst du dir fünfmal überlegen, wie du es sagst, damit dir ja keiner schlecht draufkommt. Ich bin froh darüber, dass mein Team immer kleiner wird. Weil enge Freunde und langjährige Bekannte langsam aus diesem Modell ausscheiden und man sich auf die konzentrieren kann, um die es im Geschäft geht, ohne persönliche Befindlichkeiten.

Verschwinden Leute, wenn sie aus diesem engsten Kreis deiner Geschäftspartner ausscheiden, dann auch als Freunde?

IB: Bis jetzt immer.

Spürst du das als Verlust oder glaubst du, dass das eine Art natürliche Selektion ist?

IB: Ich stelle mir das alles wie so einen universellen Kreislauf vor. Manchmal kommen unerwartet Menschen in dein Leben rein und andere Leute wiederum scheiden aus. Mir ist es schon mehrfach passiert, dass einer gekommen ist, den anderen mitgenommen hat, am Ende ich mit beiden nichts mehr zu tun hatte und ich mir dachte:»Ja, das zu erkennen ist crazy. Das ist bis heute immer so gewesen. Also schon eher eine natürliche Selektion.«

> Aber für mich gibt es keinen Verlust, sondern nur Gewinn, auch wenn es manchmal nicht leicht ist, die emotionale Bindung mit manchen Menschen, die über Jahre entstanden ist, zu überwinden.

Erfüllung ist ein Ergebnis guter Beziehungen

Die wichtigste Erkenntnis für uns ist die einfache Formel: Wenn wir ein erfülltes Leben suchen, dann finden wir es nur mit den richtigen Menschen an unserer Seite. Nicht Glück als Lebensziel bringt uns dorthin, sondern die Qualität unserer Beziehungen. Daher sollten wir uns auf vier Faktoren konzentrieren:

1. Welche Menschen wollen wir in unserem Leben haben und warum?
2. Was heißt »in unserem Leben haben« genau und wie können wir das beeinflussen?
3. Was geben uns diese Menschen und was geben wir diesen Menschen?
4. Was können wir tun, um die Qualität unserer Beziehungen zu verbessern?

Oft ist uns nicht klar, welche Menschen wir wirklich in unserem Leben haben wollen oder nicht. Die Menschen, mit denen wir verwandt oder zusammen sind, zusammenleben oder zusammenarbeiten, sind da und wir können all diese Menschen ja wohl kaum von heute auf morgen aus unserem Leben schmeißen oder uns neue Freunde kaufen. Natürlich ist das alles richtig, doch wir sollten uns darüber klar werden, dass wir nur ein begrenztes Budget an Zeit haben, mit dem wir soziale Bindungen ausgestalten. Diese Sichtweise hilft uns zu erkennen: Es ist unsere Lebenszeit, um die es geht. Wir können uns unsere Familie nicht aussuchen. Aber falls wir zu dem Schluss kommen, dass manche familiären Beziehungen uns eher behindern, unsere Erfüllung zu erleben, dann haben wir meist die Möglichkeit zu entscheiden, ob wir mit diesen Famlienmitgliedern zusammenleben oder wie viel Zeit wir mit ihnen verbringen wollen. Bevor wir bei solch grundlegenden Entscheidungen zu rasche Bewertungen vornehmen, sollten wir uns aber unbedingt Zeit für Reflexion nehmen. Andersherum sollten wir uns darüber im Klaren sein, wie wichtig es ist, bewusst eine Lebensumgebung zu schaffen, in der die Beziehungen, die wirklich bedeutend für uns sind, ihren Platz finden, sowohl metaphorisch als auch real, im echten Leben, in der echten Zeit.

Die Wissenschaft zur Auswahl der richtigen Menschen in unserem Leben

Vielleicht kennst du dieses Zitat von dem Unternehmer und dem Urvater der »Motivationsrede« Jim Rohn: »Du bist der Durchschnitt jener fünf Menschen, mit denen du die meiste Zeit verbringst.« Die Menschen, mit denen wir die meiste Zeit verbringen, formen, wer wir sind. Sie bestimmen, welche Gespräche unsere Aufmerksamkeit dominieren. Ihren Einstellungen und Verhaltensweisen sind wir regelmäßig ausgesetzt. Irgendwann fangen wir an, so zu denken, wie sie denken, und uns so zu verhalten, wie sie sich verhalten. Das muss nicht immer so sein. In manchen Fällen umgeben wir uns mit Menschen, die eigentlich überhaupt nicht so sind wie wir, und erfreuen uns der Kontraste. Doch in der Regel trifft diese Beobachtung der Anpassung an unser soziales Umfeld zu. Diese Meinung vertritt auch die Wissenschaft: Laut Untersuchungen des Sozialpsychologen Dr. David McClelland der Harvard Universität bestimmen die Menschen, mit denen wir gewöhnlich Umgang haben, bis zu 95 Prozent unseres Erfolgs oder Misserfolgs im Leben. Das ist enorm und bringt einige wichtige Überlegungen mit sich: Die Idee eines erfüllten Lebens kann größer sein als die Umgebung, in der wir uns befinden. Manchmal müssen wir diese Umgebung verlassen, um unsere Idee erfüllen zu können.

Zusammen zur Erfüllung

Wir alle könnten gesünder, zufriedener und erfüllter leben, wenn wir uns Mühe geben, die Beziehungen in unserem Leben zu kultivieren. Und ich meine »kultivieren« und nicht »austauschen«, »ersetzen« oder »wegwerfen«. Denn natürlich hat jede Beziehung ihre hellen und dunklen Seiten, jede Freundschaft ist nicht nur Rosenduft und Flieder, sondern kann auch anstrengend und kräftezehrend sein. Manchmal muss man für die anderen da sein, ohne dass es direkt etwas zurückgibt. Freundschaft bedeutet nicht, zu gehen, wenn der andere durch eine schwere Phase geht – sondern ein positives Vorbild zu sein, das motiviert und einfach nur da ist. Sonst wären wir alle hoffnungslose Opportunisten, auf die man sich nicht verlassen möchte. Das ist keineswegs der Weg zu einem erfüllten Leben, den ich euch mitgeben möchte.

Dennoch gibt es eine feine Linie: Wenn Menschen uns auf Dauer sowohl in unseren Köpfen als auch in unseren Herzen Energie stehlen und wir zu wenig oder sogar gar nichts zurückbekommen, wenn sie uns immer wieder zurückhalten und im Weg stehen, dann ist es Zeit für eine Entscheidung: Wollen wir ein erfülltes Leben führen oder in überbordender Loyalität, aus Angst davor, jemanden zu verletzen, dauerhaft dieser Erfüllung entbehren? Hierbei spielt es keine Rolle, ob es sich bei diesen Menschen um Familienmitglieder, Freunde, Bekannte, die Chef*in oder die Partner*in handelt. Wenn wir merken, dass eine Verbindung einen kräftezehrenden Charakter hat, dann lohnt es sich, genauer hinzuschauen. Genauso wie wir selbst nicht perfekt und immer positiv sind, wäre es vermessen, das von unserem Umfeld zu erwarten. Jedoch ist es ratsam, sich die Zeit zu nehmen, bewusst und absichtlich, die

Menschen auszuwählen, mit denen wir unsere wertvolle und begrenzte Zeit verbringen – denn es wird unser Gefühl der Erfüllung im Leben in hohem Maße beeinflussen.

Tipps für die Pflege, Entwicklung und Stärkung von Beziehungen

Eine lohnende und sehr beziehungsfördernde Sache ist es, ein **gemeinsames Projekt** zu starten. Die Fragestellung ist: Welche Idee können wir jenseits der etablierten Themen, die uns verbinden, gemeinsam realisieren und jeden Tag zusammen bearbeiten? Dieser Impuls kreiert neue neuronale Verbindungen zwischen uns und aktiviert zusätzliche Komponenten unserer Persönlichkeit, die wir zugunsten eines gemeinsamen Projektergebnisses entfalten können. Hier können alle möglichen Ideen zur Geltung kommen: vom gemeinsamen täglichen Guerilla-Gardening-Streifzug bis zum Möbelbau, von der gemeinsamen Urlaubsrecherche bis zum Businessplan für ein Start-up. Was auch immer es ist: Treffen wir uns, besprechen wir einen Plan für sieben Tage, in dem wir jeden Tag eine kleine Aufgabe vollziehen, und tauschen wir uns jeden Abend kurz per Telefon, Treffen, WhatsApp oder Ähnlichem dazu aus.

Besonders für Beziehungen, in der räumliche Entfernung eine Herausforderung darstellt, zum Beispiel weil Freunde in verschiedenen Städten auf der Welt leben oder man eine Fernbeziehung führt, ist ein **kollaboratives Tagebuch** unglaublich wertvoll. Wir schreiben für uns – aber auch an die andere Person – sind dabei intim und ehrlich, aber auch lustig und frei. Wir reflektieren über unser Leben und teilen auf diese Weise eine Perspektive, die wir in einem täglichen Telefonat, in dem es häufig nur um den Alltag geht, selten vertiefen. Softwareprogramme wie Google Sheets oder Evernote eignen sich dafür genauso wie gemeinsame Blog-

Accounts, private Social-Media-Kanäle oder dergleichen. Nutzen wir das Netz mit all seinen Möglichkeiten.

Um neue Wege zu finden, unsere Liebe und Wertschätzung für die andere Person auszudrücken, entdecken wir jeden Tag etwas Neues, ganz so, als wäre es ein Adventskalender, nur dass es nicht jeden Tag Schokolade gibt, sondern **Interesse**. Finde jeden Tag eine neue Facette über die Person heraus und dokumentiere dies über einen Zeitraum von sieben Tagen. Und nach dieser Woche triffst du dich mit ihr und stellst ihr deine Beobachtungen vor.

Der Psychologe Dr. Wyatt Fisher sagt: »Ein wesentlicher Bestandteil einer starken Beziehung ist es, **Spaß** mit der Person zu haben.« Beziehungen werden durch bedeutsame Erfahrungen und unvergessliche Erinnerungen gestärkt. Bemühe dich, deine Beziehung zu erfrischen, indem du dich mit deinem Gegenüber auf neue Abenteuer einlässt: Lest euch schlechte Witze aus dem Netz vor, geht zusammen ins Kino, meldet euch für einen Töpferkurs an oder plant einen lustigen Ausflug. Nun kann man natürlich nicht jeden Tag eine Überraschungsreise antreten, aber überlege dir doch für sieben Tage jeweils ein kleines gemeinsames Erlebnis, das du für diese Beziehung organisierst. Das kann ein gemeinsamer Kaffee am Nachmittag, ein ungewöhnlicher Spaziergang mit dem Hund oder der gemeinsame Heimweg sein, bei dem ihr »Ich sehe was, was du nicht siehst« spielt. Und schenke der Person dabei deine ungeteilte Aufmerksamkeit.

Einer der bewährtesten Wege miteinander Zeit zu verbringen und dabei die Beziehung zu vertiefen, ist jeden Tag gemeinsam **Sport** zu machen und auf diese Weise die Säulen eins und vier zu verbinden. Achtet dabei darauf, dass es eine Sportart oder Aktivität ist, die sich täglich durchziehen lässt, und darauf, dass ihr euch eurem Fitnessstand entsprechende Ziele setzt und Verletzungen vermeidet.

Wir beenden auch dieses Kapitel mit einer Meditation.

Meditation: Das goldene Band

Mach es dir auf deinem Platz so richtig gemütlich.

Setz dich aufrecht hin und atme ein paarmal tief durch.

Schließe deine Augen und fülle deinen ganzen Körper mit Luft, atme ruhig und gelassen in jede Ecke deines Körpers, überallhin.

Atme in deine Füße, deine Beine, deine Hüften.

Atme in deinen Rücken, deine Wirbelsäule, deine Schultern.

Atme in dein Gesicht. Löse Kiefer, Zunge, Lippen und entspanne dein gesamtes Gesicht. Schließe auch innerlich deine Augen. Blicke hinein in die Dunkelheit und atme in sie hinein.

Stell dir vor, du bist mit einer anderen Person in einem Raum.

Erkenne die Person vor dir.

Sie schaut dich gelassen und entspannt an. Ein Lächeln umspielt ihren Mund. Sie ist ruhig, so wie du.

Du erkennst eine Aura um diese Person herum, die weich leuchtet.

Du machst nichts mit deinem Gegenüber und dein Gegenüber macht nichts mit dir.

Lasse dich und deinen Körper in Ruhe.

Erwarte nichts, verlange nichts und kehre immer wieder zu deiner Atmung zurück.

Wenn dir dieses In-Ruhe-Lassen nicht gelingen mag, dann ist das in Ordnung.

Sich und sein Gegenüber vollkommen in Ruhe zu lassen, kann eine Kunst und eine Befreiung sein.

Was in Gedanken mehr und mehr entwickelt wird, kann in der Realität eine neue Perspektive auf deine Beziehungen schaffen.

Lächle die Person an.

Lächle aus tiefstem Herzen und drücke aus, wie wichtig die Person für dich in deinem Leben ist.

Spüre die Liebe, die euch verbindet. Es gibt keine Erwartung, keine Enttäuschung, kein Verlangen, nichts, außer der Liebe, die euch wie ein goldenes Band miteinander verbindet. Dieses Gefühl, das euch verbindet, ist pur und rein.

Es ist die Essenz dessen, was euch zusammenhält.

Ehre diese Essenz mit ein paar tiefen Atemzügen.

Komme langsam wieder zurück in die Gegenwart und fühle, wie das goldene Band immer noch in dir verbunden ist.

Nimm es mit in deinen Tag und halte es gut fest, denn es verbindet dich mit dir selbst.

Säule 5: Das Geld – unser materielles Wertesystem

Wir beginnen wieder mit einer Übersicht zur theoretischen Bedeutung und Funktion von Geld als Konzept eines Wertesystems in unserer Welt. Danach erläutern wir zentrale gesellschaftliche und psychologische Phänomene, die durch Geld hervorgerufen werden, bevor wir das Praxisprogramm vorstellen, mit dem wir unseren Umgang mit Geld und materiellem Besitz weiterentwickeln können.

Was ist Geld?

Geld ist im Grunde nichts weiter als ein theoretisches Konzept, auf das sich die Menschen als Tauschmittel verständigt haben, ein Medium, mit dem sich Werte ausdrücken lassen. Es wird von Person zu Person und von Land zu Land weitergereicht und erleichtert den Handel. Geld ist das wichtigste Maß für materiellen Reichtum in unserer Welt. Genau genommen existiert Geld eigentlich gar nicht, denn sein Wert ist im Wesentlichen imaginär. Ein 500-Euro-Schein kostet beispielsweise in der Herstellung gerade einmal

16 Cent. Sein einziger Wert besteht in dem, was wir ihm als Gesellschaft zuschreiben. Und leider neigen wir dazu, ihm viel mehr zuzuschreiben, als er eigentlich wert ist.

Geld schafft Zugang

Geld ist nur deshalb wertvoll, weil es uns Zugang zu Dingen wie Lebensmitteln oder Kleidung verschafft; Dinge, die wir brauchen oder wollen oder um etwas zu erleben, zu verreisen oder etwas zurückzugeben. Wenn wir Zugang zu allem hätten, was wir brauchen oder wollen, hätten wir keine Verwendung für Geld. Und doch streben die meisten von uns nach Geld als Auszeichnung, als Status-Indikator, welcher den relativen Vergleich mit anderen Menschen ermöglicht. Sobald wir das Überleben gesichert haben, scheint uns als Nächstes vor allem wichtig zu sein, besser oder »reicher« zu sein, als die Menschen um uns herum.

Leider verdient die große Mehrheit der Weltbevölkerung nicht genug Geld, um ihre grundlegendsten Bedürfnisse zu befriedigen. Dagegen gingen über 80 Prozent des im Jahr 2021 geschaffenen Vermögens an jenes eine Prozent aller Menschen, die bereits am meisten davon besitzen. Eine Frage stellt sich also in unserem scheinbar unstillbaren Verlangen nach Geld: Welchen wirklichen Wert – abgesehen von einem künstlich erzeugten – könnte dieses Geld sonst für uns Menschen haben? Es überrascht kaum, dass Personen mit niedrigem Einkommen dazu neigen, diejenigen zu beurteilen und zu stereotypisieren, die reicher sind als sie selbst. Sie beurteilen die Reichen oft als »kalt«. Wenige haben kein Geld, weil sie es verteufeln, aber viele verteufeln es, weil sie es nicht haben.

Erschreckend ist: Die reichsten Menschen der Welt sind während der Covid-19-Krise noch viel reicher geworden. Laut dem jährlichen World Inequality Report des World Inequality Lab (Link siehe Anhang) erlebten Milliardäre im Jahr 2021 den steilsten Anstieg ihres Vermögens seit Beginn der Aufzeichnungen. Die obersten 0,01 Prozent der weltweit reichsten Personen, das sind rund 520 000 Menschen, besitzen heute elf Prozent des Vermögens der Welt. Inzwischen ist der Anteil an Milliardären am weltweiten Vermögen von einem Prozent im Jahr 1995 auf drei Prozent im Jahr 2021 gestiegen.

Die Suche nach dem Besonderen (Sinn)

Es liegt in unserer Natur, den Wert unseres Lebens, unseren Fortschritt, unsere Entwicklung messbar zu machen. Wir wissen, dass unser Leben kurz ist, und haben den Glauben an eine höhere Macht, die alles mit Bedeutung zu versehen imstande ist, verloren. So streben wir nach einem höheren Sinn, den wir kaum noch in religiösen, zunehmend jedoch in konsum-orientierten Umgebungen zu finden scheinen. Es ist relativ leicht und ein objektives Maß, seine Gehaltsabrechnung zu nutzen, um festzustellen: »Ich bin wohlhabend«, »Mir geht es besser als letztes Jahr« oder »Ich verdiene mehr als meine Kollegen«. Es ist hingegen viel schwieriger, sich selbst und sein Leben anhand eines Maßstabs zu beurteilen, der sich nicht so einfach definieren lässt. Selbstverständlich tun wir uns keinen Gefallen, wenn wir unser Leben allein an Geld oder materiellen Werten ausrichten und nicht nach einem komplexeren, höheren Ziel. Dennoch ist es wichtig in unserem Leben und stellt eine bedeutende Verbindung zum Außen dar – in der konsumorientierten Welt, in der wir leben. Darum ist Geld nicht die siebte Säule des Seins, sondern die fünfte.

Unser Leben ist eine Geschichte, die von dem Überwinden von Herausforderungen handelt, davon, dass wir irgendwohin wollen und von irgendwo herkommen. Geld (und stellvertretend damit alle materiellen Statussymbole wie Autos, Immobilien, Aktien, Urlaubsziele, Smartphones et cetera) ist nicht der Grund für diese Reise und nicht ihr Ziel, sondern lediglich ein Instrument, das es uns ermöglicht, uns zu versorgen. Jedoch macht Geld unser Leben oft genug unnötig kompliziert. In der Bibel steht sogar, Geld sei die Wurzel allen Übels. Das ist es nicht, weil es nicht per se schlecht ist, aber es kann uns von den Dingen ablenken, die unserem Leben wirklich Sinn verleihen. Wir müssen uns daher bewusst auf die Dinge konzentrieren, die das tun, wie Natur, Emotionen, Wissen, Werte, Erfahrung, Nächstenliebe und ein ethisches Mindset. Das sind alles Dinge, die schwer zu messen sind, aber unserem Leben eine Tiefe geben, die wir, bleiben wir auf Geld fokussiert, automatisch irgendwann vermissen. In der Ausgeglichenheit der Sieben Säulen des Seins lernen wir, die Dominanz des Geldes und seiner Entsprechungen in unserem Leben zu überwinden und es als einen – nicht den wichtigsten, nicht den dominanten, sondern nur einen – Anteil unseres Seins zu verstehen, der mit allem anderen verbunden sein kann. Auf diese Weise unterstützt es den Sinn in unserem Leben, anstatt ihn ersetzen zu wollen.

Am besten ist sinnvoll verdientes Geld

Im Rahmen einer Studie mit dem Titel »Moral transgressions corrupt neural representations of value« (in etwa: Moralische Überschreitungen schädigen neuronale Verbindungen, die Werte repräsentieren; siehe Anhang) kamen Forscher zu einem verblüffenden Ergebnis: Ob Geld glücklich macht oder nicht, kommt nämlich darauf an, wie das Geld verdient wurde. Die Relation zwischen Geld und Glück hängt also weniger vom jeweiligen Individuum und dessen Stellenwert von materiellen Dingen im Leben ab als vielmehr von der Art und Weise, wie der Mensch sein Geld verdient. Klingt kompliziert? Ist es nicht! Auf den Punkt gebracht bedeutet diese Erkenntnis nichts anderes als: Wenn du dein Geld ehrlich und gewissenhaft verdient hast, erfüllt es dich mit einem Glücksgefühl. Hast du es jedoch auf eine moralisch verwerfliche Art und Weise bekommen, reagiert dein Belohnungssystem dementsprechend weniger intensiv. Es gibt also einen wissenschaftlichen Beleg dafür, dass die Sinnhaftigkeit des eigenen Schaffens für ein Leben in Fülle bedeutend wichtiger ist als der reine Wert des Geldes.

Übertragen wir diesen Gedanken mal auf alles, was wir besitzen: Damit wäre auch all der Kram gemeint, der gar nicht unbedingt viel Geld wert ist, der aber in unserem Leben herumsteht. Sicher kennst du das Sprichwort »Was du besitzt, das besitzt irgendwann dich«. Damit ist gemeint, dass jedes physische Gut, das in unserem Alltag herumliegt, einen dieser kleinen Loops in unserem Unterbewusstsein öffnet. Wir müssen uns darum kümmern, ihm seinen Platz zuweisen, es gegebenenfalls um- oder wegräumen, es reinigen, reparieren und pflegen. Tun wir dies nicht, sind wir irgendwann von Hunderten offener Loops in unserem System umgeben, an die wir durch das bloße Herumstehen dieser Gegenstände erinnert werden. Das erzeugt eine enorme Unruhe in unserem Unterbewusstsein, weswegen wir uns bemühen müssen, die Ordnung wiederherzustellen. Das ist umso anstrengender und belastender, je mehr Kram in diesem Chaos existiert.

Wie Geld uns verändert

Materielle Güter und Geld haben also einen großen Einfluss auf uns und unser Wohlbefinden. Wissenschaftliche Forschung setzt sich zunehmend damit auseinander, wie sich Reichtum auf unseren Sinn für Moral, unsere Beziehungen zu anderen und unsere psychische Gesundheit auswirkt. Mehrere Studien haben gezeigt, dass Reichtum im Widerspruch zu Empathie und Mitgefühl stehen kann. Eine in der Zeitschrift *Psychological Science* veröffentlichte Studie ergab, dass Menschen mit niedrigerem wirtschaftlichem Status besser darin waren, die Gesichtsausdrücke anderer zu lesen – ein wichtiges Zeichen für Empathie –, als wohlhabende Menschen. Als ich mit 18 Jahren in Wuppertal Pizzas ausgeliefert habe, zahlten mir die Menschen aus den Arbeitervierteln im Schnitt mehr als doppelt so viel Trinkgeld als die wohlhabenden Villenbesitzender aus den Speckgürteln. Ein Grund dafür kann sein, dass die Umgebungen der Unterschicht sich stark von den Umgebungen der Oberschicht unterscheiden. Personen der Unterschicht müssen chronisch auf eine Reihe von Schwachstellen und soziale Bedrohungen reagieren. Sie müssen sich auf andere verlassen, was sie empfänglicher für Emotionen und dadurch emphatischer werden lässt.

Reichtum zersetzt Moral

Dass Reichtum ein Gefühl von Überlegenheit hervorrufen kann, ist kein Geheimnis. Eine Studie der University of California, Berkeley, ergab, dass in San Francisco Fahrer von Luxusautos viermal seltener anhalten und Fußgängern Vorfahrt gewähren als Fahrer von weniger teuren Fahrzeugen. Eine andere Studie legte nahe, dass der bloße Gedanke an Geld zu unethischem Verhalten führen kann. Forscher von Harvard und der University of Utah fanden sogar heraus, dass Studienteilnehmer eher lügen oder sich unmoralisch verhalten, nachdem sie Worten ausgesetzt waren, die sich auf Geld beziehen.

Geld und Reichtum werden mit einer höheren Anfälligkeit für Suchtprobleme in Verbindung gebracht. Eine Reihe von Studien hat ergeben, dass wohlhabende Kinder anfälliger für Drogenmissbrauch sind, möglicherweise aufgrund eines hohen Leistungsdrucks oder der Isolation von den (viel beschäftigten) Eltern. Studien haben auch ergeben, dass Kinder wohlhabender Eltern nicht unbedingt von Anpassungsproblemen ausgenommen sind – tatsächlich haben Untersuchungen ergeben, dass Highschool-Schüler mit hohem sozio-ökonomischem Status bei mehreren Messungen der Fehlanpassung höhere Punktzahlen erhielten als Schüler aus sozial benachteiligten Gegenden. Die Forscher vermuteten, dass diese Kinder möglicherweise eher Probleme verinnerlichen, die mit Drogenmissbrauch in Verbindung gebracht werden können.

Auch das Streben nach Reichtum kann zwanghaft werden. Wie die US-amerikanische Psychologin Dr. Tian Dayton erklärte, wird ein übersteigertes Bedürfnis, Geld zu erwerben, als »Verhaltenssucht« klassifiziert. Diese wird von anderen Süchten wie Drogenmissbrauch unterschieden und als Prozessabhängigkeit bezeichnet. Dazu gehören Abhängigkeiten, die eine zwanghafte und/oder außer Kontrolle geratene Beziehung zu bestimmten Verhaltensweisen wie Glücksspiel, Sex, Essen und eben Geld aufweisen. Prozesssucht ist demnach keine chemische Sucht, aber in unserem Beispiel die Sucht nach dem guten Gefühl, das durch den Erhalt von Geld oder Besitz entsteht. Die Sucht, Geld auszugeben – auch als Konsumsucht bezeichnet – ist eine weitere häufige Art einer mit Geld verbundenen Sucht.

Dies alles zeigt: Wir neigen dazu, Geld und Macht in unserem Streben nach Erfolg zu suchen, weil wir dabei oft Erfolg mit Geld und Macht verwechseln. Dabei kann es den Dingen sogar im Weg stehen, die wirklich wichtig sind für Glück und Liebe. Wir sollten also unser Verständnis von Erfolg immer wieder auf den Prüfstein stellen und immer dann besonders genau hinschauen, wenn primär Geld als Maßstab für Erfolg angesetzt wird.

Den Blick aufs Geld verändern

Fast alles, was uns über Geld beigebracht wird, dreht sich darum, es auszugeben oder es zu sparen. Erst sind es unsere Eltern, später unsere Lehrer, Professoren, TED-Speaker, YouTuber und Buchautoren, die uns erzählen, wie wir unser Geld nutzen können. Geld zu sparen bedeutet, es zu vermehren, um ein größeres Polster aufzubauen. Uns wird beigebracht, dass dies das ultimative Ziel ist. Das ist nicht grundlegend schlecht und es liegen sicherlich nicht alle Expert*innen falsch: Wir müssen uns nur sehr bewusst über die Idee sein, die uns über Geld vermittelt wird. Im Gegensatz dazu wird zum Beispiel das Ausgeben von Geld als Kürzung, als etwas Negatives, nicht Erstrebenswertes empfunden. Uns wird sogar gesagt, dass wir Gewohnheiten entwickeln sollten, die das Ausgeben schmerzhaft machen, wie beispielsweise das künstliche Aufschieben von Kaufentscheidungen, das Zerstören von Kreditkarten oder nur noch Bargeld zu nutzen zur besseren Kontrolle des Geldverlustes. Es scheint, wir sollten bloß keinen Spaß beim Geldausgeben haben. Wenn doch alles im Leben so einfach wäre: Sparen = gut, Ausgeben = schlecht …

Aber ist es das wirklich? Wenn Sparen so gut ist, wieso nervt es dann manchmal? Und wieso haben wir so oft ein schlechtes Gewissen, wenn wir Geld ausgeben? Manchmal bekommen wir sogar Angst, dass wir keine Kontrolle haben, weil das Geld scheinbar verschwindet wie Wasser, das in der Sonne verdunstet. Diese Haltung wird in der Psychologie des Geldes Mangelmentalität genannt, das Gefühl, nie genug zu haben. In unserem bisherigen Leben haben wir dann vielleicht Erfahrungen gemacht, die unsere Einstellung zum Thema Finanzen entsprechend geprägt haben.

Unsere bisherige Geld-Prägung

Erinnern wir uns daran, wie unsere Eltern mit ihren Finanzen umgingen: Was haben sie uns über Geld beigebracht? Gab es einen Elternteil, der sich lieber in seine Arbeit stürzte, als sich um uns Kinder zu kümmern – dann wurde das dem anderen Elternteil aufgebürdet. Manchmal waren solche Eltern besonders spendabel, weil sie unbewusst ihr schlechtes Gewissen mit Geldgeschenken kompensierten. Oder war nie genug Geld da? Hatte unser alleinerziehender Elternteil eventuell zwei, drei Jobs, um uns und unsere Geschwister zu ernähren, und es hat dennoch vorne und hinten nicht gereicht? Waren wir in unserer Klasse und im Freundeskreis die Kinder mit dem kleinsten Taschengeld? Innerhalb der Familie über Geld zu sprechen, war vielleicht tabu oder zumindest ein heikles Thema. Dieser Mangel an Kommunikation kann über Generationen einen Teufelskreis zum Thema Finanzen in Gang setzen. Jedoch alles, was wir in Sachen Geld nicht hinbekommen, unseren Eltern zuzuschreiben, mag ein zu einfacher Weg sein, ist nicht zielführend (vor allem, wenn unser Ziel ist, die Gegenwart besser zu gestalten).

Als wir älter wurden, gab es in unserem erweiterten Freundeskreis möglicherweise unterschiedliche Ansichten über Geld. Vielleicht haben wir bereits früh mit dem Geldverdienen angefangen, mussten neben Schule, Studium oder während Praktika in Bars, an Theken, im Supermarkt, in Fabriken, Poststellen oder im Kurierdienst schuften, um uns irgendwie über Wasser zu halten. All diese Erfahrungen haben unbewusst unsere Einstellung zu Geld geprägt. Und egal, wie wir geprägt wurden: Diese Gewohnheiten zu verändern, ist alles andere als leicht, da sie sich tief in unserem Unterbewusstsein verwurzelt haben. Es gibt nicht umsonst zahlreiche Kurse, Seminare, Therapien, Bücher und Podcasts, die sich nur mit der Frage beschäftigen, wie wir unser »Money Mindset« in die richtige Richtung bringen. Und – genau – sie sind buchstäblich selten umsonst. Denn mit »richtige Richtung« ist meistens das Versprechen von »viel Geld verdienen« gemeint und damit eigentlich die Intention der Urheber*innen, bei der Vermittlung dieser Inhalte viel Geld zu verdienen. Aber das hast du vermutlich bereits längst durchschaut.

Infos vom Experten:
Wirtschaftsjournalist Patrick Dewayne über Geld

Patrick Dewayne ist ein sehr vielseitiger Mensch: Schauspieler, Musiker, Moderator, Wirtschaftsjournalist und Sachbuchautor. Mich haben besonders seine Bücher zum Thema Geld fasziniert. Sein erstes Buch *Geld kann jeder & du jetzt auch* ist ein wundervoller Einstieg in eine Auseinandersetzung zum Thema, wie sie kaum besser zu der Philosophie der Sieben Säulen des Seins passen könnte. Daher war er als Experte für *Die Sieben Säulen des Seins* auch ein großartiger Interviewgast. Ich hatte die Chance, ein langes, wirklich tiefes und sehr aufschlussreiches Gespräch mit Patrick führen zu dürfen. Das ganze Gespräch wird ebenfalls als Podcast zu hören sein (siehe Anhang). Einen kleinen Auszug aus dem Interview gibt es natürlich aber auch schon hier. Das gesamte Gespräch hält noch viele tolle Einblicke aus Patrick Dewaynes bewegter Geschichte bereit.

Was Geld mit Erfüllung zu tun hat und wie wir unser Leben grundsätzlich auf die richtige Spur bringen

Was für eine Rolle spielt Geld oder Besitz für die Erfüllung?

Patrick Dewayne: Ich finde es wichtig, dass man Geld als etwas Positives empfindet, weil Geld, wenn man es richtig verteilt, viel Gutes bewirken kann. Wenn wir selbst eine gute Einstellung zu Geld entwickeln, werden wir zu Geld kommen. Dann können wir Gutes tun mit dem Geld, und das meine ich nicht nur auf einer zwischenmenschlichen, sondern auch auf einer finanziellen Ebene.

Welchen Wert stellt Geld dar?

PD: Ich finde wichtig, dass wir Geld unbedingt von dem Wert entkoppeln, den wir einem Menschen beimessen. Wir sollten Geld unbedingt versachlichen und seiner Grundfunktion gewahr werden – und die liegt darin, dass man den reinen finanziellen Wert von Dingen bewerten kann. Ich beobachte, dass zu viele Menschen Geld zu persönlich nehmen: Viel Geld zu haben bedeutet, gut zu sein, und andersherum wenig Geld zu haben bedeutet, schlecht zu sein. Das ist oft sehr »schwarz-weiß« gedacht und im Grunde ist Geld ist unpersönlich.

Was ist deine Erfahrung, wie physische Besitztümer zur Erfüllung beitragen können oder auch nicht?

PD: Ich finde, zur Erfüllung führt am Ende das Motiv hinter dem Besitztum. Nehmen wir an, du willst dir etwas gönnen und kaufst dir einen schönen Esstisch, weil du jemand bist, der mit seiner Familie zu drei Mahlzeiten am Tag zusammenkommt. Dann ist der Tisch unbezahlbar. Dann hat er einen Nutzen und du kannst ihn direkt ankoppeln an eine bedeutende emotionale Erfahrung in deinem Leben. Es gibt aber Leute, die sich daran ergötzen, dass die Zahl auf dem Konto größer wird. Für sie muss nichts Physisches dagegenstehen. Für andere Leute ist Geld Macht, weil sie Leute kaufen oder bestechen können. Für mich persönlich ist Geld ein Instrument, ein Vehikel, das mir eine berufliche Perspektive und Freiheit schenkt.

Fallen dir Dinge ein, die man jeden Tag oder vielleicht regelmäßig machen könnte, um mithilfe der Säule »Geld« zu einem erfüllten Leben zu gelangen?

PD: In erster Linie ist es wichtig, dass die eigene Einstellung zu Geld positiv wird. Sich regelmäßig mit anderen Menschen über deren Sichtweisen auszutauschen hilft dabei. Nicht um zu prahlen, sondern um zu erforschen, wie Leute das für sich handhaben. Welche Formen beispielsweise Investments haben können, ob Anleihen, Immobilien, ETFs oder doch etwas anderes präferiert wird und warum. Es geht darum, dem Thema eine

Normalität zu geben, eine Sachlichkeit, weil wir alle auf diese Weise als Gemeinschaft besser darin werden, mit Geld umzugehen. Natürlich sollte man sich fragen, wie die Ist-Situation aussieht, was das Konto macht, und dabei herausfinden, an welcher Stelle wir vielleicht zu viel ausgeben und wo wir etwas einsparen können. Man kann Versicherungsanbieter online vergleichen oder die Kosten durch Anpassungen von Urlaubsplänen reduzieren, wenn es nötig ist. Generell sollten wir uns unserer Vorbildfunktion bewusst sein und Verantwortung dafür übernehmen, wo wir gerade im Leben stehen. Wenn wir das annehmen und uns auch eingestehen können, dass wir nicht immer alles richtig machen, dann können wir besser mit den Konsequenzen umgehen und unser Verhalten anpassen.

Die stille Angst hinter der Mangelmentalität

Die meisten von uns haben das sicher schon erlebt, manche sogar zu oft: Am Ende des Monats ist nicht genug Geld auf dem Konto, um die Miete zu zahlen. Unsere ständige Angst um die Knappheit von Ressourcen (wie Geld oder Zeit) kann unsere Selbstbeherrschung schwächen und unsere Entscheidungsfähigkeit beeinträchtigen, darüber sind sich Wissenschaftler einig. Diese Mangelmentalität verbraucht wertvolle Aufmerksamkeit und macht es schwierig, sich um etwas anderes zu kümmern als um das, was uns zu fehlen scheint. Oft sind es äußere Auslöser wie die berechtigte Sorge davor, den Job oder die Wohnung (oder beides) zu verlieren oder sein Studium nicht zu schaffen. Manchmal haben wir uns das selbst eingebrockt, weil wir nicht besonders vorausschauend geplant haben und unser Geld oder unsere Zeit in andere, weniger nachhaltige Gelegenheiten investiert haben.

Die Herausforderung ist allgegenwärtig: Weniger zu haben, als wir wollen, macht uns unglücklich, es ist im Ergebnis das Gegenteil von Erfüllung. Je ärmer wir sind, desto weniger schöne Dinge können wir uns leisten, sei es der schicke neue Tesla oder die Bio-Alternativen im Supermarkt. Das Gleiche gilt für unsere Zeit: Je beschäftigter wir sind, desto weniger Freizeit haben wir, sei es für die Bücher, die wir lesen möchten, oder die Zeit, die wir mit der Familie teilen wollen. Weniger als nötig zu haben, hat Auswirkungen, auf unsere Gesundheit, Sicherheit oder Bildung. Mangel führt zu Unzufriedenheit und einem ständigen inneren und äußeren Kampf.

Armut und Mangel verstärken sich gegenseitig

Die Mangelmentalität verringert die kognitive Leistungsfähigkeit einer Person auf eine Weise, die vergleichbar ist mit einer ganzen Nacht ohne Schlaf. Je mehr wir uns aufgrund unserer ökonomischen Konstitution im Zustand des Mangels befinden, desto geringer wird unsere Kompetenz, unsere mentale Kapazität, Leistung zu erbringen. Es ist also nicht so, dass sozial Benachteiligte grundsätzlich weniger mentale Bandbreite hätten, es ist vielmehr so, dass die Erfahrung von Armut die Bandbreite reduziert. Die Schwierigkeiten, sich an einen Plan zu halten, die Unfähigkeit, einem Impulskauf zu widerstehen, oder die Vergesslichkeit beim Rechnungen-Bezahlen, kognitive Ausrutscher wie ein verpasster wichtiger Termin oder die falsche Einschätzung des Bankguthabens sind Ergebnisse dieser mentalen Bandbreitenknappheit. Auf diese Weise gerät man sukzessive tiefer in den Teufelskreis der gegenseitigen Verstärkung von Mangel und Armut. Das liefert eine Erklärung dafür, warum Arme arm bleiben, warum Beschäftigte beschäftigt bleiben, warum Einsame einsam bleiben und warum all unsere tollen Pläne zur Erfüllung unseres Lebens so selten aufgehen.

Minimalismus: Die paradoxe Intervention zur Mangelmentalität

Während es bei der bisherigen Arbeit zur Mangelmentalität darauf ankommt, den Mangel als Herausforderung zu überwinden, gibt es eine globale Bewegung, die der Knappheit gegenüber aufgeschlossener ist. Die Minimalismus-Bewegung eignet sich im Hinblick auf ihre Einstellung zu Besitz wunderbar dazu, einen weiteren wichtigen Impuls für die siebte Säule des Seins zu setzen.

Die Wurzel des Minimalistentums

Joshua Fields Millburn ist zusammen mit seinem lebenslangen Freund Ryan Nicodemus die eine Hälfte des überaus erfolgreichen Autoren-Duos von *Minimalismus – Der neue Leicht-Sinn*. Die beiden helfen ihren 20 Millionen Lesern (Website, Bücher, Podcasts und Dokumentarfilme), ein bewusstes Leben dank Minimalismus zu führen. Millburn wuchs in Armut bei einer alleinerziehenden, alkoholkranken Mutter auf. Nach dem Abitur stieg er die Karriereleiter hinauf und begann 2009, getrieben von Unzufriedenheit mit einem Leben, das sich auf Konsumzwang und berufliche Leistung einzig und allein um des Reichtums willen konzentrierte, nach sinnvollen Antworten zu suchen. Als er online recherchierte, entdeckte er andere desillusionierte Leute, die sich dem Minimalismus verschrieben hatten und darin Erfüllung fanden. Er begann, die Praktiken des Minimalismus in sein eigenes Leben zu integrieren, und stellte fest, dass das für ihn wunderbar funktionierte. Er steckte seinen Freund Nicodemus mit seiner Begeisterung an, und so gründeten die beiden ihren gemeinsamen Blog »The Minimalists«. Aus dem Blog wurden zwischen 2010 und 2015 drei Bücher, bevor sie dann im Januar 2016 ihren überaus populären »The Minimalists«-Podcast« starteten. Später kam noch ein Dokumentarfilm hinzu, der es inzwischen in die Netflix Library geschafft hat.

Auf ihrer Website definieren die beiden Gründer der Bewegung den Begriff wie folgt:»Minimalismus ist ein Werkzeug, das uns helfen kann, Freiheit zu finden. Freiheit von Angst. Freiheit von Sorgen. Freiheit von Überforderung. Freiheit von Schuld. Freiheit von Depressionen. Freiheit von den Insignien der Konsumkultur, um die herum wir unser Leben aufgebaut haben. Echte Freiheit.« Klingt verlockend, nicht wahr? Aber natürlich ist das noch nicht alles. Minimalismus, so die beiden Autoren, bedeute nicht, dass es grundsätzlich falsch sei, materielle Besitztümer zu haben. Das heutige Problem scheint eher die große Bedeutung zu sein, die wir Dingen beimessen: Wir opfern unsere Gesundheit, unsere Beziehungen, unsere Leidenschaften und unser persönliches Wachstum dem materiellen Besitztum.»Wenn wir ein Auto oder ein Haus besitzen wollen, ist das kein Problem! Wenn wir eine Familie gründen und Karriere machen wollen? Dann ist das auch okay. Minimalismus ermöglicht es uns lediglich, all diese Entscheidungen klarer und bewusster zu treffen. (...) Minimalismus ist ein Werkzeug, um sich vom Überfluss des Lebens zu befreien und sich auf das Wesentliche zu konzentrieren – damit Sie Glück, Erfüllung und Freiheit finden können.«

Die Bewegung ist nicht zuletzt deswegen so erfolgreich, weil sich viele von den Dingen, die wir in unserem Leben als Belastung wahrnehmen (und das sind vermutlich viel mehr, als wir wahrhaben wollen), in der einen oder anderen Form als materielles Eigentum in unserem Leben verankert hat. Wie schon angedeutet, hängt an jedem Objekt, das wir in unserem Zuhause, auf unserem Schreibtisch, in unseren Taschen aufbewahren und durch unser Leben schleppen, ein unsichtbarer Anhang, der in unserem unbewussten Selbst Aktivität erzeugt. Eine sehr beliebte Autorin, die sich dem Thema über die Ordnungsperspektive angenähert hat, ist Marie Kondo, die inzwischen weit über 10 Millionen Bücher zu dem Themenkomplex verkauft hat.

Jetzt und hier: Was passiert in mir?

Schau dich jetzt und hier um: Welche Dinge, die du siehst, gehören dir? Versuche zu ergründen, welche emotionalen oder rationalen unbewussten Denkprozesse entstehen, allein durch das bewusste Wahrnehmen dieser Objekte. Wir können mit dieser einfachen Übung schnell realisieren, was in der ständigen Auseinandersetzung mit all den Dingen in unserem Leben für eine innere Unruhe entstehen muss, von der wir bewusst nur wenig mitbekommen. Allein darum lohnt sich die etwas tiefere Auseinandersetzung mit dem Konzept des Minimalismus, weil es nicht nur unseren Haushalt, unsere Wohnung, unsere Reise entlastet, sondern auch unseren Geist, unsere Seele und somit unseren Körper. Unser ganzes Leben.

Minimalismus: So funktioniert's

Minimalismus beginnt zu Hause. Denn unser Zuhause ist eine physische Erweiterung unseres Selbst. Unser Zuhause spiegelt wider, wer wir sind. Ein Zuhause zu gestalten, ist eines der persönlichsten Projekte unseres Lebens. Wir entscheiden, was wir einbringen, wohin die Dinge kommen, wie es sich anfühlt. Wenn wir unser Zuhause nicht aus der Brille des Jetzt betrachten, sondern aus der Brille der Zukunft, können wir eine Umgebung sehen, die nicht repräsentiert, wer wir heute sind, sondern wer wir morgen sein möchten. Wenn wir in einer mit Familie oder Mitbewohnern zusammenleben, dann konzentrieren wir uns zunächst auf unseren eigenen Raum und beginnen mit einer sehr befreienden Aktivität: entrümpeln. Das ist allein schon deswegen nicht so leicht, weil uns dabei erst so richtig bewusst wird, wie viel Lebensgeschichte wir mit all den Objekten, Fotos, Urkunden, Zetteln, Büchlein, Souvenirs, Postkarten, Ansteckern, Briefen, elektronischen Geräten, Bastelmaterial und so weiter verknüpfen. Es gilt also, das zu überwinden, denn alles, was wir in den letzten paar Wochen oder

Monaten nicht benutzt haben, benutzen wir in den meisten Fällen so gut wie nie. Dementsprechend kann es weg. Unsere Erfüllung ist nicht darauf angewiesen, Tausende Objekte als Tokens unserer Geschichte zu horten. Das Gegenteil ist wahr: Je weniger wir horten, umso freier fühlen wir uns.

Doch das ist nur der Anfang. Minimalismus ist eine Lebensphilosophie, die sich über alle Lebensbereiche erstrecken kann. Angefangen beim Besitz über den Konsum, vom Beruf bis zur Kommunikation, von Beziehungen bis hin zu unserer Lebensweise. Grundsätzlich bedeutet Minimalismus: weniger Dinge und mehr Leben, mehr erleben und weniger kaufen.

Beginnen können wir immer. Zum Beispiel hier und jetzt.

Meditation über Geld

Mach es dir bequem und atme ein paarmal tief durch.

Schließe die Augen und stell dir vor, du befindest dich auf einer inneren Plattform.

Mit jeder Einatmung hebst du mit deinen Händen schwere Steine aus deiner inneren Tiefe.

Mit jeder Ausatmung schmeißt du sie von der Plattform hinunter ins Nichts.

Beim Einatmen hebst du Steine und beim Ausatmen wirfst du sie ab.

Atme ruhig und gelassen weiter.

Du stehst in unwegsamem Gelände. Jeder Schritt fällt dir schwer und es regnet, donnert und gewittert.

Du trägst dich, gepeinigt von den äußeren Bedingungen, Meter um Meter durch das Unwetter und musst aufpassen, dass du auf dem lockeren und steinigen Boden nicht ausrutschst.

Links und rechts geht es steil nach unten, du weißt nicht, wie tief.

Plötzlich erkennst du am Wegesrand eine Person.

Bei näherem Hinsehen erkennst du, dass es eine Frau ist.

Sie trägt ein grünes Kleid und hat einen Schirm bei sich.

Sie kommt auf dich zu und nimmt dich bei der Hand.

Ihre Hand ist wundersam trocken und warm, und sie strahlt das Gefühl von Sicherheit und Zuverlässigkeit aus, genau das, was du jetzt gerade gebraucht hast.

Die Frau begleitet dich auf deinem Weg und fragt dich nach deinem Reiseziel.

Du denkst nach, aber es fällt dir nicht ein.

Dann führt dich die Frau auf den richtigen Pfad. Sie gibt dir einen kleinen grünen Stein und ihren Schirm und zieht dich zu ihr hin.

Sie schaut dir in die Augen und du erkennst die Gelassenheit und Ruhe, die du dir für dich selbst wünschst.

»Mach dir keine Sorgen«, sagt die Frau, »alles wird gut. Ich bin dein Geld. Ich bin hier, um dir zu helfen, deinen Weg zu gehen, ich bin nicht hier, damit du meinen Weg gehst. Ich bin hier, um deine Erfüllung zu unterstützen, nicht um sie zu sein.

Akzeptiere mich als eine Freundin in deinem Leben, nicht als Liebespartnerin. Umarme mich aus Respekt und Hingabe, nicht weil du in mir die Heilung deiner inneren Wunden suchst.«

Du schaust ihr immer noch in ihre hellen grünen Augen und ihr fangt gleichzeitig an, euch warm und freundlich anzulächeln.

Sie lässt dich los und du gehst weiter deines Weges und plötzlich ist es trocken und warm. Du greifst in deine Tasche und spürst den kleinen grünen Stein, der dich auf wundersame Weise zu unterstützen scheint.

Mit diesem Gedanken kehrst du langsam wieder zurück ins Hier und Jetzt und atmest bewusst tief durch die Nase ein und den Mund wieder aus.

Du kannst jetzt die Hände und Füße bewegen und dann den ganzen Körper.

Öffne die Augen und streck dich ein bisschen, bevor du dich wieder deinen Notizen widmest. Vergiss nicht, gleich nach der Lektion kurz in dein Notizbuch zu schreiben, was dir von dem heutigen Kapitel in Erinnerung geblieben ist, was dir wichtig ist und dir hilft, eine neue Tür im Kopf oder im Herzen zu öffnen.

Säule 6: Die Mission – unsere Bestimmung

Die Sieben Säulen des Seins sind so angelegt, dass, ausgehend von der Offenbarung unseres inneren Kerns in der ersten Ebene, in den Säulen 1 bis 3 unsere Sinne für uns selbst und unsere innere Kraft gestärkt werden. Auf dieser Basis beginnen wir, uns in der Ausgestaltung unseres sozialen Ökosystems und unseres materiellen Wertesystems in die Außenwelt zu entfalten (Säulen 4 und 5). Die letzte Säule der dritten Ebene, unsere Mission, schließt diesen zweiten Kreis und bringt unser authentisches Selbst zur Blüte. Während das Vorhandensein einer Mission für das eigene Leben in der Psychologie auf verschiedene Arten definiert und gemessen wird, sind die positiven Effekte, die es mit sich bringt, eindeutig belegt.

Wissenschaftliche Annäherung an die Kraft der Lebensmission

In ihrer Recherche an der University of Pennsylvania wertete die Forscherin Larissa Rainey die Arbeiten führender Wissenschaftler aus den letzten 80 Jahren auf dem Gebiet der Psychologie aus.

Sie fasste 2014 die wichtigsten Erkenntnisse in der Übersicht »The Search for Purpose in Life: An Exploration of Purpose, the Search Process, and Purpose Anxiety« (deutsch: »Die Suche nach dem Sinn des Lebens: Eine Erforschung der Bestimmung, des Suchprozesses und der Angst vor der Sinnsuche«). Diese Metastudie ergab, dass Menschen mit einer klaren Mission im Leben ein ausgeprägteres Wohlbefinden, höheres Glücksgefühl, stärkeres Empfinden von Hoffnung und Optimismus, eine größere Lebenszufriedenheit, mehr Kontrollgefühl, Selbstakzeptanz und Selbstwertgefühl haben. Auch fanden Wissenschaftler heraus, dass ein Sinn für die eigene Bestimmung dazu beitragen kann, psychische Erkrankungen zu lindern und sogar zu verhindern. Ein starkes Sinngefühl führt zu geringeren negativen Affekten, Depressionen und Angstzuständen, einem geringeren Therapiebedarf, zu weniger Drogenmissbrauch, Stresssyndromen und Suizidgedanken. Kurzum: Es gibt kaum eine bessere Prophylaxe gegen die gängigen psychischen Herausforderungen unserer Zeit als die Entdeckung der eigenen Lebensaufgabe – unserer Mission im Leben.

Die evolutionäre Funktion unserer Mission

Der Psychologe Abraham Maslow skizzierte in seiner 1943 veröffentlichten Hierarchie von Bedürfnissen, was menschliches Verhalten motiviert. Er beschrieb diese Bedürfnisse als eine Rangordnung, was bedeutet, dass Bedürfnisse auf niedrigerer Ebene ein Individuum antreiben, bis diese (teilweise oder vollständig) erfüllt sind. Erst dann tauchen die Bedürfnisse der höheren Ebene auf, die dann unser Verhalten prägen und unseren Antrieb entwickeln. Laut Maslow waren diese Erkenntnisse unabhängig von demografischen Unterschieden wie Alter, Geschlecht oder ethnischer Zugehörigkeit gültig. Er identifizierte fünf grundlegende menschliche Bedürfnisse: Physiologie, Sicherheit, Liebe und Zugehörigkeit, Selbstwertgefühl und Selbstverwirklichung.

Die Lebensaufgabe: Die Person zu werden, die du wirklich bist

Die Mission als sechste Säule des Seins korreliert mit Maslows fünfter Stufe der Bedürfnishierarchie, der Selbstverwirklichung. Sie beinhaltet »den Wunsch, mehr und mehr zu dem zu werden, was man wirklich ist, alles zu werden, was man werden kann«. Maslow erklärt, dass ein Individuum sich selbst verwirklicht, wenn es das tut, wofür es »geeignet« ist. Er sagt: »Was ein Mensch sein kann, muss er sein.« Selbstverwirklichung treibt demnach den Wunsch an, das eigene, einzigartige Potenzial auszuschöpfen. Genau darum geht es bekanntlich bei den Sieben Säulen des Seins und ganz besonders in der sechsten Säule des Seins, unserer Mission.

Selbstverwirklichung in der Welt

Der Psychologe Scott Barry Kaufman hat ein ganzes Buch darüber geschrieben, wie Maslows Hierarchie der Bedürfnisse in unserer heutigen Zeit anzuwenden sind. Kaufmans neue Bedürfnishierarchie bietet einen Fahrplan, um Sinn und Erfüllung zu finden. Dies geschieht nicht durch das Streben nach Geld, Erfolg oder »Glück«, sondern durch das Werden zur besten Version unserer selbst oder das, was Maslow Selbstverwirklichung nannte. Während Selbstverwirklichung oft als rein individuelles Streben angesehen wird, glaubte Maslow, dass die volle Verwirklichung des Potenzials eine Verschmelzung zwischen dem Selbst und der Welt erfordert. Wir müssen uns nicht für Selbstentwicklung oder Selbstaufopferung entscheiden, aber auf der höchsten Ebene des menschlichen Potenzials zeigen wir eine tiefe Integration von beidem. Unsere Mission offenbart diese Ebene des menschlichen Potenzials, die uns nicht nur mit unserem höchsten kreativen Potenzial verbindet, sondern in der siebten Säule des Seins, der Spiritualität, auch miteinander.

Flow: Aktives Potenzial und erlebte Erfüllung

Mihály Csíkszentmihályi ist ein ungarisch-amerikanischer Psychologe. Er erkannte und benannte das psychologische Konzept des »Flow«, eines hochkonzentrierten mentalen Zustands, der der Produktivität förderlich ist. Er begründete die sogenannte Flow-Theorie in den 1970er-Jahren auf der Grundlage von Forschungen, bei denen Menschen untersucht wurden, die Aktivitäten zum Vergnügen ausübten, auch wenn sie nicht mit Geld oder Ruhm belohnt wurden. Er betrachtete Künstler, Schriftsteller, Sportler, Schachmeister und Chirurgen – Personen, die an Aktivitäten beteiligt waren, die sie voll und ganz erfüllten. Er stellte überrascht fest, dass Erfüllung nicht durch Entspannung oder ein Leben ohne Stress entsteht, sondern während dieser intensiven Aktivitäten, in denen ihre Aufmerksamkeit voll und ganz aufgeht. Er nannte diesen Zustand Flow, weil Menschen während seiner Forschungen ihre intensiven Erfahrungen mit der Metapher illustrierten, von einer Strömung getragen zu werden, so wie ein Fluss fließt.

Die Teilnehmer waren durch die Qualität der Erfahrung, die sie machten, motiviert, während sie sie praktizierten. Als die Aktivität etwas herausfordernd wurde, weil eine mögliche Überforderung wahrscheinlich schien, entstand der Flow-State, das Erlebnis dieses Zustands des Flusses. Das Flow-Konzept wurde zum Schlüsselelement für die Theorie der Erfüllungserfahrung, da es ein unvergleichliches Benutzererlebnis lieferte. Flow-Erleben entspricht einem optimalen, psychophysischen Zustand: Die Teilnehmer sagten, es sei wie in der Zone zu sein, am Ball zu sein, im Groove zu sein. Csíkszentmihályi berichtete, dass Flow häufiger während der Arbeit als in der Freizeit auftritt. Es war einfacher, den Flow-Zustand bei Aktivitäten wie Musizieren, Tanzen und Schreiben zu erreichen, da sie Regeln hatten und das Erlernen von Fähigkeiten erforderten. Während fast jede aktive Beteiligung potenziell zu einem Flow führen kann, führen passive Aktivitäten wie Fernsehen normalerweise nicht zu einem Flow. Flow ist ein interdisziplinäres Forschungsgebiet, das von Psycholog*innen aus den Bereichen Positive Psychologie, Kognitionspsychologie, Kunst, Sport, Wissenschaft, Soziologie und Anthropologie bearbeitet wird, sowie von all jenen, die sich für veränderte Bewusstseinszustände, spirituelle Erfahrungen und Rituale in verschiedenen Kulturen interessieren.

Indikator für unsere Lebensmission

In seinen Forschungen hat Csíkszentmihályi festgestellt, dass eine Aktivität intrinsisch, also von innen, motiviert sein muss, damit sie zum Flow führt. Er erklärt, dass Flow-Erfahrungen »in enger Beziehung zu den Quellen dessen stehen, was letztendlich Sinn macht«, folglich ist der Flow-Zustand ein wichtiger Indikator für Dinge, die uns erfüllen. Frühere Untersuchungen stützen diese Behauptung und weisen darauf hin, dass Mitarbeiter, die mehr Sinn in ihrer Arbeit finden, sich bei der Arbeit engagierter fühlen: Die besten Ärzt*innen sind jene, die sich berufen fühlen, andere Menschen zu heilen, die besten Musiker*innen sind jene, die sich in ihrer Musik authentisch zum Ausdruck bringen, die besten Architekt*innen sind jene, für die es nichts Schöneres gibt, als Gebäude zu bauen. In aller Regel sind jene in ihrem Fach führend, die aus einer inneren Motivation heraus wirken, nicht allein, weil sie das größte Talent besitzen oder die beste Ausbildung. Aus diesem Grund ist die Suche nach unserer eigenen Mission untrennbar verknüpft mit der Suche nach der einen Sache, die uns wahrlich erfüllt. Erfüllung kann daher als ein Produkt eines Prozesses betrachtet werden: Wenn wir das tun können, was wir lieben, kann sich die Kraft entfalten, die sich aus unserem authentischen Kern speist, und uns letztlich erfüllen.

Doch woher wissen wir, was unsere Mission im Leben ist? Wissenschaftler sind sich einig, dass Einzelpersonen auf viele verschiedene Arten eine Mission, eine Bestimmung, einen Sinn für ihr Sein entwickeln können. Die Forschung unterscheidet hierbei grundsätzlich drei Bereiche:

1. Proaktive Suche
2. Reaktive Entwicklung
3. Soziales Lernen

Die Mission kann durch einen dieser drei oder jegliche Kombination aus diesen drei Prozessen entstehen. Keine dieser Optionen oder Kombinationen ist besser oder förderlicher für die Entwicklung der eigenen Mission geeignet als eine andere.

Proaktive Suche ist ein aufwendiger und episodischer Entwicklungsprozess, geprägt von einer experimentellen Erforschung der eigenen Potenziale. Sobald wir Momente der Erfüllung in unserem Handeln erleben, übernehmen wir sie, integrieren sie in unser Schaffen, adaptieren unseren Weg und schreiten weiter fort. So sind die Sieben Säulen des Seins grundsätzlich angelegt: Von Woche zu Woche experimentieren wir mit Gewohnheiten, Übungen, Praxisarbeit, Tun und Handeln und erforschen auf diese Weise von Tag zu Tag, was uns erfüllt, und verstärken die positiven Faktoren über die Zeit. Allein der Prozess der täglichen Praxis hält uns in der Proaktivität und gewährleistet, dass wir die notwendigen Qualitäten wie Neugier, Offenheit gegenüber Neuem und Selbstbeobachtung kultivieren. Es muss uns bei der Suche klar sein, dass wir potenzielle erhellende Lebenserfahrungen, die zur Ausgestaltung unserer Mission beitragen, größtenteils nur zufällig machen. Dementsprechend sollten wir eine Erwartungshaltung im Sinne eines »Quick Win«, eine schnelle Klarheit darüber, was denn der Sinn unseres Lebens, unsere ureigene Mission sei, hinter uns lassen. Unsere Mission zu entdecken, kann Jahrzehnte, manchmal sogar ein Leben lang dauern und mehrfach die Richtung wechseln.

Beispiel-Biografie: Albert Einstein

Einstein erwähnte gern, dass zwei »Wunder« ihn in frühen Jahren tief beeinflussten. Das erste war seine Begegnung mit einem Kompass, welche seine Faszination für unsichtbare Kräfte begründete. Von der Religion wandte er sich nach anfänglicher Begeisterung ab, als er sich tiefer mit wissenschaftlicher Literatur beschäftigte. Das zweite Wunder war dann die Entdeckung seines »heiligen kleinen Geometriebuchs«. Nach seiner tiefgehenden Beschäftigung mit Mathematik und Philosophie wuchs schließlich seine Begeisterung für die Physik. Schule lag ihm nicht so, weil das preußische Bildungssystem seine Kreativität einzuschränken versuchte. Einsteins Leben war keine Linie von A nach B. Er war stets neugierig, offen und begeisterungsfähig und ließ in Schlüsselmomenten seines Lebens zu, sich von seiner Begeisterung lenken zu lassen.

Wir können unsere Mission auch durch einen Prozess der **reaktiven Entwicklung** finden. Die reaktive Entwicklung hängt stark vom Zufall ab – von der Erfahrung eines transformativen Lebensereignisses, das entweder die Entwicklung unserer Lebensaufgabe formt oder dazu beiträgt, die Entwicklung unserer Mission selbst zu initiieren. Diese transformativen Lebensereignisse können entweder direkt sein, wenn wir sie selbst erleben, oder indirekt, wenn wir Zeuge eines solchen Erlebnisses sind. Sie bieten die Möglichkeit, einen Sinn zu entwickeln, weil sie uns dazu anspornen, unser Leben, unsere Werte, unsere Richtung und unsere Ziele neu zu bewerten.

Beispiel-Biografie: Greta Thunberg

Extreme Hitze und eine monatelange Rekorddürre lassen im Jahr 2018 überall in Skandinavien Waldbrände lodern. Schweden befindet sich kurz vor den Parlamentswahlen und ein Schlüsselthema wird der Klimaschutz. Inspiriert von amerikanischen Jugendaktivisten beschließt die Neuntklässlerin Greta Thunberg, vom 20. August an bis zu den Wahlen am 9. September nicht zur Schule zu gehen. Zu ihren Forderungen gehörte, dass die schwedische Regierung die CO_2-Emissionen gemäß dem Pariser Abkommen reduzieren solle. Sie prägte den weltweit beachteten Slogan »Fridays For Future« und inspirierte Schüler auf der ganzen Welt zur Teilnahme an Schülerstreiks. Auslöser für Thunbergs beispiellose Karriere als Galionsfigur des globalen Klimaschutz-Aktivismus: vom Klimawandel verursachte Naturkatastrophen in ihrer Heimat.

Wir stellen fest, dass reaktive Entwicklung eine komprimierte Version einer proaktiven Suche ist – eine, die kein langwieriges Ausprobieren, aber dennoch Reflexion, Integration, Offenheit und Zufall erfordert. Schließlich kann die Mission durch **soziales Lernen** entwickelt werden. Soziales Lernen, wie der Psychologe Albert Bandura es bereits 1977 beschreibt, beinhaltet das Beobachten anderer, und das Nachahmen des Verhaltens, das zu gewünschten Ergebnissen geführt hat. Mit anderen Worten: Soziales Lernen ermöglicht es uns, eine eigene Mission zu entwickeln, indem wir Verhaltensweisen von Vorbildern kopieren, weil wir erleben, wie sie wünschenswerte Wirkung erzielen. Dieser Prozess, bei dem sich die Mission zwischen zwei Individuen überträgt, wenn eine das Verhalten der anderen beobachtet, bewertet und nachahmt, wird auch als virale Sinnübertragung bezeichnet (Kashkin/ McKnight, 2009). Es ist wichtig, hier anzumerken, dass zwar die Mission zwischen Individuen »übertragen« werden kann, dennoch eine Mission für jeden Menschen einzigartig ist. Personen, die durch soziales Lernen einen Sinn finden, durchlaufen also zwei Schritte. Zuerst erkennen und beobachten sie ein soziales Anliegen oder eine Lebensweise, die sie selbst für bedeutend halten. Erst dann bringen sie ihre eigenen Stärken, Talente, Werte und so weiter ein, um daraus eine persönliche Mission auf eine für sie einzigartige Weise zu entdecken.

Beispiel-Biografie: Dr. Martin Luther King Jr.

Mahatma Gandhi gilt als zentrale Inspirationsfigur für den berühmten Bürgerrechtler Martin Luther King Jr. Gandhis Prinzip der Gewaltlosigkeit war für Luther King Jr. ein zentraler Faktor. Dieses Prinzip leitete Gandhis Aktivismus gegen das britische Empire und verhalf Indien 1947 zur Unabhängigkeit. Und dieses sozial erlernte Prinzip wurde zum Leitbild für Martin Luther Kings gewaltlose Bürgerrevolution.

Trauma als Motor der eigenen Mission

In diesem Zusammenhang ist es wichtig, die Rolle des Leidens bei der Entwicklung von Sinn für das eigene Leben zu betrachten. Diese Perspektive stammt von Viktor Emil Frankl (siehe Seite 114 ff.). Er identifizierte die Fähigkeit des Menschen durch die Reflexion über das Leiden und negative Erfahrungen in einen Zustand des Wachstums zu gelangen. Die Forscher Roy F. Baumeister und Kathleen D. Vohs stellten in ähnlicher Weise fest, dass tiefes Leiden Menschen oft dazu anregt, nach seinem Sinn und Zweck zu suchen, um mit diesem schwierigen Ereignis fertigzuwerden. Bemerkenswerterweise würde das Finden eines Sinns durch Leiden höchstwahrscheinlich unter die Kategorie der reaktiven Entwicklung fallen, wie oben beschrieben.

Infos vom Experten:
Tyron Ricketts über die Mission im Leben

Der folgende Auszug stammt aus einem Interview mit einem meiner engsten Freunde, Tyron Ricketts. Er ist Produzent, Schauspieler, Autor und Musiker und setzt sich mit seiner Arbeit für mehr Repräsentation von Diversität in der Gesellschaft ein.

Das gesamte Gespräch mit vielen weiteren aufschlussreichen Einblicken, zum Beispiel wie Tyron eigentlich Tierpfleger werden wollte und dann zu einem der einflussreichsten und vielseitigsten Medienmacher Deutschlands wurde, gibt es auch als Podcast (Link wie immer im Anhang).

Was bedeutet für dich ein erfülltes Leben?

Tyron Ricketts: Ein erfülltes Leben bedeutet für mich, gesund zu sein. Mir ist wichtig, dass ich Zeit und Raum habe für Liebe und Freundschaften. Dass ich selbstbestimmt bin, selbst entscheiden kann, wie ich meine Zeit nutze, wann ich arbeite, wann ich reise, wann ich mich entspanne, wann ich surfen will. Mir ist wichtig, dass ich mich kreativ ausdrücken kann und dass ich meiner Mission Raum und Energie geben kann, sodass ich in der Zeit, in der ich hier bin, meine Selbstwirksamkeit entfalten kann.

Wie weit bist du von dieser Idee eines erfüllten Lebens entfernt?

TR: Für mich gibt es kein »perfekt« und die Zeit ist im Fluss und bleibt nie stehen. Man ist auch nie hundertprozentig gesund. Man kann immer nur einen gewissen Prozentsatz erreichen. Daher würde ich im Großen und Ganzen schon sagen, dass ich eigentlich, seit ich Mitte, Ende 20 bin, im Hinblick auf die Balance zwischen Arbeit, Entspannung und Freizeit einen ganz guten Flow habe.

Was bedeutet für dich Erfolg?

TR: Für mich ist Erfolg nicht nur beruflicher Erfolg, denn dabei bleibt zu viel auf der der Strecke, von dem, was ich zum Glück-

227

lichsein brauche. Beruflicher Erfolg ist für mich, selbstwirksam zu sein; das zu machen, was ich machen möchte, und damit eine größtmögliche Veränderung zu erreichen. Im Idealfall nicht nur für mich, sondern auch für andere Menschen und für die Gesellschaft. Und das mit einem überschaubaren Maß an Arbeit. Und dabei trotzdem dabei so viel Geld zu verdienen, dass ich mir die Freiheiten gönnen kann, die ich für meine Erfüllung brauche.

Was ist deine Mission?

TR: Ich bin ein Change Agent (Agent des Wandels) und erzähle über Musik, Schauspiel, Moderation, als Produzent, Rapper oder Autor Geschichten, die transformatorische Prozesse in unserer Gesellschaft antreiben.

Warum?

TR: Ich habe als schwarzer deutscher Mann Rassismus, Ungerechtigkeit und Diskriminierung kennengelernt und versuche, durch meine Geschichten positive Vorbilder zu geben, wie man es besser machen kann. Teilweise vielleicht den Finger in die Wunde zu legen, wie man es nicht mehr machen soll.

Wie schaffst du es, dieses Spannungsfeld zwischen der eigenen Vision von dir selbst und der Gegenwart, in der diese Vision noch nicht existiert, erfüllend zu gestalten?

TR: Ich nenne das die »Wenn-dann-Dynamik«. Das viele von dem, was man sich für sich selbst wünscht, das hinter einem »Wenn-dann« versteckt bleibt und sich so für uns nie wirklich materialisiert. Irgendwann wachst du auf uns merkst: Im Leben werden 50 Prozent aller Dinge durch das Aufwenden, durch den Einsatz von Energie erreicht. Aber es gibt auch genauso viele Dinge im Leben, die du nicht erzwingen kannst. Manchmal muss man warten, bis die Frucht vom Baum fällt. Manchmal muss man sein und die Dinge sein lassen, im wahrsten Sinne des Wortes.

Zum Abschluss habe ich auch in diesem Kapitel eine Meditation für dich:

Meditation für das innere Zentrum

Finde einen bequemen Sitz, halte den Rücken gerade und den Kopf aufrecht, so kann dein Atem optimal in dir wirken. Lass dich jetzt ein paar Atemzüge auf deinen Atem ein.

Entspanne bei jeder Ausatmung bewusst deinen Körper. Benetze gedanklich jeden Körperteil mit einem Entspannungsgefühl, wie eine heilende Salbe. Fang mit deinen Füßen an, dann die Beine, das Gesäß, die Hüften, die Wirbelsäule hoch bis zu den Schultern, die Arme und Hände, dann den Hals, Nacken, Kiefer, Ohren und Stirn.

Du befindest dich in einem Raum. Du fühlst dich dort zu Hause.

Es ist warm und du fühlst dich frei und bist entspannt. Das ist dein inneres Zentrum. Das Hauptquartier deines Über-Ichs.

Richte dir den Raum in Gedanken ein. Sitzt du auf einer wunderschönen, supergemütlichen Couch oder liegst du in einem Himmelbett? Oder ist es ein großer Ohrensessel, auf dem du entspannst? Im offenen Kamin brennt ein kleines Feuer. Neben dir steht eine Tasse mit duftendem Tee.

Durch das große Fenster siehst du eine wunderschöne Landschaft oder einen Strand. Es ist Abend. Der Horizont ist in purpurfarbenes Licht getaucht, die Sonne beginnt gerade einen neuen Tag auf der anderen Seite der Welt. Vielleicht liest du ein tolles Buch. Oder du hörst deine Lieblingsmusik. Versuche, dir vorzustellen, wie es in diesem Raum riecht, was du hörst, wie es sich anfühlt, jetzt dort zu sein. Mit jedem Atemzug sinkst du tiefer in diesen Raum. Welche Farben siehst du? Präge dir diesen Raum gut ein. Er ist deine innere Zuflucht, das Wohnzimmer deiner inneren Wahrheit. Hier kannst du die Person sein, die du sein willst, echt, wahrhaftig und unabhängig. Hier kannst du dich entspannen und besinnen. Werde eins mit dir selbst. Werde eins mit dir selbst.

Nimm ein paar tiefe Atemzüge und komme zurück ins Hier und Jetzt. Während du dich langsam wieder mit der Gegenwart verbindest, visualisiere ein letztes Mal dein inneres Zimmer, das du dir erschaffen hast. Dieser Raum steht dir jederzeit zur Verfügung – du bist immer herzlich willkommen und dein Lieblingstee steht frisch aufgebrüht zu deiner Verfügung.

Bewege deinen Körper, Hände, Füße, Arme, Beine, Rumpf, Kopf. Öffne deine Augen und lächle in dich hinein.

Nimm drei tiefe Atemzüge, halte dabei die Luft nach dem Einatmen jeweils fünf Sekunden an, bevor du sie kräftig auspustest. Drei tiefe Atemzüge. Luft anhalten. Kräftig ausatmen.

Bedanke dich bei dir selbst für die Zeit, die du dir genommen hast.

Ebene 4: Die Erfüllung – der universelle Kreis

You learn that the way in which you create a more conscious universe is by being a more conscious being; the way you create a more loving universe is by being a more loving being; the way you create a universe in which humanity once again has the choice to recognize its source, is by living a life which acknowledges that source.

Übersetzung: *Du lernst, dass du ein bewusstes Universum erschaffst, indem du ein bewusstes Wesen bist; du erschaffst ein liebevolles Universum, indem du ein liebevolles Wesen bist; die Art und Weise, wie du ein Universum erschaffst, in dem die Menschheit erneut die Wahl hat, ihren Ursprung zu erkennen, besteht darin, ein Leben zu führen, das diesen Ursprung anerkennt.*
Ram Dass (1931–2019)

Säule 7: Die Spiritualität – unsere Wahrhaftigkeit

Diese letzte Säule des Seins in der vierten Ebene unserer Entwicklung handelt von der Gabe, anderen Menschen jene Kraft, die uns den Wind in die eigenen Segel bläst, weiterzugeben. Der berühmte spirituelle Lehrer Ram Dass hat dies im oben stehenden Zitat zum Ausdruck gebracht.

Die Qualität deiner Zukunft braucht Einsatz und Zeit

Dies sei gesagt: Der Lohn unserer Arbeit in der Gegenwart ist die Qualität der Zukunft, die wir miteinander teilen. Wie wir wissen, besteht das Modell der Sieben Säulen des Seins aus der kontinuierlichen Arbeit am eigenen Verhalten, ausgehend von dem inneren Kern, der wahren Motivation unseres Wesens. Woche für Woche machen wir auf diese Weise kleine Entwicklungsschritte. Manche dabei entwickelten Gewohnheiten behalten wir so lange bei, bis sie zu einer Selbstverständlichkeit in unserem Alltag werden. Manche fühlen sich zu Beginn schwierig an, entpuppen sich jedoch als besonders wirksam, weil sie uns komplett aus unserer Komfortzone holen. Manchmal passiert gar nichts.

Die Sieben Säulen sind kein Zwölf-Wochen Programm, das irgendwann mit einem Badge auf dem virtuellen Profil ausgezeichnet wird. Es ist ein Rahmen, in dem wir uns Woche für Woche entfalten, von Woche zu Woche unsere Achtsamkeit für unser Verhalten verfeinern, die Ausgeglichenheit in unseren Lebensbereichen vertiefen und unsere Talente und Fähigkeiten maßvoll und kontinuierlich weiterentwickeln. Wir haben diesen Entwicklungsprozess begonnen und im besten Falle hört er niemals auf. Wenn wir spüren, dass wir den Weg verloren haben, können wir jederzeit wieder zurückkehren auf den Weg der Entfaltung unserer Tugenden. Jedes Mal, wenn wir erneut einsteigen in die Feinheiten der Arbeit an uns selbst, an unserem Umfeld und an der Qualität unseres Beitrags für die Welt, erkennen wir besser, wie sehr wir für diese Art der Evolution geschaffen wurden. Wir entdecken aufs Neue, wie erfüllend und leicht unser Leben sein kann, egal, wie anstrengend und schwer manche Tage auch sind. Denn diese Tage wird es immer geben. Und das ist gut so. In ihnen zeigt sich, wie gut wir verbunden sind mit unserer inneren Wahrheit. Sie sind der Exit aus der Echokammer und helfen uns, die Realität nicht aus den Augen zu verlieren und mit unserem eigentlichen Verständnis von dem, wie wir uns selbst und unser Leben sehen möchten, abzugleichen. Je tiefer wir in diese eigene Wahrhaftigkeit kommen, desto stärker spüren wir die Kraft der ihr innewohnenden Spiritualität, die Kraft der siebten Säule des Seins.

Spiritualität ist nichts, was wir täglich eine Stunde praktizieren können

Es ist vielmehr eine Haltung, die wir einnehmen und täglich leben. Im Gegensatz zu den sechs Säulen zuvor arbeiten wir in der siebten Säule nicht an uns selbst, sondern im Dienst für andere Menschen, andere Wesen oder die Natur. Spiritualität im Sinne der Sieben Säulen bedeutet, uns auf einer höheren Dimension des Seins mit der Welt zu verbinden. Dazu gehören sowohl wir Menschen als auch Tiere, Pflanzen, Meere, die Natur im Allgemeinen. Die Bedürfnisse all dieser Kräfte unseres Universums zu verstehen, bedeutet, sich aufrichtig für sie zu interessieren, sie zu erkennen, sie zuzulassen und ernst zu nehmen. Spirituell zu sein bedeutet ebenso, füreinander da zu sein, wenn wir Hilfe brauchen, ohne eine Gegenleistung zu erwarten. Wenn es uns gelingt, uns bedingungslos in den Dienst einer Sache, eines anderen Menschen oder des Planeten zu stellen, öffnen wir uns für eine Form der Dankbarkeit, der Anerkennung und der Liebe, die uns über das bekannte Geben-und-Nehmen-Muster hinaus transformiert, weg vom materiellen, hin zum spirituellen Sein, jenseits karmischer Konzepte. Es geht nicht darum, irgendeinen Dienst im Sinne eines Karma-Guthabens zu verrichten, damit wir am Tresen unserer Lieblingsbar oder auf Social Media verkünden können, welch edler Mensch wir sind. Es geht vielmehr darum, dieser edle Mensch zu werden, der im Sinne der Selbstverständlichkeit unseres Wesens handelt, ohne eine Auszeichnung zu erwarten. Wenn wir uns diese Ebene der Transzendenz erschließen, ergeben sich fortwährend neue Gelegenheiten, diesen Unterschied zu erkennen, einen Unterschied zu machen, der Unterschied zu sein.

Selbstlosigkeit

Bis hierhin investieren wir unsere Zeit und Kraft darin, unserer wahren Bestimmung zu folgen. Auf unserem Weg entsteht dabei ganz natürlich eine weitere Kompetenz, über die wir bisher wenig gesprochen haben: der innere Anspruch der Selbstlosigkeit. In ihr finden wir die Liebe dafür, anderen Menschen auf ihrem Weg zu helfen. Dafür steht die Spiritualität in den Sieben Säulen des Seins. Die Selbstlosigkeit ist in gewisser Weise die Heldin in der Geschichte der Spiritualität, sie ist die Antagonistin zum eigenen Ego, das uns bei vielen wunderbaren Lebensperspektiven im Weg zu stehen scheint. Selbstlosigkeit findet sich in Jesus Christus, Gandhi, Buddha. Und in uns allen.

Ein neues Ego

Unsere Kultur ist auf die konstante Fütterung unseres Egos ausgerichtet, weil ein aufgeblasenes Ego leichter zu dressieren ist. Es ist leichter zu kränken, leichter zu manipulieren und bedarf schneller der Betäubung, weil es die damit einhergehende Frustration kaum selbst bewältigen kann. Im Buddhismus gibt es für diese Frustration den Begriff »*Dukkha*« – das Leiden. Wir haben es als erste edle Wahrheit im Abschnitt »Sinn« des ersten Teils in diesem Buch kennengelernt. Entlang der vier edlen Wahrheiten ist die Überwindung dieses Leidens durch die Überwindung unseres aufgeblasenen Egos die letzte der vier Wahrheiten: die Wahrheit des Weges zur Beendigung des Leidens *(Magga)*.

Sowohl die buddhistische als auch die westliche Psychologie empfehlen ein neues Ego. Eines, welches das Individuum nicht gegen alle anderen ausspielt in einem vergeblichen Versuch, absolute Sicherheit zu erlangen. Diese beiden Denkweisen entwickelten sich zu völlig unterschiedlichen Zeiten und an unterschiedlichen Orten. Die Urheber beider Perspektiven – ein indischer Adliger namens Siddhartha Gautama, der seinen luxuriösen Lebensstil aufgab, um einen tieferen Sinn im Sein zu finden; und Sigmund Freud, der Wiener Psychiater, dessen Interpretation seiner eigenen Träume ihn auf einen Weg brachte, um die dunklen Unterströmungen der menschlichen Psyche zu beleuchten. Sie identifizierten beide das ungezügelte Ego als den limitierenden Faktor unseres Wohlbefindens. So unterschiedlich diese beiden Personen waren, sie kamen zu einem identischen Schluss: Wenn wir dem Ego freien Lauf lassen, leiden wir. Aber wenn es lernt, loszulassen, sind wir frei.

Und täglich grüßt die Achtsamkeit

Weder Buddhismus noch Psychotherapie versuchen, das Ego auszurotten. Das würde uns entweder hilflos oder psychotisch machen. Wir brauchen unser Ego, um uns durch die Welt zu navigieren, unsere Instinkte zu regulieren, unsere Kompetenzen auszuüben und die widersprüchlichen Anforderungen an uns selbst und andere auszuloten. Die therapeutischen Praktiken sowohl im Buddhismus als auch in der Psychotherapie werden oft verwendet, um das Ego auf genau diese Weise aufzubauen. Wenn wir depressiv sind oder unter geringem Selbstwertgefühl leiden, weil wir beispielsweise misshandelt wurden, muss sich die Therapie darauf konzentrieren, unser angeschlagenes Ego zu reparieren. In ähnlicher Weise haben viele Menschen die Meditationspraktiken des Ostens angenommen, um ihr Selbstvertrauen aufzubauen. Fokus und Konzentration verringern Stress und Angst und helfen uns Menschen, uns an herausfordernde Umgebungen anzupassen. Achtsamkeitspraxis findet mehr und mehr Einzug in Krankenhäuser, in die Führungsetagen der großen Konzerne, in die Bundeswehr und in die Trainingszentren von Leistungssportlern. Ihre Wirksamkeit liegt in der Stärke, die sie uns durch die Transformation unseres Egos ermöglicht, indem sie uns durch die Entwicklung von Wahrnehmungskompetenz eine neue Kontrolle über unseren Geist, unsere Seele und unseren Körper gibt.

Kultivieren wir Selbstlosigkeit nicht als Aufgabe des Selbst, sondern als Auflösung in das Alles, das große Ganze. Darum geht es in der vierten edlen Wahrheit. Wenn wir also anbieten, einem Menschen zu helfen, Tiere zu schützen, ein Projekt, eine Initiative, ein Mentorship zu unterstützen und das nicht tun, damit es sich gut in unserem Lebenslauf, sondern nur, weil es in uns den Unterschied zwischen Glück und Erfüllung macht, dann sind wir in der siebten Säule des Seins angekommen. Dann werden wir zum Unterschied.

Die Wissenschaft hinter der Deutung von Spiritualität

Hier begegnen wir wieder Dr. Tatjana Schnell, einer Wissenschaftlerin, die sich voll und ganz der Erforschung der Psychologie des Lebenssinns widmet und nicht zuletzt deswegen bereits mehrfach in diesem Buch erwähnt wurde. Mit ihrer Arbeit leistet sie nicht nur einen wichtigen Beitrag zu einem besseren Verständnis unseres menschlichen Sinn-Antriebs, sondern hilft uns auch, Dingen, die wir bislang kaum erfassen konnten, Struktur und Zugang zu verleihen. Blicken wir auf die siebte Säule des Seins nicht aus der Perspektive Freuds oder Buddhas, nicht metaphysisch oder analytisch, sondern aus dem Blickwinkel unseres Ausgangspunkts, nämlich den Ausführungen zur Kunst, ein erfülltes Leben zu führen, dann bietet uns Tatjana Schnell eine recht eindeutige Antwort auf die Frage, wie wir unser Leben mit Sinn erfüllen können.

Der stärkste Sinnstifter ist Generativität

In ihrem Buch *Psychologie des Lebenssinns* aus dem Jahr 2016 stellt Dr. Schnell die Ergebnisse ihrer Forschung vor: Sie entdeckte in ihren Studien die wichtigste Quelle für ein sinnerfülltes Leben, die Generativität. Der Begriff umfasst sinnbildlich die Sorge um nachfolgende Generationen. Mehr noch, Generativität beschreibt die menschliche Fähigkeit, sich sowohl individuell als auch kollektiv der eigenen Verantwortung und Wirksamkeit bewusst zu sein, die wir füreinander haben und schließlich danach zu handeln. Das Ziel ist, dass es uns, unserer Gemeinschaft und zukünftigen Generationen möglichst gut geht. Erfüllung findet demnach, wer sich selbst mitsamt aller Erfahrungen, allen Wissens und der Werte der Gemeinschaft den nachfolgenden Generationen zur Verfügung stellt und für sie Verantwortung übernimmt. Zu diesem Ergebnis kam Dr. Schnell mit ihrem Team durch qualitative Studien, in denen 26 Quellen ermittelt wurden, aus denen Menschen den Sinn in ihrem Leben schöpfen. Sowohl bei jungen als auch älteren, bei gesunden wie bei kranken Menschen und in den verschiedensten Kulturkreisen ist die Qualität der Generativität durchweg der wichtigste sinngebende Faktor.

Infos von der Expertin: Elif Demirezer über Spiritualität

Eine beeindruckende Persönlichkeit, die Erfüllung, Spiritualität und Generativität authentisch lebt, ist für mich die Berliner Musikerin und Songwriterin Elif Demirezer. Ich konnte mit ihr für dieses Buch bei einem schönen Frühstück bei zu Hause mit ihr und ihrem großartigen Management-Partner Erdem Aglar ein Interview aufnehmen. Elif ist neben ihren Top-Ten Chart-Erfolgen und YouTube-Hits auch Mentorin für junge Talente, vermittelt authentische Werte und gibt mit ihrer offenen, mutigen und ehrlichen Persönlichkeit vielen jungen Menschen Orientierung und Halt.

Das gesamte Gespräch mit vielen weiteren aufschlussreichen Einblicken, zum Beispiel wie sich Kindheitstraumata auf die Partnerwahl auswirken, welche Rolle Religion in ihrem Spiritualitätsverständnis spielt und wie ihr großer Traum als Musikerin aussieht, gibt es auch als Podcast. Die Links zu den jeweiligen Podcast-Ausgaben gibt es bekanntlich im Anhang unter »Tools«.

Was hat dir den Antrieb gegeben, ein Popstar zu werden?

Elif Demirezer: Ich wollte früher berühmt werden, ich wollte ein Popstar sein und ich wollte die Aufmerksamkeit der Menschen haben, um mich glücklich zu fühlen. Eigentlich wollte ich jedoch die Aufmerksamkeit meiner Eltern haben, glaube ich, weil ich die in meiner Kindheit nicht so sehr bekommen habe. Jetzt aber, je älter ich werde und je mehr ich mit meinen Eltern verbunden bin, habe ich vieles aufgelöst und auch viel über mich erfahren. Die Motivation, Musik zu machen, hat sich für mich verändert. Es geht nicht mehr darum, Aufmerksamkeit zu bekommen. Mir ist es aktuell wichtig, als Künstlerin gute Songs zu machen, die mir gefallen; eine Message zu haben, meine Position zu nutzen, um auch etwas Gutes in die Welt zu bringen. Und ja, Kunst zu machen. Ob es jemandem gefällt oder nicht, ist nicht wichtig, weil ich meinen Weg gehe. Ich bin eine Künstlerin, mir kann keiner meinen Job wegnehmen. Ich bin selbstständig.

Was brauchst du, um glücklich zu sein?

ED: Ich glaube, womit ich mich am wohlsten fühle und was mich dann auch glücklich macht, ist, wenn ich bei mir bin. Wenn ich meinen Wert kenne. Wenn ich weiß, wo ich hinwill, und wenn ich einen Plan habe, dorthin zu kommen. Wenn ich was Neues will, neue Ziele entdecke. Ich glaube, das macht mich am glücklichsten, weil ich dann weiß, wohin ich gehen muss. Und wenn ich all das nicht mehr habe, dann wird irgendwas anderes entstehen.

Was tust du jeden Tag dafür beziehungsweise was hast du jeden Tag getan, um dich selbst glücklich zu fühlen?

ED: Ich habe viel an mir selbst gearbeitet. Ich habe Wissen aus Büchern und von Menschen gewonnen. Ich bin seit zwei Jahren in Therapie und werde das wahrscheinlich weiterhin sein, weil man die Arbeit in dieser Branche einfach nicht unterschätzen darf. Das ist schon ein richtiger Zirkus. Und dann will man irgendwann nicht mehr seine Freunde nerven, sondern eher mit einem Profi reden. Ich habe halt echt 20 Jahre sehr viel an mir selbst gearbeitet. Ich habe Sport gemacht, meinen Körper fit und mich im Kopf fit gemacht. Viele meiner Ängste aufgelöst. Ich will das Licht der Welt weitergeben. Als Künstler habe ich auch die Verantwortung. Ich fühle mich in der Verantwortung, wenn ich ein Wissen habe, denn das wird ja gehört und ich gebe das weiter. Und auch wenn ich über Wut und Schmerz schreibe, dann manchmal nur, damit jemandem das die Möglichkeit gibt, das fühlen zu dürfen, damit diese Person das für sich auflösen kann. Das alles ist nicht einfach so gekommen. Ich habe wirklich, wirklich, wirklich zehn Jahre meines Lebens an mir gearbeitet, also nur innere Arbeit, und ich habe dafür viel »Hate«-Kommentare (*Hass, Vorwürfe, Verachtung, Anm. des Autors*) kassiert. Vorwürfe wie »Du gehst zum Therapeuten? Warum erzählst du allen davon?«, musste ich mir anhören. Musik ist ja auch eine Form der Therapie für mich gewesen, das Innere nach außen zu kehren. Und ich bin damit noch lange nicht fertig. Es kommen auch mal wieder neue Sachen dazu, aber ich bin an einem Punkt, an dem ich sage: Ich bin wegen all dieser Arbeit an mir cooler mit mir. Und ich treffe wegen dieser Coolness bessere Entscheidungen. Sei es im Job oder privat.

Dieses Kapitel barg noch einmal einiges an Information. Lass dir Zeit, das alles zu verarbeiten. Eine Stütze ist wie immer die Meditation.

Meditation für dein Durchhaltevermögen

Schließe deine Augen und atme ein paarmal tief durch. Lege deine Hände auf deinen Bauch und spüre, wie sich deine Bauchdecke bei jedem Atemzug hebt und senkt.

Verlangsame bewusst die Geschwindigkeit deines Atems, bis er sich ruhig und entspannt anfühlt.

Entspanne deinen ganzen Körper, deinen Kopf, Nacken, das Gesicht, die Augen, Ohren, die Nase, die Kopfhaut, den Kiefer, die Zunge, den Hals.

Entspanne deine Schulterpartie, Arme und Hände, Rücken und Wirbelsäule hinab bis zum Gesäß.

Entspanne die Hüften, die Beine, den Bauch, die Oberschenkel und Waden und zuletzt die Finger.

Spüre, wie das Blut in deinem ganzen Körper zirkuliert. Kannst du deinen Herzschlag wahrnehmen?

Du spürst die Stille in dir wachsen.

Ab und zu kommt ein Gedanke. Du schaust ihn dir kurz an, nimmst ihn wahr und lässt ihn weiterziehen.

Du konzentrierst dich wieder auf die entspannte Gelassenheit deines Atems.

Atme durch die Nase ein und durch die Nase wieder aus.

Stell dir vor, du stehst an der Startlinie eines Rennens. Es ist kein gewöhnlicher Lauf, sondern ein Hindernislauf, mit vielen Schlammlöchern, Mauern und anderen Hindernissen, die dich vor große Herausforderungen stellen.

Der Startschuss ertönt. Neben dir, vor dir und hinter dir rennen Tausende von Leuten los.

Es regnet und es ist kalt. Es ist unangenehm, aber du läufst los.

Der Regen steht in tiefen Pfützen auf der Straße und deine Schuhe sind schon nach wenigen hundert Metern komplett durchnässt – aber du läufst weiter.

Du trittst in ein Schlammloch und stolperst, schaffst es knapp, den Sturz zu verhindern.

Die Aktion tat höllisch weh. Du akzeptierst den Schmerz und läufst weiter.

Jemand schubst dich und du stürzt in einen Bach an der Seite der Strecke.

Das Wasser ist eiskalt und du bist vollkommen nass.

Du rappelst dich auf und kletterst zurück auf die Strecke.

Dann läufst du weiter.

Du musst über eine hohe Mauer, es will dir nicht gelingen.

Du probierst es zigmal, aber ständig rutschst du am Rand aus und wieder an der Mauer herab.

Deine Fingerspitzen und deine Handrücken sind blutig. Du bist völlig erschöpft.

Jemand reicht dir von der anderen Seite eine Hand, du nimmst noch mal alle Kraft zusammen und erklimmst mit letzten Reserven die Mauer.

Bevor du dich bedanken kannst, ist die andere Person verschwunden.

Du fühlst dich dankbar, als du in die Zielgerade läufst und es über die Ziellinie schaffst.

Im Ziel angelangt, öffnet sich in dir eine Tür.

Du spürst unendliche Dankbarkeit für die Mühe und Kraft, die du in dich investiert hast, genährt von inneren Motiven.

Du spürst die unglaubliche Verbindung mit dir selbst, deiner eigenen Reise und dem Mut und der Beharrlichkeit, mit der du all die Hindernisse überwunden hast.

Du spürst, dass es keinen Anfang und kein Ende gibt, sondern nur ein niemals endendes Jetzt. Und du spürst, dass alles, was du brauchst, für deine Reise bereits in dir steckt.

Hole noch einmal tief Luft und komm zurück auf diese Seite des Jetzt. Hier, in diesem Raum, in dem du sitzt und mit geschlossenen Augen und auf die Rückkehr wartest.

Dritter Teil

DAS TRANS- FORMIERENDE PRAXIS- PROGRAMM

Schritt für Schritt
in die Sieben Säulen

Ganz gleich, ob du direkt mit diesem Kapitel einsteigst, oder bis hierhin alles durchgelesen hast, in diesem letzten Teil des Buches wird Schritt für Schritt erklärt, wie das Praxisprogramm zu den Sieben Säulen des Seins genau funktioniert.

Übersicht zum Praxisprogramm

Der Gesamtprozess des Programms ist langfristig angelegt. Damit ist gemeint, die Sieben Säulen des Seins sind mehr eine Lebensweise als ein Programm, dem du in den Schablonen eines »Zwölf-Wochen-Selbstoptimierungsprogramms« folgst. Nichtsdestotrotz durchlaufen wir zu Beginn des Prozesses verschiedene Phasen über einen Gesamtzeitraum von zwölf Monaten. In diesem Jahr integrieren wir Ebene für Ebene und Säule für Säule behutsam in unser Leben. Über diesen Zeitraum entsteht in der Regel ein ausgewogener, sinnorientierter, freudvoller Alltag, der sich anfühlt, wie sich ein erfülltes Leben anfühlen sollte.

Je mehr sich die nächsten Seiten wie eine sehr enge Anleitung lesen, desto klarer sollte sein, dass die Sieben Säulen des Seins wie zu Beginn erwähnt eher ein Baukasten sind, in dem wir alle die für uns notwendigen Impulse finden und umsetzen können. An dieser Stelle rufe ich die Idee hinter diesem Bauplan noch mal in Erinnerung: Manche von uns brauchen einen klaren Rahmen, und für jene unter euch gibt es dafür eine sehr genaue Anleitung. Andere möchten vielleicht eher einen eigenen Plan auf der Basis der Ideen aus diesem Buch entwickeln, und das ist genauso gewünscht. Zu guter Letzt sind die Sieben Säulen des Seins nichts anderes als eine Art, das Leben wie ein Spiel zu betrachten, für das wir uns manchmal neue Regeln überlegen möchten.

Im folgenden Teil des Buches werden einige Strategien erläutert, die für mich am effektivsten waren. Ich finde Tabellen, die du anhand der jeweiligen Aufgaben befüllen kannst, sehr hilfreich. Im Anhang habe ich dafür unter »Tools« diverse Links mit passenden Templates für Tabellen eingestellt. Im folgenden Kasten findest du eine Übersicht, wie sich die zwölf Monate auf die sieben Phasen aufteilen, bevor wir auf den nächsten Seiten detailliert auf den gesamten Entwicklungsprozess eingehen werden. Übrigens: Damit du dir den Prozess bildlich vorstellen kannst, hat mein Freund und Grafiker Peter Bickhofe die Illustrationen in den Umschlagseiten kreiert.

Zwölf Monate und sieben Phasen

Erster Monat
Phase I
1. Woche: Ebene 1
Diese Ebene beinhaltet die Bildung des Fundaments, die Entdeckung des authentischen Selbst.

Phase II
2. bis 4. Woche: Ebene 2
Dies stellt die Einführung in die Ebene 2 dar, in den inneren Kreis. In diesen ersten drei Wochen machen wir pro Woche erste einfache Übungen pro Säule, um zu erleben, wie sich diese kleinen Sieben-Tage-Sprints in unseren Alltag integrieren lassen.

Zweiter und dritter Monat

Ebene 2

In den folgenden acht Wochen bespielen wir die ersten drei Säulen mit verschiedenen Übungen. Wir variieren von Woche zu Woche, um herauszufinden, welche Übungen gut funktionieren, welche wirksam sind und welche uns nicht so sehr liegen. Ab Woche 10 kommen langsam zwei Übungen pro Säule ins Programm, um die Intensität zu vertiefen und erste Routinen aus den verschiedenen Übungen entstehen zu lassen.

Phase III

Vierter Monat

Ebene 2 zu Ebene 3

Der vierte Monat beginnt mit einer Woche Reflexion, ganz ohne verpflichtende Übungen. Hier ist es wichtig, die eigenen Aufzeichnungen zu nutzen und mit etwas Distanz zu erkennen, was wir im ersten Quartal gelernt haben. Mit diesen Erkenntnissen starten wir die nächste Phase des Programms. Wir integrieren den äußeren Kreis in unser Praxisprogramm.

Fünfter und sechster Monat

Ebene 3

Es folgen wieder acht Wochen des Experimentierens: Es geht nicht darum, alles perfekt zu machen, sondern ein Gefühl dafür zu bekommen, was es bedeutet, sich jeden Tag den verschiedenen Lebensbereichen zu widmen. Wie schon in der zweiten Phase kann es im sechsten Monat, in etwa Woche 23, im äußeren Kreis der dritten Ebene des Seins, mehr als eine Übung pro Säule geben.

Phase IV

Siebter, achter und neunter Monat
Ebene 4

Mit Beginn des siebten Monats beginnt die zweite Hälfte des Praxisprogramms. Unsere Entwicklung hat bereits Spuren hinterlassen und wir nehmen wahr, wie sich unser Leben anders anfühlt. Es stellt sich größere Achtsamkeit ein und eine Intuition, wie wir anderen Menschen auf ihrem Weg zur Erfüllung helfen können: Wir sind so weit, die letzte, siebte Säule des Seins in unser Programm aufzunehmen. Hier bauen wir sukzessive Übungen für die siebte Säule in unseren Alltag ein, während wir die ersten sechs Säulen weiter aktiv halten. Wichtig ist, dass wir in der Ausgestaltung der ersten sechs Säulen etwas flexibler sind. Wir wissen immer besser, was uns guttut, was uns in der Balance hält, und entwickeln unsere Gewohnheiten mit Experimentierfreude weiter.

Phase V

Zehnter und elfter Monat
Reifeprüfung und finale Testphase

Mit dem zehnten Monat schließen wir das eigentliche Training ab und leiten eine zweimonatige Zwischenphase ein, die einige Freiheiten in der Ausgestaltung unserer Übungen mit sich bringt. Wir können viel besser spüren, in welchen Säulen wir Bedarf haben, und entsprechend Übungen einbauen und weglassen. Dabei unterstützt uns die wöchentliche Reflexion.

Phase VI

Zwölfter Monat
Übergang zur Routine
Der zwölfte Monat beschreibt den Abschluss des Praxisprogramms und den Übergang zur Routine. Wir sind inzwischen stabil und erfahren bei der Anwendung des
Praxisprogramms. Wir haben ein gutes Gespür für die passenden täglichen Routinen entwickelt und bilden innerhalb dieser unsere wichtigsten Lebensbereiche ab. In regelmäßiger Reflexion über unsere Lebensidee bleiben wir
effektiv und zielorientiert im Sinne des Genusses unserer
Reise.

Phase VII

Nach dem zwölften Monat
Alltag
Die Sieben Säulen des Seins sind zu einem Bestandteil
unseres Alltags geworden. Wir pflegen unsere Säulen,
bauen immer mal wieder neue Übungen in unser Programm ein, passen unsere Routinen den veränderten
Gegebenheiten in unserem Leben an und bleiben über
regelmäßige Reflexions-Loops stets unserem Innen,
unserem Außen und dem universellen Sinn verbunden.

Im Anhang unter »Tools« findet sich ein Link zu einer
Gesamtübersicht, wie sich der Jahresplan auf Wochenbasis
entfaltet. Du kannst dir das Sheet kopieren und selbstständig damit arbeiten, es verändern, befüllen – so, wie du
magst.

Tipps und Tricks zur Anwendung des Praxisprogramms

Ein paar wirksame Tipps, um dein Transformationsprogramm erfolgreich zu gestalten:

Dokumentiere dein Praxisprogramm unbedingt. Das bedeutet konkret am Beispiel einer Woche: Überleg dir an einem Sonntag, welche Übung(en) du in den jeweiligen Säulen jeden Tag machen willst, zum Beispiel die Säule »Körper«: vegetarische Ernährung; Geist: Jeden Tag einen Abschnitt in diesem Buch lesen; Seele: Morgens nach dem Aufwachen einen kleinen Tagebucheintrag schreiben. Checke jeden Abend, ob du am Tag getan hast, was du dir vorgenommen hattest, oder nicht (in deinem Workbook, auf einer App, in der du Listen abhakst, oder in einem Kalender).

Reflektiere am darauffolgenden Sonntag, wie gut die letzte Woche für dich gelaufen ist, ob du mit denselben Übungen weitermachen möchtest oder andere einsetzen wirst. Überlege, ob du dich besser fühlst oder die jeweilige Übung wirkungslos für dich war, et cetera.

Instrumente, mit denen du deinen täglichen Fortschritt dokumentieren kannst, gibt es viele. Ein paar Optionen im Überblick: **Apps** wie Coach Me oder Do 3 Things (ich nutze beide Apps seit einigen Jahren und sie sind meine wichtigsten Begleiter in der Pflege meines Sieben-Säulen-des-Seins-Lebensstils).

Ein **Kalender** an der Wand oder auf dem Schreibtisch: Tage, an denen du geübt hast, versiehst du mit einem Kreuz. Natürlich versuchst du, so viele Tage mit Kreuz wie möglich aneinanderzureihen. Dies nennt sich auch »Rette die Kette«-Strategie, sie verhindert, dass du die Aktionssträhne unterbrichst. Oder du führst eine **Häkchen-Liste** im Sieben-Säulen-Workbook. Du kannst dir ein separates **Erfolgstagebuch** anlegen, in dem du darüber hinaus Komplikationen, Hindernisse und Taktiken dokumentierst.

Zelebriere deinen Fortschritt, das heißt: Gönn dir etwas nach einer Woche mit durchgehender Sieben-Tages-Absolvierung – ein tolles Essen, Zeit für dich, einen Besuch in der Sauna oder im Kino. Rette die Kette und **belohne dich.** Wenn du einige Wochen jeden Tag erfolgreich warst, nimm dir einen Moment, um deine Fortschritte zu würdigen, und sei stolz auf dich. Nutze Wege, deinen bisherigen Fortschritt erlebbar zu machen und deine Entwicklung zu visualisieren.

Starte sofort.

Das Design deiner eigenen Verhaltensschleifen (siehe Habit Loop, Seite 105 ff.) beginnt bereits mit der gezielten **Platzierung von Auslösern** (sogenannten Cues): Möchtest du morgens Sport machen, platziere die Turnschuhe vor deinem Bett. Willst du abends ein Buch lesen, leg dir das Buch schon tagsüber auf den Nachttisch. Oder willst du Karotten statt Zigaretten? Dann bereite ein Glas frisch geschälter Karotten vor.

Unterteile eine neue Gewohnheit in **kleine Schritte**: Wenn du irgendwann mal in der Lage sein willst, täglich 60 Minuten Sport zu treiben, dann fange mit 15 Minuten am Tag an und steigere dich nach und nach.

Erinnere dich an deine **Vorsätze**: Hänge einen Zettel (wie Post-its) mit der neuen Gewohnheit gut sichtbar für dich auf, an einer Stelle, an der du häufig vorbeikommst. Somit geraten deine Vorsätze nicht in Vergessenheit.

Informiere deine Freunde: Dadurch baust du äußeren Druck auf und erhöhst deine Erfolgsquote.

Bleibe **konsequent**: Setze höchstens einen Tag aus, niemals mehr als zwei Tage. Nur so bleibst du im Flow.

Entscheidungen verbrauchen mentale Energie, daher baue aus den verschiedenen Übungen jeden Tag **kreative Routinen** zusammen. So musst du nicht morgens überlegen, ob du zuerst meditierst oder laufen gehst, sondern hast bereits einen Plan.

Das Spiel deines Lebens

Stell dir vor, die Sieben Säulen des Seins sind ein Spiel, das du spielst. Es ist dein Spiel des Lebens und du bestimmst die Regeln Woche für Woche neu. Egal, welche Regeln, beziehungsweise Aufgaben oder Gewohnheiten du dir für jede Säule, für jede Woche überlegt hast, halte dich an sie, sonst macht das Spiel nicht so viel Spaß. Und ein Spiel, das keinen Spaß macht, spielt man nicht lange.

In diesem Buch fünf Schlüsselfaktoren identifiziert, welche für die Entfaltung eines erfüllten Lebens essenziell und effektiv sind. Jeder dieser Faktoren ist gleichermaßen wissenschaftlich untermauert und kann spielerisch in die Praxis integriert werden. Daher übersetzen wir sie an dieser Stelle wie folgt in fünf Spielregeln.

Die fünf Spielregeln

Regel 1: Übe täglich

Die tägliche Praxis manifestiert die Kontrollfähigkeit über unser Leben. Kleine Veränderungen, die in den Alltag integriert sind, entfalten über die Zeit ungeahntes Entwicklungspotenzial. Jeden Tag eine kleine Übung zu machen, verwurzelt uns in dieser Kraft. Regelmäßige Übungen trainieren nicht nur unsere Willenskraft und Resilienz, sondern sorgen für eine Veränderung unseres Bewusstseins, unserer Gehirnstrukturen, sogar unserer Biochemie. Die kleine, dafür stete Veränderung wird am Ende die größte Erfüllung bringen. Nicht alle Säulen lassen sich leicht auf eine tägliche Praxis herunterbrechen. So ist es zum Beispiel leichter, jeden Tag zehn Minuten zu meditieren, als jeden Tag an einer Beziehung zu arbeiten. Die Form, die wir einer Idee für unser Leben, für eine Beziehung, für eine Mission oder die Spiritualität geben, lässt uns erkennen, dass es nicht darum geht, jeden Tag Berge zu versetzen. Es ist nachhaltiger, jeden Tag kleine Schritte zu machen, manchmal sogar ganz kleine. Aufmerksamkeit in die Bereiche der Säulen zu investieren, kann reichen, wie fünf Minuten an jemand oder etwas zu denken, ein paar Sätze aufzuschreiben, ein Gefühl von Dankbarkeit zu formulieren. Es ist die Kontinuität, die unseren Fokus im Leben neu ausrichtet, die die Themen in unserem Bewusstsein manifestiert und auf diese Weise eine neue Perspektive etabliert.

Regel 2: Halte die Balance

Die Ausgeglichenheit der Sieben Säulen des Seins stabilisiert deine Kontrollfähigkeit. Es ist wichtig, Achtsamkeit für unsere Schlüsselbedürfnisse zu entwickeln und diese entlang der gesamten Bandbreite menschlicher Lebensführung bewusst, behutsam und kontinuierlich zu erfüllen. Das hilft uns, den Anspruch an einzelne Lebensbereiche, unser gesamtes Glück tragen zu müssen, zu mildern, und macht uns resistenter für die Überraschungen des Lebens. Die zweite Regel bedeutet also, dass wir während des gesamten Entwicklungsprozesses alle sieben Säulen in unser Leben integrieren und danach in jeder Woche unseres Lebens stets alle sieben Säulen des Seins zumindest mit einer Übung bedenken sollten.

Regel 3: Reflektiere regelmäßig

Die meisten diszipliniert und leidenschaftlich verfolgten Entwicklungs- und Transformationsprogramme scheitern wegen der fehlenden Verbindung des Programminhalts mit dem eigenen Sinngefühl. Nur wenn wir unsere innere Wahrheit kennen, können wir Entscheidungen danach ausrichten. Daher besagt die dritte Regel, dass wir sowohl in wöchentlicher Reflexion als auch in regelmäßigen Abständen (beispielsweise alle drei Monate oder mindestens zum Jahreswechsel) auf höherer Ebene unsere Entwicklung, unsere Alltagsgestaltung und unsere Beziehungen prüfen, ob sie noch mit den Offenbarungen unserer Identität harmonieren. Dabei sind absolute Ehrlichkeit uns selbst gegenüber sowie Vertrauen in unsere Intuition die Grundpfeiler. Wir Menschen tendieren dazu, Dinge danach zu bewerten, wie sie unser Leben einfacher machen könnten, und nicht, ob sie unserer inneren Wahrheit entsprechen. Langfristig führt uns aber die Ausrichtung am echten Kern zum erfüllten Leben.

Regel 4: Bleibe beständig

Die Bereitschaft, wieder neu zu beginnen, wenn wir mal den Anschluss verlieren, macht uns resistent für die Unwägbarkeiten des Lebens. Egal, wie gut wir darin sind, uns mit dem authentischen Selbst zu verbinden und das Programm gewissenhaft und behutsam zu entfalten, es wird Zeiten und Momente geben, in denen wir in alte Muster und Strukturen zurückfallen und unsere Vorsätze und Routinen schleifen lassen. Das ist nicht schlimm und manchmal wichtig, denn es sind diese Phasen, die uns erkennen lassen, wie gut uns die erlernten Routinen eigentlich tun. Die Herausforderung ist, beständig zu sein und den Neubeginn als größte Errungenschaft zu betrachten. In der Wissenschaft zur Achtsamkeit haben wir gelernt: Während der Meditation ständig über Gedanken zu stolpern, ist völlig normal, die Entwicklung unserer Fähigkeiten geschieht sogar genau in jenem Moment, wenn wir trotz der Gedanken zur Meditation zurückfinden. Und genauso verhält es sich in der übergeordneten Entsprechung in unserem Leben. Den größten Entwicklungseffekt erzeugen wir, wenn wir dranbleiben und nach Pausen der Zerstreuung unser Leben wieder auf unsere Sieben Säulen des Seins zurückbringen.

Regel 5: Reise leicht

Uns selbst und das Leben als etwas Leichtes zu betrachten, macht unsere Reise weniger schwer. Wenn wir zu viele Themen, Beziehungen, Besitztümer, Problemchen oder Abhängigkeiten mit uns herumschleppen, ist es hilfreich, uns bewusst davon zu befreien. Gerade in Zeiten der inneren und äußeren Konflikte, wenn alles bleiern und unglaublich schwer erscheint, ist es notwendig, sich auf das große Ganze, das Ende und den Anfang, zu besinnen. Erinnere dich: Wir bestehen aus Sternenstaub, kleben als konstant stoffwechselnde Zellhaufen magnetisch auf einem riesigen Stein und fliegen im Kreis um einen noch größeren Feuerball rotierend durch das Universum. Irgendwann wurden wir geboren und keiner von uns kommt aus diesem Trott wieder lebend heraus. Machen wir also das Beste daraus und nehmen diese Existenz als etwas hin, das sie ist: eine wundervolle Absurdität. Nicht mehr und nicht weniger.

Take it easy

Leichtigkeit heißt, in Bewegung zu bleiben, mental, physisch und seelisch. Nicht alles haben wollen, sondern lieber etwas sein wollen. Leicht bleiben ist ein ganz wichtiger Faktor und die Regel ist wirklich sehr simpel: Immer, wenn du spürst, dass alles schwer wird, denke an diese Regel, atme tief ein, lächle, mach den Rücken gerade, verschenke den ganzen Kram, der dich belastet, trink einen Tee mit einer Freundin, führe ein zielloses Gespräch mit einem Fremden, irre eine Stunde in der Nachbarschaft umher, ohne irgendwohin zu wollen, schau dir die bunte Welt aus den Augen des Sternenstaub-Zellhaufens an, der du bist. Fokussiere dich auf die Rückkehr zur Leichtigkeit. Es klappt oft einfacher, als du denkst.

Wenn du nur eine einzige Sache von den Sieben Säulen des Seins mitnimmst, dann hoffe ich aufrichtig, dass es diese hier ist: Die Sieben Säulen sind eine Lebenshaltung, kein Trainingsprogramm. Auch die Veränderung deines Lebens, die Transformation, ist keine Strategie, kein Trainingsprogramm. Sie ist Ausdruck einer inneren Haltung. Sie ist ausgerichtet auf Wachstum, aber nicht auf Kosten von anderen, sondern auf dem Fundament der Liebe. Sie ist der Schlüssel zu einem ausgeglichenen Leben in Harmonie und Verbundenheit mit der Gemeinschaft.

Phase I: Das Fundament legen

Es kann endlich losgehen. Du hast dich entschlossen, die Transformation zu beginnen, und willst starten. Im Kasten erhältst du eine Übersicht über Phase I, die nun beginnt.

Phase I
Gesamtdauer: 1 Woche
Thema:
- Einstieg in die Sieben Säulen des Seins
- Arbeit an Ebene 1: Du bildest dein Fundament und entdeckst dein Selbst

Ergebnisse:
- Dein innerer Wertekompass
- Identifikation deines authentischen Selbst
- Klarheit über intrinsische Treiber deines Verhaltens
- Eine formulierte Lebensvision
- Lebensziele (im Einklang mit deinem authentischen Selbst)
- Jahresziele (Schwerpunkte ermitteln für die Sieben Säulen des Seins)
- Bonusziele (das Salz in der Suppe)

Was du für diese Phase brauchst:
- Dein Sieben-Säulen-des-Seins-Workbook

- 10 bis 20 kleine Karteikärtchen oder Zettel
- 1 bis 2 Stunden Zeit pro Tag für die nächsten sieben Tage
- 1 bis 2 gute Freund*innen (oder Partner*in), die Lust haben, deine Sparringspartner*innen zu sein

Schritt für Schritt

Tag 1

Spätestens jetzt brauchst du das oben genannte Workbook. Block dir für die nächsten Tage Zeit, damit du jeden Tag ein wenig mit diesen Übungen arbeiten kannst. In ein paar Tagen kannst du ein, zwei Freunde einladen und ihr könnt gemeinsam arbeiten, das ist besonders hilfreich und übrigens belebend für die Beziehung. Es geht darum, über dich, deine Werte und deine Persönlichkeit mit Leuten zu sprechen, denen du vertraust und die dir helfen können, dein Bild von dir selbst zu schärfen. Das geht grundsätzlich auch ohne zusätzliche Personen, ist aber leichter, wenn du jemanden in den Prozess involvierst.

Wir steigen am ersten Tag mit der ersten Übung des Praxisprogramms ein.

Übung 1: Mit dem Ende beginnen
(Inspiriert von Stephen R. Covey: *Die 7 Wege zur Effektivität*)
Aufgabenstellung
Lass uns eine kleine Gedankenreise machen: Schließe deine Augen und atme tief durch.

Stell dir vor, du befindest dich in einem großen, hellen Raum, einem Gebetshaus. Die Menschen sind zu einer Beerdigungszeremonie gekommen, die Halle ist voller trauernder Menschen.

Du siehst dich um und erkennst, dass alle Menschen, die in deinem Leben wichtig sind, da sind. Dir wird bewusst, dass es sich um deine eigene Beerdigung handelt, du bist die Person, von der man sich verabschiedet.

Verschiedene Personen nehmen nacheinander das Mikrofon und sprechen über diesen Menschen, der von ihnen gegangen ist. Zuerst die Familie, dann die besten Freunde, danach Kollegen und die Chefin.

Frage dich: Was möchtest du, dass diese Menschen über dich sagen? Wie möchtest du in Erinnerung bleiben?

Reflexion

Denke in Ruhe darüber nach und notiere, was diese Personen über dich sagen sollen. Was wünschst du dir? Welche Adjektive, Begriffe, Themen sollen sie erwähnen?

Dokumentation

Schreibe eine Reihe von Begriffen auf, die du von den Trauergästen hören möchtest. Nimm dir Zeit und lass es fließen. Es ist wichtig, dass du ehrlich bist und wirklich in deiner Tiefe erspürst, was andere Menschen über dich sagen sollen. Wenn du Hilfe brauchst, passende Begriffe zu finden, nutze gerne meine Onlineübersicht zu möglichen Werten an. Du findest diese im Anhang unter »Tools«.

Auswertung

Schau dir an, was du aufgeschrieben hast, und versuche (ohne Eitelkeitsfilter) vier bis fünf Begriffe zu finden, die dein Ideal-Selbst am besten beschreiben.

Durch diese Worte schimmern die ersten Grundlagen deiner inneren Wahrheit hindurch.

Tag 2

Am zweiten Tag kannst du dich der zweiten Übung widmen. Wir tauchen tiefer in uns hinein. Bei der Gelegenheit möchte ich eine kurze Atemübung vorstellen, die dir direkten Zugang zu innerer Klarheit, Konzentration und Gelassenheit ermöglicht. Zur Einstimmung auf die Übungen hier ist sie bestens geeignet.

Instant-Meditation: Atemübung für Konzentration und innere Ruhe

Atme zehnmal tief ein und aus und achte darauf, dass die Ausatmung länger dauert als die Einatmung. Du kannst die Sekunden in Gedanken mitzählen und beim Ausatmen ein bis zwei Sekunden weiterzählen. Werde mit jedem Atemzug etwas langsamer beim Zählen. Konzentriere dich auf deinen Bauch und wie er sich mit jeder Ein- und Ausatmung bewegt. Diese einfache Übung wird im weiteren Verlauf »Atemübung« genannt und ist eine sehr effektive Methode, um im Hier und Jetzt anzukommen.

Widme dich nun Übung 2.

Übung 2: Das Unterbewusstsein konditionieren
Aufgabenstellung

Wir wenden uns der Liste im Kasten ab Seite 260 mit den »Fundamentalen Fragen« zu und nehmen uns vor, jeden Tag eine dieser Fragen zu beantworten. Nimm am besten immer dein Notizbuch mit und mach dir Notizen, wenn dir wieder etwas dazu einfällt. Du kannst dir jede Woche auf eine kleine Karteikarte zwei bis drei Fragen aufschreiben und diese in der Hosentasche mit dir herumtragen. So wirst du jedes Mal, wenn du in die Hosentasche greifst, an deine Fragen erinnert. Je nachdem, wie lange du dir für diesen Prozess Zeit lassen willst, kannst du drei bis fünf Fragen sofort beantworten und dann im Prozess mit Übung 3 weitermachen. Oder du lässt für die nächsten Wochen oder Monate Frage für Frage auf dich wirken.

Reflexion

Nachdem du Antworten zu allen Fragen gefunden hast, ist es wichtig, dich selbst zu prüfen. Auch hier gilt natürlich: Am besten funktionieren diese Übungen, wenn du konsequent authentisch bleibst.

Dokumentation

Schreibe deine Antworten in dein Notizbuch oder auf Karteikärtchen und achte dabei darauf, dass du kurz und knackig bleibst und eher in Stichworten als in zu langen Sätzen antwortest. Je mehr du mit Stichworten arbeitest, desto besser findest du Zugang zum Unterbewussten, da das Bewusstsein beim Ausformulieren zu sehr aktiviert wird.

Auswertung

Schau dir deine Antworten durch und markiere oder unterstreiche Worte, die immer wieder auftauchen. Versuche, Begriffe mit ähnlicher Bedeutung zu gruppieren, und suche dir dann aus jeder dieser Wortgruppen einen bis zwei Begriffe, also Schlüsselattribute, heraus, die du am repräsentativsten findest.

Das Ergebnis könnte wie folgt aussehen:

- liebevoll
- mutig

- loyal
- geduldig
- bescheiden

Fundamentale Fragen an das Unbekannte
Bei allen Fragen gilt: Sie funktionieren nur, wenn du bei der Antwort wirklich ehrlich bist. Überprüfe dich, schreibst du, was du gern hören würdest oder anderen gefallen würde, oder eher das, was du wirklich denkst? Sei sehr sorgfältig, denn die Antworten auf diese Fragen bilden das Fundament der gesamten Arbeit an den Sieben Säulen des Seins.

Fragen an das Unbekannte:
- Was bedeutet für dich Erfolg?
- Was ist deine erste Erinnerung ans Glücklichsein?
- Was sind Widerstände in deinem Leben, die immer wieder auftreten?
- Warum treten diese Widerstände auf?
- Was schätzt du am meisten an anderen Menschen?
- Was macht dich wütend?
- Woran glaubst du?
- Was gibt dir Hoffnung?
- In welcher Situation in deinem Leben warst du so richtig stolz auf dich selbst und warum?
- Was ist deine schönste Erinnerung?
- Was war das schönste Kompliment, das du jemals bekommen hast?
- Was bedeutet Freundschaft für dich?
- Was bekommt nicht genug Raum in deinem Leben?
- Welche Person hat nachhaltig positiven Eindruck bei dir hinterlassen und warum?

- Was ist dein Traumjob?
- Wer oder was bringt dich zum Leuchten?
- Wofür bist du dankbar?
- Welche Geschichte aus deiner Kindheit erzählst du gern und warum?
- Welche Erfahrung in deinem Leben hat dich nachhaltig verändert?
- Für welche Sache wärst du gerne berühmt?
- Was ist dein Geschenk an die Welt?
- Wie geht es dir wirklich?
- Was haben alle deine Freunde gemeinsam?
- Auf welche Errungenschaft in deinem Leben bist du besonders stolz?
- Welche Wahrheit über dich selbst kennt kaum jemand?
- Was war die wichtigste Entscheidung, die du je getroffen hast, und warum war sie so wichtig?
- Was würdest du tun, wenn du wüsstest, dass du nicht scheitern könntest?
- Was ist deine größte Unsicherheit?
- Wenn Geld keine Rolle spielte, was würdest du den ganzen Tag machen?
- Bei welcher Tätigkeit vergisst du Raum und Zeit?
- Warum sollte sich jemand für dich interessieren?
- Was macht dich liebenswert?
- Was würdest du gerne lernen?
- Was kannst du anderen beibringen?
- Wo ist dein Lieblingsort und was macht ihn so besonders?
- Wo würdest du gerne leben und warum?
- Welche Bücher liest du gerne und wie fühlst du dich, wenn du sie liest?
- Worin möchtest du gerne besser werden und warum?

- Was bringt dich so richtig zum Lachen?
- Warum hast du das letzte Mal geweint?
- Was macht für dich einen perfekten Moment aus?
- Wovor hast du Angst?
- Was macht dich traurig?
- Wann fühlst du dich am stärksten?
- Was ist die größte Veränderung, die du in deinem Leben anstrebst?
- Was an dir gibt dir Rätsel auf?
- Welche Bedürfnisse und Ziele hast du in deinem Leben vernachlässigt? Was belastet dich gerade?
- Welche Fähigkeiten würdest du gerne weiterentwickeln?
- Wie bewertest du das Verhältnis von Einsatz und Nutzen in deinem Leben?
- Hast du Ideen von deinem Leben gehabt, die sich als unrealistisch herausgestellt haben?
- Empfindest du Eigenständigkeit?
- Gibt es etwas, wovon du abhängig bist? Und wenn ja, warum?
- Spürst du deine eigene Freiheit? Und wenn nein, warum nicht?
- Wie macht sich innere Freiheit bemerkbar?

Wenn du am Ende die Begriffe verdichtet hast, vergleiche sie mit den Ergebnissen des ersten Tages und fasse sie zusammen, sodass die ersten beiden Übungen in den Begriffen, die du gefunden hast, bestmöglich enthalten sind. Am Abend des zweiten Tages hast du die drei bis fünf Schlüsselwerte bestimmt, die dem Idealbild deines Selbst entsprechen.

Willkommen zu deiner Persona

Es folgt der erste Entwurf deiner Persona, laut Carl Gustav Jung auch »Theatermaske« genannt. Das mag etwas abschreckend klingen, beschreibt jedoch lediglich die Werteessenz, die wir für uns als Idealbild identifizieren. Sie ist ein sehr wichtiges Element unseres authentischen Selbst und wird in Übung 3, idealerweise mit Partner*in, noch weiterentwickelt. Ausgehend von der Persona können wir weitere Teile unseres authentischen Selbst entschlüsseln. Wie das genau geht, erfährst du in den nächsten Übungen.

Tag 3
Nach der kleinen Atemübung geht es weiter zu Übung 3: Du kannst die Übung zunächst allein machen und danach noch einmal mit Begleitung.

Übung 3: Das authentische Selbst entdecken
Aufgabenstellung – Vorbereitung
Diese Aufgabe kann, wie bereits erwähnt, allein oder gemeinsam mit einer Person des Vertrauens durchgeführt werden. Wenn eine befreundete Person einbezogen wird, erhält man bei dieser Übung oft andere, bessere Ergebnisse, weil durch den Austausch eine externe Perspektive auf das eigene Selbst entsteht, die wir uns ohne Hilfe nicht eröffnen könnten. Gemeinsam untersucht ihr alle Antworten der ersten beiden Übungen auf wiederkehrende Muster und Gemeinsamkeiten. Warst du zum Beispiel als Kind immer dann besonders stolz, wenn du Aufmerksamkeit bekommen hast, dann frage dich, warum du dieses Gefühl des Stolzes empfunden hast. War es die Aufmerksamkeit oder ging es darum, dass du etwas für andere getan hast? Wolltest du deinen Eltern gefallen? Wolltest du gegen andere gewinnen? Wann fühltest du dich glücklich: Wenn du

kreativ warst, auf einer Bühne gestanden bist, auf Reisen warst, dich mit anderen Menschen tief verbunden gefühlt hast oder wenn du anderen helfen konntest? Anhand dieser Erkenntnisse überprüft ihr die bisher ermittelten Schlüsselattribute (siehe Übung 2, ab Seite 258). Dann ergänze oder verändere sie so, dass du schließlich wieder auf vier bis fünf zentrale Schlüsselattribute kommst, die deine angestrebte Persönlichkeit (Persona) am besten beschreiben.

Weitere großartige Übungen findest du auf der Ressource von Prof. Dr. Tatjana Schnell (siehe Link im Anhang), die sich eingehend mit Techniken zur Sinnfindung auseinandergesetzt hat.

Aufgabenstellung – Entwicklung
Wenn du vier bis fünf Begriffe als Essenz deiner Persona gefunden hast, nimm dir jeden Begriff einzeln vor und suche aktiv nach seinem Gegenteil. Dafür kannst du Onlinesuchmaschinen nutzen und nach dem jeweiligen »Antonym« suchen oder einschlägige Websites verwenden (siehe Link im Anhang). Wenn wir dort beispielsweise den Begriff »liebevoll« eingeben, finden wir eine Liste mit Begriffen, die das Gegenteil darstellen: »brutal«, »gehässig«, »grob«, »kaltherzig« et cetera. Aus dieser Liste suche dir möglichst intuitiv den einen Begriff aus, der die heftigste negative, emotionale Reaktion in dir hervorruft. Nehmen wir an, das ist der Begriff »kaltherzig«. Wenn du diese Übung mit Partner*in durchführst, bietet es sich an, dass du erklärst, warum dieser Begriff die negativste, heftigste innere Reaktion hervorruft. Finde auf diese Weise für alle der vier bis fünf Charaktereigenschaften deiner Persona das jeweilige Gegenteil und dokumentiere so deinen persönlichen Schatten. Das könnte dann wie folgt aussehen:

PERSONA	SCHATTEN
liebevoll	kaltherzig
mutig	schwach
loyal	korrupt
geduldig	hektisch
bescheiden	herablassend

Auswertung

Schritt 1: Die innere Herausforderung

Hinweis: In dieser Übung gehen wir sehr tief in die eigene Prägung. Das kann für manche von uns sehr schwierig werden, weswegen ich dir sehr empfehle, diese Übung unbedingt mit einer Begleitung wie Partner*in oder Freund*in durchzuführen.

Aus diesen Schatten übersetzt du deine innere Herausforderung. Das gelingt, wenn du deinen eigenen Charakter im Lichte dieser Schatten betrachtest. Die oben definierten Kontraste zu deinem Ideal, also die Gegenteile deiner Wunscheigenschaften, beschreiben ebenfalls sehr präzise konkrete Persönlichkeitsanteile in dir. Es handelt sich nach Carl Gustav Jungs Modell der Psyche um jene Attribute unseres Selbst, die wir zurückweisen, nicht haben wollen und daher abspalten und in das Unbewusste, in den Schatten verdrängen. Dort verrichten sie ihr Werk, in dem sie nämlich genau dann eine intensive emotionale Reaktion auslösen, wenn uns jene abgespaltenen, ins Unbewusste verdrängten Eigenschaften bei anderen Menschen begegnen. Immer dann, wenn wir einer anderen Person gegenüber aufgrund bestimmter Charaktereigenschaften oder Verhaltensweisen besonders starke Ablehnung spüren, ist das ein Hinweis, dass sich ebenjene Charaktereigenschaften und Verhaltensweisen in uns selbst beziehungsweise in unserem unbewussten Selbst, unserem Schatten, melden. Diese Aufgabe ist eine Chance, unsere wunden Punkte zu erkennen und durch Bewusstwerdung und Auseinandersetzung mit den Ursachen wieder in unsere Persönlichkeit zu integrieren. In der Auswertung geht es dementsprechend darum, zu verstehen, dass wir jene Eigenschaften, die wir am wenigsten mögen, genauso oder sogar noch mehr verkörpern als die Eigenschaften, die wir gerne hätten.

Es ist sicher eine der etwas schwierigeren Aufgaben, besonders wenn wir uns ohnehin schon etwas klein und wertlos fühlen. Sich mit den Attributen des Schattenselbst auseinanderzusetzen, ist jedoch wesentlich bei der Arbeit am inneren Selbst, und deswegen ist die Arbeit an dieser Übung mit einer befreundeten Person so wertvoll. Es hilft vielleicht etwas, wenn wir uns daran erinnern, dass es genau diese Faktoren sind, die uns menschlich und echt werden lassen. Ohne Schattenfacetten gäbe es unser authentisches Selbst nicht und ohne authentisches Selbst wären wir nichts anderes als eine Projektion der Bedürfnisse anderer.

Es ist hilfreich, mit einer Portion Gelassenheit an diese Aufgabe zu gehen und sich zu erinnern, dass wir weder unser Ideal noch ausschließlich unsere Schattenseiten verkörpern. Die wichtige Arbeit besteht darin, die Schatten zu integrieren, indem wir verstehen, worin ihre Ursache liegt, und sie im nächsten Schritt zu akzeptieren. Ohne die eigenen Schatten zu integrieren, ist es unmöglich, sich zu dem Wunschselbst zu entwickeln, das wir in den ersten beiden Übungen für uns in uns entdeckt haben.

Im nächsten Schritt leiten wir aus Persona und Schatten die entsprechende Herausforderung für uns ab. Hierbei entdecken wir häufig Ursachen für bestimmte wiederkehrende Hindernisse in unserem Leben, beispielsweise bestimmte Konfliktmuster mit Freunden oder Partnern aus einer frühkindlichen Prägung.

Zuerst ist es wichtig, diese bisher ermittelten Kontrastbegriffe, diese wunden Punkte, deine Schattenseiten, noch besser zu verstehen. Das gelingt, wenn du die folgenden Fragen ehrlich und gewissenhaft in deinem Notizbuch beantwortest. Schau dir die niedergeschriebenen Antworten genau an und versuche, wie im Folgenden beispielhaft aufgeschlüsselt, deine innere Herausforderung herauszulesen:

- Was stört dich am meisten bei anderen Menschen?
- Welche Eigenschaften deiner Erzfeinde findest du am unangenehmsten?
- Existiert diese Eigenschaft auch in dir selbst?
- Durch welches prägendes Ereignis in deiner Kindheit/Jugend ist dir diese Charaktereigenschaft zu eigen geworden?
- Wie hat dir diese Eigenschaft beim Überleben geholfen?

Erinnere dich an Momente, als du richtig wütend, enttäuscht, traurig oder frustriert warst, und beschreibe in Stichworten, warum du das gefühlt hast und wer noch beteiligt war. Schau dir dein jeweiliges Verhältnis zu den beteiligten Personen an und überlege dir, welche ihrer Charakterfaktoren deine emotionale Reaktion ausgelöst haben.

Nach diesem Schritt sieht unser beispielhaftes Charaktermodell folgendermaßen aus:

PERSONA	SCHATTEN	HERAUSFORDERUNG (IN UNS)
liebevoll	kaltherzig	fehlende Elternliebe
mutig	schwach	Mobbing in der Familie (unter Geschwistern)
loyal	korrupt	als Kind für Wohlverhalten belohnt

PERSONA	SCHATTEN	HERAUSFORDERUNG (IN UNS)
geduldig	hektisch	Elternteil war alkoholabhängig
bescheiden	herablassend	Familie ist statusfixiert

Schritt 2: Die äußere Herausforderung

Blicke durch diese Schatten und Herausforderungen wie durch ein Fernglas in die Welt und versuche, durch diesen »Filter« zu erkennen, welche Dinge dich stören. Nach dem Zoom-in, dem genauen Hinschauen, kommt also der Zoom-out, um das größere Bild zu sehen: Was würdest du gern in dieser Welt verändern? Du bringst so deine innere Herausforderung auf die nächste Ebene, indem du das Problem verallgemeinerst. Auf diese Weise gelingt es dir, den tiefen inneren Konflikt, den du im Schatten deines Unbewussten seit jeher mit dir herumträgst, zu verstehen und in die Kraft umzuwandeln, die dieser innere Konflikt in deiner äußeren Welt freizusetzen imstande ist. Denn die innere Prägung, dieser Urkonflikt, der uns in dem tiefen Kern unseres Selbst zu dem Menschen gemacht hat, der wir sind, besitzt eine ungeheure Energie. Wenn wir diese Energie zu nutzen imstande sind, dann können wir mit ihrer Hilfe daran arbeiten, jene Dinge, die wir in der Welt sehen und die uns verletzen, in uns zu heilen. Das ist unser persönlicher Beitrag, um die Welt ein bisschen zu heilen. Wenn es uns nicht gelingt, diese Energie auf konstruktive, heilsame Weise zu nutzen, kann es genau diese Kraft sein, die in unserem Inneren wütet, bis wir an einen Punkt geraten, an dem wir etwas in unserem Leben und Verhalten verändern müssen.

In unserem Beispiel würden die Herausforderungen in der Welt so aussehen:

SCHATTEN	HERAUSFORDERUNG IN UNS	HERAUSFORDERUNG IN DER WELT
kaltherzig	fehlende Elternliebe	Egoismus und Kapitalismus
schwach	Mobbing in der Familie	Unterdrückung
korrupt	als Kind für Wohl- verhalten belohnt	Korruption
hektisch	Elternteil war alkohol- abhängig	Drogenabhängigkeit
herablassend	Familie ist statusfixiert	sterile Leistungsorientierung

Schritt 3: Die Intention (für uns selbst)

Wir nutzen die Erkenntnis, was uns in der Welt stört, und unsere innere Herausforderung, um daraus eine Intention abzuleiten. Was wollen wir an unserer Haltung und unserem Handeln ver-ändern? Die Intention steht also in starker, authentischer Ver-bindung zu unserer inneren Wahrheit. So kommen wir der Rolle, die wir in der Welt spielen können, schon einen entscheiden-den Schritt näher. Das ist ein großartiges Ergebnis und gehört selbstredend im Sieben-Säulen-Notizbuch dokumentiert. Diese Ergebnisse sind die zentrale Grundlage für die Arbeit an deiner Mission, die später in der Entwicklungsarbeit folgen wird.

Unser Beispiel:

HERAUSFORDERUNG	(IN UNS) (IN DER WELT)	INTENTION (FÜR UNS)
fehlende Liebe der Eltern	Egoismus und Kapitalismus	an das Gute im Menschen glauben
Mobbing in der Familie	Unterdrückung	Verletzlichkeit nicht als Schwäche betrachten

HERAUSFORDERUNG	(IN UNS) (IN DER WELT)	INTENTION (FÜR UNS)
Als Kind für Wohl- verhalten belohnt	Korruption	Loyalität als Geschenk, nicht als Gegenleistung für Liebe verstehen
Elternteil war alkoholabhängig	Drogenab- hängigkeit	innere Stärke und Suchtre- sistenz aufbauen
Familie ist status- fixiert	sterile Leistungs- orientierung	Impuls, Menschen nach ihrem Status oder ihrer Leistungsfähigkeit zu bewer- ten, bewusst widerstehen

Schritt 4: Die Motivation (unser Versprechen an die Welt)

Im letzten Schritt bringen wir unsere Intention in die Welt und entwickeln ein Konzept für unsere authentische Motivation in dieser Welt zu leben und unseren Beitrag zu leisten, kurz: Wir formulieren unser Versprechen an die Welt. Auf diese Weise bilden wir einen kreativen Rahmen und identifizieren den echten, aus unserem inneren Kern kommenden Lebenssinn, der uns für alle weiteren Entscheidungen eine unglaublich mächtige und bedeutungsvolle Hilfe sein wird. Mit diesem Wissen im Gepäck werden wir stets den richtigen Weg durch die Unwägbarkeiten des Lebens finden, der unser echtes Selbst zur Entfaltung bringt.

Beispiel:

INTENTION (FÜR UNS)	VERSPRECHEN AN DIE WELT
An das Gute im Menschen glauben	Ich setze mich für mehr Warmher- zigkeit in der Welt ein
Verletzlichkeit nicht mehr als Schwäche sehen	Durch meine Verletzlichkeit inspi- riere ich Menschen, ehrlich, au- thentisch und selbstbewusst sein zu dürfen

INTENTION (FÜR UNS)	VERSPRECHEN AN DIE WELT
Loyalität als Geschenk, nicht als Gegenleistung für Liebe betrachten	Ich engagiere mich für Gerechtigkeit und soziale Verantwortung
Innere Stärke und Suchtresistenz aufbauen	Ich kläre die Öffentlichkeit über konsumorientierte, manipulative Kommunikation auf
Dem Impuls, Menschen nach Status oder Leistungsfähigkeit zu bewerten, widerstehen	Ich setze mich für Chancengleichheit bei der beruflichen Entwicklung von Menschen ein

Manche mögen eine tabellarische Ansicht hilfreich finden, weswegen du unter »Tools« im Anhang eine Vorlage samt ausführlicher Beispiele für deine eigene Arbeit findest.

Tag 4
Heute hast du Pause: Entspann dich, lass alles bisher Erarbeitete sacken und genieße heute dein Leben.

Tag 5
Nimm dir heute wieder ein bisschen Zeit für die Atemübung, bevor du mit der Arbeit an Übung 4 beginnst. In dieser Übung geht es darum, konkrete Schwerpunkte für das kommende Jahr zu setzen.

Übung 4: Die Sieben-Säulen-Jahresziele
Aufgabenstellung
Die Aufgabe ist es, eine persönliche Ist-Soll-Bewertung der Sieben Säulen des Seins in unserem Leben durchzuführen. Du kannst dafür entweder die entsprechende Jahresziele-Onlinevorlage verwenden (im Anhang unter »Tools«) oder in dein Workbook folgende Tabelle abzeichnen:

Bewertung 1–10 (1 = irrelevant, 10 = sehr relevant in meinem Leben)				Definition Schlüsselsäulen
Letztes Jahr	Säule	Dieses Jahr	Differenz	3–4 Säulen mit der größten Differenz mit X kennzeichnen
	Körper			
	Geist			
	Seele			
	Beziehungen			
	Geld			
	Mission			
	Spiritualität			

Reflexion

Wir überlegen, welche Relevanz die jeweiligen Säulen in unserem Leben in den letzten zwölf Monaten hatten. Ein guter Indikator hierfür ist der entsprechend investierte Zeitaufwand für die jeweilige Säule. Die Bewertung nehmen wir auf einem System von 1 bis 10 vor: Je kleiner die Zahl, desto weniger Relevanz hatte der Lebensbereich in unserem Alltag in den letzten zwölf Monaten, desto weniger Zeit haben wir in diesen Bereich investiert. Je höher die Zahl, desto relevanter der Bereich und desto war größer der Zeitaufwand. Mit Geld ist im Übrigen nicht nur der Job, also das Geldverdienen, gemeint, sondern die Zeit, die wir uns persönlich, gedanklich mit dem Thema Geld beschäftigen – sonst hätte im Vergleich zu anderen Säulen des Thema Geld immer eine deutlich größere Bewertung. Es geht vielmehr um die empfundene Wichtigkeit des Themas der Säule in unserem Leben.

Im nächsten Schritt überlegen wir uns anhand derselben Kriterien, wie wir uns eine mit unseren Werten in Einklang stehende Bewertung für die nächsten zwölf Monate vorstellen.

Dokumentation

Wir tragen die entsprechenden Werte in die Tabelle ein.

- Links neben der Säule der Ist-Wert: Wie wichtig war uns diese Säule bisher tatsächlich?
- Rechts neben der Säule der Soll-Wert: Wie wichtig soll uns diese Säule in der Zukunft sein?

Hierbei ist zu beachten, dass wir nicht zu verkopft an die Sache herangehen, es ist besser, auf das Bauchgefühl zu achten, als zu versuchen, das präziseste Ergebnis zu erhalten. Es handelt sich um eine Technik, um herauszufinden, in welchen Bereichen wir uns Lebensstilveränderung wünschen, und das lässt sich mit möglichst intuitiver Bewertung am besten realisieren.

Im letzten Schritt tragen wir die Differenz der beiden Bewertungen (Ist versus Soll) in die vorletzte Spalte »Differenz« ein.

Auswertung

Bei der Auswertung fokussieren wir uns auf die Spalte »Differenz« und betrachten die drei bis vier Säulen mit der größten Differenz. Wenn die Differenzwerte recht homogen sind, dann schauen wir uns Säulen mit der gleichen Bewertung an und fragen uns kurz, in welchem dieser Bereiche wir die größte Sehnsucht, den größten Bedarf nach Veränderung erspüren, und arbeiten dann mit den drei bis vier Säulen weiter, die wir dadurch bestimmen. Die Säulen des Seins mit der größten Differenz sind jene, für die wir uns in unserem Leben die größte Veränderung wünschen. Hören wir genau hin und finden heraus, wie diese Veränderung gestaltet werden kann. Hier eine Hilfestellung, wie wir diesen Wunsch nach Veränderung besser greifen und ausrichten können:

Dafür steigen wir in jede dieser Säulen mit der größten Differenz hinein (wer möchte, kann das natürlich auch bei allen anderen Säulen tun) und beantworten folgende Fragen:

1. Was möchte ich in dieser Säule des Seins erreichen?
2. Warum ist mir das wichtig?
3. Was hindert mich daran?
4. Wie kann ich es schaffen?
5. Woran erkenne ich, dass ich die gewünschte Veränderung erreiche?

Diese Reflexion wird dir helfen, einen Zugang zu bekommen, wie der Wunsch nach Transformation in den jeweiligen Lebenssäulen erfüllt werden kann.

Ab der Ebene 2 werden wir tiefer in die einzelnen Säulen einsteigen, den bisherigen Lebensstil noch genauer untersuchen. Bei der weiteren Ausgestaltung unseres Lebens verwenden wir die Ergebnisse aus dieser Übung, um noch besser zu ermitteln, welche Gewohnheiten und Routinen für unsere Entwicklung am effektivsten und sinnvollsten sind.

Tag 6

Auch der sechste Tag beginnt mit unserer kleinen Atemübung, bevor du dich der fünften Übung widmest. Spüre genau nach, wie alle deine Antworten mit den Werten, Prinzipien und Grundgedanken, die sich in den Übungen der ersten Tage den Weg in dein Workbook bahnten, zusammenhängen.

Übung 5: Die Bonus-Jahresziele

Zum Abschluss der Zielentwicklung noch eine kleine inspirierende und wichtige Übung, die uns daran erinnert, dass es nicht um das Optimieren geht, sondern um die Freude am Sein! Vergessen wir das nicht bei unserer Arbeit an uns selbst: Wir wollen keine perfekten Organismen sein, wir wollen unser Selbst zur Entfaltung bringen, und das in allen Bereichen unseres Lebens.

Aufgabenstellung

Als ergänzende Ziele zu den bisherigen fügen wir hier eine weitere Perspektive ein, die wir durch die Beantwortung folgender Fragen erschließen. Such dir jene aus, die dich am meisten interessieren, oder gehe sie einfach alle durch. Es ist so oder so wertvoll, sich über diese Fragen Gedanken zu machen:

- Was sind ein bis drei Erfahrungen, die ich in den nächsten zwölf Monaten erleben möchte?
- Wer sind die ein bis drei Personen, die ich in den nächsten zwölf Monaten auf ihrem Weg begleiten möchte?
- Was sind ein bis drei Bereiche, in denen ich in den nächsten zwölf Monaten meine Komfortzone verlassen möchte?
- Was sind ein bis drei Formen der Selbstliebe, die ich in den nächsten zwölf Monaten anwenden möchte?
- Was sind ein bis drei Geschichten, die ich irgendwann im Laufe der nächsten zwölf Monate erzählen möchte?
- Welches sind ein bis drei Orte, die ich in den nächsten zwölf Monaten besuchen möchte?
- Was sind ein bis drei Dinge, die ich in den nächsten zwölf Monaten lernen möchte?
- Was sind ein bis drei Dinge, auf die ich in den nächsten zwölf Monaten stolz sein möchte?

Fallen dir noch weitere solcher Fragen ein? Dann stell sie dir. Und deinen Freunden. Und lasst uns gemeinsam inspirierende Antworten für uns finden.

Tag 7

Der siebte Tag ist ein Reservetag. Wenn du bis hierhin wirklich jeden Tag gearbeitet hast, dann nimm dir den siebten Tag frei! Ansonsten vervollständige das Pensum der Woche und mache die Übungen, die du ausgelassen hattest.

Phase II: Verbindung zum Selbst

Der Anfang ist gemacht, das Fundament gelegt. Nun steigst du ein in den inneren Kreis des Seins. Auch hier ein Kasten als Übersicht über die nächste Phase:

Phase II

Gesamtdauer: 11 Wochen

Thema:

- Du programmierst die ersten Bausteine deines Praxisprogramms.
- Arbeit an der Ebene 2: Du lernst die ersten drei Säulen des Seins kennen.

Ergebnis:

- Erste Erfahrungen mit der täglichen Praxis in einer und mehreren Säulen gleichzeitig
- Erste Erfahrungen mit variablen Übungen pro Tag und Säule

- Gestärktes Selbstbewusstsein
- Größere Klarheit für die Einzigartigkeit unserer Persönlichkeit
- Besseres Verständnis für die Prozesse, die unser Verhalten bestimmen

Was du für diese Phase brauchst:
- Dein Sieben-Säulen-des-Seins-Workbook
- 15 bis 30 Minuten Zeit pro Tag für die Übungen (tagsüber)
- 5 bis 10 Minuten Zeit pro Tag (abends) für kurze Checkins und die Übungsdokumentation
- 30 bis 60 Minuten Zeit jeden Sonntag für die Wochenreflexion und Planung der Folgewoche

Vorgehensweise – Schritt-für-Schritt-Anleitung

Erster Monat (2. bis 4. Woche)

Beginn damit, einen Wochenplan zu erstellen, zum Beispiel am Montagmorgen. Dieser Plan wird bei den Sieben Säulen des Seins zu Beginn jeder Woche erstellt, nicht nur während der sieben Phasen des Entwicklungsprozesses, sondern auch darüber hinaus. Ich beginne seit Jahren jede Woche meines Lebens mit einer solchen Planung, die mir Halt, Klarheit und Sicherheit gibt, auf dem richtigen Weg zu sein.

Zum Ausfüllen deines ersten Wochenplans kannst du zum Beispiel das kostenlose Google Doc Template benutzen, das ich für diesen Zweck angelegt habe. Du findest den Link zur Vorlage mit anschaulichen Beispielen im Anhang unter »Tools«. In diesem Plan habe ich beispielhaft drei Wochen ausgefüllt und zwei Wochen bereits in der Reflexion begutachtet. Kopiere das Template für dich, lösche die Beispiele und trage deine Inhalte neu ein. Beachte bitte: Wenn du die Sieben Säulen des Seins das erste Mal anwendest, dann achte darauf, dass du in den ersten Wochen, gemäß des im Weiteren beschriebenen Vorgehens, nicht gleich in alle sieben Säulen etwas einträgst, sondern Phase für Phase die verschiedenen Ebenen beziehungsweise Säulen erschließt. Alternativ kannst du deinen Wochenplan natürlich in deinem Workbook dokumentieren. Beginne damit, dir folgende Fragen zu stellen:

1. Was möchtest du diese Woche erreichen?
Beschreibe dein wichtigstes Ziel der Woche. Die Antwort sollte eher häufiger als seltener mit deiner Mission beziehungsweise deiner Lebensvision in Einklang stehen.

2. Was ist deine Intention für diese Woche?
Schau dir hierfür deine Idealwerte aus den Übungen 1 und 2 und die Spalte »Intention« in der Tabelle »Fundament des Seins« an. Überlege dir, welchen der notierten Charaktereigenschaften du dich in dieser Woche widmen möchtest. Mit welchem Verhalten, welcher Idee, welcher Aktion willst du diese Intention diese Woche erlebbar machen? Ergründe deine entsprechende innere Motivation (Intention) dazu und trage sie in das jeweilige Feld als Antwort ein. Anpassungen sind immer möglich und stets willkommen.

3. Setze drei Prioritäten für die Woche
Unabhängig von den Sieben Säulen des Seins: Was sind drei konkrete Dinge, die du in dieser Woche erreichen willst? Das können Arbeitsergebnisse sein oder persönliche Entwicklungsziele.

4. Was brauchst du dafür?
Definiere, was genau du für die Erledigung der drei Prioritäten an externen Ressourcen, Hilfen oder Unterstützung benötigst.

5. Wie erkenne ich, dass mein Plan aufgegangen ist?

Beschreibe kurz, woran du die Erfüllung deines Planes erkennst.

6. Hausaufgaben

Dies ist ein Feld, in dem du mögliche Hausaufgaben für die Woche danach beschreibst.

7. Was hast du letzte Woche gelernt?

In dieser Zelle dokumentierst du regelmäßig die wichtigste Erkenntnis aus der Reflexion der Vorwoche. Da es sich jedoch um deine erste Woche handelt, warte bis zum nächsten Sonntag und trage dann rückblickend deinen Erkenntnisgewinn aus der jetzt startendenden Woche ein.

Wochenrückblick/Reflexion

Wichtig ist, dass du den Wochenplan am Ende jeder Woche begutachtest. Ich mache das zum Beispiel immer Sonntagabends. Dabei bewertest du, ob deine Ziele für die Woche erreicht wurden, und färbst die Felder entsprechend ein: Wenn dir etwas gelungen ist, wie du es dir vorgenommen hast, färbe das Feld grün ein. Sollte es teilweise, aber nicht vollständig geklappt haben, dann nutze Gelb. Wenn du gar nicht geschafft hast, die Sache anzugehen, färbe das Feld rot ein. Es geht nicht darum, sich schuldig zu fühlen, wenn eine Woche eher gelb oder rot ist. Diese Wochenreflexion hilft, deine Achtsamkeit zu schärfen. Du bekommst größere Klarheit: Was funktioniert gut für dich? Was fällt dir schwer? Warum war diese Woche so herausfordernd? Was kannst du jede Woche tun, damit die Felder grün werden? Eventuell nimmst du dir viel zu viel vor? Achte besonders in dem Tabellenbereich der Sieben Säulen auf wiederkehrende Farbschemata: Scrolle ein paar Wochen zurück: Solltest du beispielsweise feststellen, dass alle Felder in der Säule »Seele« rot sind und alle Felder der Säule »Körper« grün, dann solltest du deine Wochenziele für die Säule »Seele« überprüfen. Vielleicht gibt es einen Weg, deine Wochenplanung so zu gestalten, dass du die Arbeit an dieser Säule wirklich realisieren kannst? Auf diese Weise lernst du dich selbst von Woche zu Woche besser kennen und hast gleichzeitig eine Struktur, die dir jederzeit zur Verfügung steht, die Halt gibt und dich daran erinnert, welches Leben du dir wünschst. Auch ist diese Dokumentation ein wichtiger Faktor für die Bewertung des eigenen Lebens: Ist es denn überhaupt das Leben, das ich führen möchte, das ich mir da in den Wochenplan gebaut habe? Oder muss ich es eventuell anders angehen? Du hast jede Woche eine neue Chance!

2. Woche: Der Praxiseinstieg in die Sieben Säulen

Den ersten Tag der Woche beginnst du mit den Übungen 6 (Reflexion zum Körper) und 7 (Körperarbeit). In dieser Woche konzentrierst du dich ausschließlich auf eine tägliche Übung in der Säule »Körper« und erfüllst diese konsequent alle sieben Tage.

Übung 6: Reflexion zum Körper

Wir beginnen stets mit einer Reflexion, einer Bestandsaufnahme, bevor wir uns der praktischen Arbeit stellen. Als Teil unserer Hingabe zu mehr Achtsamkeit ist es elementar, dass wir uns selbst spüren und wahrnehmen, bevor wir anfangen, ins Tun zu kommen.

Jetzt ist ein guter Zeitpunkt, sich folgende Fragen zu stellen: Wie fühlst du dich gerade in deinem Körper? Bewerte dein Gefühl auf einer aufsteigenden Skala von 1 bis 10, 1 für schlecht, 10 für hervorragend.

Was tust du bereits für deinen Körper?

Wie sieht es konkret in den vier Bereichen aus, die mit dem Körper assoziiert sind?

Bewegung

Treibst du regelmäßig Sport oder pflegst eine regelmäßige Bewegungsroutine? Wenn ja, was genau und wie oft? Wie fühlst du dich danach? Wie wichtig ist dir das? Warum machst du es gerne? Was motiviert dich?

Ernährung

Gibt es irgendwelche Diäten oder Ernährungskonzepte oder -modelle, denen du folgst? Wenn ja, wie konsequent? Wie fühlst du dich dabei? Wie wichtig ist dir das? Warum machst du es gerne? Was motiviert dich?

Erholung

Betreibst du bereits irgendeine regelmäßige Form der Erholung? Wenn ja, welche und wie oft? Wie fühlst du dich dabei und danach? Wie wichtig ist dir das? Warum tust du es gerne? Was motiviert dich?

Körperpflege

Welche Pflegeroutinen hast du bereits adaptiert? Wie fühlst du dich dabei? Wie wichtig ist dir das? Warum tust du es gerne? Was motiviert dich?

In welchem der Bereiche spürst du die größte Notwendigkeit, dich zu überwinden?

In welchem der Bereiche ist die innere Hürde am höchsten?

Auf welche Weise hast du Lust, in deine Arbeit mit deinem Körper zu investieren?

Notiere dir diese Gedanken in dein Workbook, denn allein die Dokumentation der Gedankenarbeit, der Auseinandersetzung mit sich selbst hat eine enorme, positive Wirkung auf unser Sein.

Worum geht es dir wirklich?

Erfasse auf diese Weise deine inneren Treiber: Erkennst du Anzeichen von Mangel? Von Angst? Von Liebe? Je nachdem, was es ist, kannst du die Auswahl an Handlungsmöglichkeiten in den jeweiligen Unterbereichen darauf ausrichten. Um die Vorgehensweise zu illustrieren, hier ein Beispiel: Hattest du zum Beispiel den festen Plan, ein paar Kilo Gewicht zu verlieren, dann geht es dir eventuell eigentlich um eine Rückgewinnung der Selbstkontrolle, um erlebte Disziplin. Darum, die Kraft, sich selbst transformieren zu können, (wieder) zu erwecken. Hier bieten sich besonders Ausdauersportarten an, wie Laufen, Wandern, Radfahren, Schwimmen oder Rudern. Bei diesen Sportarten werden nicht nur die meisten Kalorien verbrannt, sondern sie generieren durch die konstante Belastung schon in niedrigeren Herzfrequenzbereichen einen Ausstoß von Glückshormonen nach rund 20 bis 30 Minuten Aktivität. Das Ergebnis ist ein neues Körpergefühl, das auch Einfluss auf die mentale Konstitution hat.

Die Säule »Körper« ist jene, mit der wir unser Programm beginnen. Daher geht es hier darum, wie wir überhaupt anfangen, an uns zu arbeiten, uns zu entwickeln. Seien wir behutsam und geduldig mit uns, denn die kleinen Änderungen sind die, welche wir langfristig am wahrscheinlichsten kultivieren. Wenn du dir nicht sicher bist, welche Art von Einstieg in die Arbeit an der Säule »Körper« für dich am besten geeignet ist, experimentiere. Nimm dir die Zeit, denn es gibt keine Eile. Sich Zeit zu nehmen, den für dich richtigen Weg zu finden, wird deine Reise angenehmer gestalten, als mit Vollspeed in eine Richtung zu fliegen, um irgendwann festzustellen, dass du im falschen Flieger sitzt.

Und weiter geht es mit Übung 7:

Übung 7: Praxisprogramm – Körperarbeit

Mit welcher Aufgabe für die nächsten sieben Tage möchtest du beginnen? Finde etwas, das dir Spaß macht, etwas, auf das du dich freust. Es ist wichtig, ein positives Erlebnis mit dem Konzept der Veränderung zu verknüpfen, um das innere Kind mitzunehmen. Zur Inspiration hier ein paar einfache Beispiele (suche dir zum Einstieg unbedingt nur eine einzige Sache aus allen vier Bereichen aus, nicht eine Sache pro Bereich):

Bewegung: Mittagsspaziergang, Morgen-Yoga, Joggen am Abend

Ernährung: Vegetarische Ernährung, auf Industriezucker verzichten, fünf Portionen Gemüse pro Tag

Erholung: Entspannende Routine vorm Schlafengehen, Dehnübungen, Physiotherapie

Körperpflege: Zahnseide benutzen, Vitaminkur, Gesichtspflege vor dem Schlafengehen

Weitere Ideen für die tägliche Praxis findest du unter »Tools« im Anhang unter dem Titel »100 Wege für ein erfülltes Leben«. Es handelt sich hier um eine große Onlineübersicht, in der ich über 200 Gewohnheiten für alle Säulen mit Erklärung und Kategorisierung zusammengetragen habe. Ich pflege sie regelmäßig weiter und ergänze sie ständig um neue Ideen.

Wähle eine einzige Übung aus, die du ab morgen jeden Tag für sieben Tage durchführen wirst. Dadurch bekommst du einen ersten Geschmack von der Veränderung, die die kontinuierliche Arbeit an den Sieben Säulen des Seins mit sich bringen wird.

3. Woche

Den ersten Tag der Woche beginnst du mit den Übungen 8 und 9. In dieser Woche konzentrierst du dich ausschließlich auf eine tägliche Übung in der Säule »Geist« und erfüllst diese konsequent alle sieben Tage lang.

Übung 8: Reflexion zum Geist

Nimm dir hier wieder kurz Zeit, um ein paar Fragen zum Status quo ehrlich zu beantworten. Notiere dir die Antworten in dein Workbook:

- Warum ist dir die Arbeit mit deinem eigenen Geist, deinem Wissen und deinen Fähigkeiten wichtig?
- Was hindert dich, diese Arbeit zu beginnen?
- Was wird passieren, wenn du wirklich in die Arbeit an deinen Fähigkeiten investierst?
- Bist du bereit, die nächsten sieben Tage jeden Tag etwas für dich selbst zu tun?
- Was passiert gerade in deinem Verstand?
- Was tust du bereits für deinen Geist?
- Gibt es irgendeine Form von Meditationspraxis, die du regelmäßig praktizierst?
- Welche Art des Lernens hast du bereits als Gewohnheit kultiviert? Sprachen? Instrumente?
- Welche Informationen nimmst du jeden Tag bewusst auf?

Übung 9: Praxisprogramm – die Arbeit am Geist

Bevor wir mit den Übungen in der Säule »Geist« anfangen, ist es wichtig, dass du mindestens sieben Tage, gern mehrere Wochen, wenn du dir die Zeit nehmen möchtest, in der Säule »Körper« gearbeitet hast. Es ist entscheidend, dass du dich jeden Tag auf die Erledigung kleiner, sich wiederholender Aufgaben freust und diese Form des täglichen Arbeitens kultivierst. Wenn wir mit kleinen Dingen anfangen, ist es leichter dranzubleiben und wir spüren nach einigen Tagen, wie sich unsere Motivation einstellt, unsere Stimmung aufhellt und die Freude am Entwickeln entsteht. Freude ist der Treibstoff unserer Transformation. Natürlich ist es möglich, mit der Säule »Geist« oder »Seele« zu beginnen, erfahrungsgemäß ist jedoch die Säule »Körper« für den Einstieg am besten geeignet. Die Entscheidung, mit welcher Säule du beginnen möchtest, bleibt aber, wie vieles andere in der Ausgestaltung der Sieben Säulen des Seins, dir überlassen.

Wenn du also der ersten Körperaufgabe eine ganze Woche gewidmet hast, kannst du in Woche 2 eine zusätzliche Aktivität aus der Säule »Geist« für die nächste Woche bestimmen. Mit der Zeit wirst du an allen drei Säulen gleichzeitig arbeiten. Denk daran, die Arbeit an jenen Gewohnheiten auszurichten, welche dir die emotional größte, positive Reaktion verschaffen. Fang also behutsam an, nimm dir nur eine Sache pro Säule vor und sei konsequent dabei, sie jeden Tag zu erfüllen. Auch hier besteht die Übung darin, dir für eine Woche eine einzige Aufgabe in der Säule »Geist« herauszusuchen und diese konsequent sieben Tage jeden Tag zu absolvieren.

Welche Übung soll es sein? Im zweiten Teil des Buches wurden schon einige Ideen genannt, in meiner Onlineübersicht (siehe im Anhang unter »Tools«, »100 Wege«) findest du jede Menge weiterer Ideen.

4. Woche

Den ersten Tag der Woche beginnst du mit den Übungen 10 (Reflexion zur Seele) und 11 (Die Arbeit an der Seele). In dieser Woche konzentrierst du dich ausschließlich auf eine tägliche Übung in der Säule »Seele« und erfüllst diese konsequent jeden Tag für sieben Tage.

Übung 10: Reflexion zur Seele

Nimm dir wieder kurz Zeit, um ein paar Fragen zum Status quo zu beantworten. Notiere dir die Antworten in dein Notizbuch:

- Warum ist dir die Arbeit mit deiner Seele, deinen Emotionen und Gefühlen wichtig?
- Was hindert dich, diese Arbeit zu beginnen?
- Was wird passieren, wenn du wirklich in die Arbeit an deinen Emotionen und Gefühlen investierst?
- Bist du bereit, die nächsten sieben Tage jeden Tag etwas für dich selbst zu tun?
- Was passiert gerade in deinem emotionalen System?
- Was tust du bereits für deine Seele?
- Gibt es eine Form von Meditationspraxis, die du regelmäßig praktizierst?
- Gibt es eine Form der regelmäßigen schriftlichen Dokumentation deiner Gefühle (Morning Journal, Tagebuch et cetera)?
- Gibt es eine Form des regelmäßigen und kreativen Selbstausdrucks?
- In welchem der Bereiche spürst du die vielleicht die größte Notwendigkeit, dich zu überwinden?
- In welchem der Bereiche ist das innere Hindernis am größten?
- Auf welche Weise hast du Lust, in die Arbeit mit deiner Seele zu investieren?

Nachdem wir mindestens eine Woche in der Körper-Säule (oder einer anderen ersten Säule) gearbeitet haben, und in der nächsten Woche eine tägliche Aktion in der zweiten Säule »Geist« hinzugefügt haben, befinden wir uns also – frühestens – in der dritten Woche unserer Arbeit. Es ist an der Zeit, diesem illustren Kreis eine dritte tägliche Übung hinzuzufügen. Wie immer gilt: Fang sanft an, nimm dir eine Sache pro Säule vor und sei konsequent dabei, sie jeden Tag zu erfüllen.

Übung 11: Die Arbeit an der Seele

Unsere dritte Säule, die Seele, ist ein ergiebiges Feld für die Entwicklung eines positiven Lebensgefühls. Mit welcher kleinen Aufgabe oder regelmäßigen Routine möchtest du beginnen? Hier ein paar Inspirationen:

Meditieren

Such dir eine der ab Seite 179 aufgeführten (oder eine andere dir bekannte) Meditationstechniken aus und probiere sie am Tag. Wenn es dir wirklich schwerfällt, dann beginne mit einer ganz kurzen Meditation von drei Minuten und steigere dich von Woche zu Woche um eine Minute. Experimentiere mit verschiedenen Meditationstechniken, bis du etwas gefunden hast, dem du dich gewachsen fühlst. Nach einer Weile wird es immer leichter, sich in die Stille oder die Achtsamkeit zu begeben.

Verbalisieren

Formuliere deine Gedanken zur Seele, zum Beispiel mit einem kurzen Tagebucheintrag an jedem Morgen direkt nach dem Aufstehen. Der Vorteil an diesem Zeitpunkt ist, dass dein mentales System noch nicht in voller Kontrolle arbeitet und du wertvollen Zugang zu meist unbewussten Gedanken, Bildern und Emotionen bekommst, wie zu Träumen. Das Verschriftlichen ermöglicht es dir, mit diesen Eindrücken aus deinem ungefilterten Inneren zu arbeiten und dir zu vergegenwärtigen, was deine eigentlichen Themen sind. Alternativ kannst du jeden Tag einen kleinen Blog-Eintrag verfassen, einen Haiku-Twitter-Account anlegen oder ein tägliches Gespräch mit Freund*in, einem Partner*in oder Familienmitglied kultivieren.

Kreativer Selbstausdruck

Das Fließenlassen von Kreativität war für mich schon immer ein wichtiger Weg, meine Gefühle zu verarbeiten. Sie ist zusammen mit der zweiten Säule, dem Geist, oft der Bereich, in dem wir das, was wir dort lernen (wie Gitarre spielen), frei anwenden können. Das tägliche künstlerisch-kreative Schaffen ist ein magischer Prozess, der sich Tag für Tag zu verstärken scheint. Es macht unglaublich Spaß, nur nehmen wir uns selten die Zeit. Jetzt ist eine gute Gelegenheit, deinen kreativen Ausdruck zu einer Gewohnheit zu machen.

Positive Visualisierung

Eine wunderbare Form der positiven Verstärkung ist es, jeden Tag Dankbarkeit für eine bestimmte Sache in unserem Leben zu artikulieren, zum Beispiel in deinem Sieben-Säulen-Workbook, deinem Tagebuch oder einer anderen Form der Dokumentation. Genauso können wir jeden Tag zur gleichen Zeit, beispielsweise wenn wir unseren Sitzplatz in der U-Bahn auf dem Weg zur Schule oder Arbeit einnehmen, positive Visualisierung praktizieren. Wie auf Seite 70/71 ausführlich beschrieben, stellen wir uns mit allen Sinnen vor, wie stolz und glücklich wir am Ende der Woche sein werden, wenn es uns gelingt, jeden Tag nach dem Aufstehen die kalte Dusche zu absolvieren.

Der Blick in die erste Ebene

Je enger wir bei der Ausgestaltung des Praxisprogramms die Erkenntnis unserer Arbeit aus der ersten Ebene einbeziehen, desto wirksamer, erfolgreicher und effektiver werden wir. Doch vor allem erleben wir größere Freude und Sinnhaftigkeit in dem, was wir tun. Daher ist es von größter Wichtigkeit, dass wir aus dieser Quelle schöpfen, um unsere Transformation zu ermöglichen. Es geht nicht darum, ein Programm für ein paar Wochen zu absolvieren, sondern einen Weg zu finden, auf dem wir unser ganzes Leben gestalten. Einen Weg, der uns einen spielerischen und höchst nachhaltigen Zugang zu unserem Wohlbefinden ermöglicht.

Zweiter Monat (5. bis 8. Woche)

Nach dieser ersten Eingewöhnungsphase in die tägliche Praxis kannst du täglich an allen drei Säulen gleichzeitig arbeiten. Überlege dir, welche Routinen sich dafür anbieten. Hierbei gilt für jede Säule: Du kannst entweder ein und dieselbe Übung Woche für Woche wiederholen und damit in Richtung der Etablierung von Gewohnheiten wirken (tritt meist ab der siebten Woche ein, in der du ein und dieselbe Übung jeden Tag wiederholst). Du kannst jedoch genauso jede Woche eine andere Übung ausprobieren, um zu erkunden, was dir guttut, was dich auf gute Weise herausfordert und aus der Komfortzone holt. Und du kannst feststellen, was für dich nicht passt. Versuche so gut du kannst, jede Aufgabe, die du dir am Wochenbeginn für die Woche überlegt hast, konsequent sieben Tage am Stück durchzuhalten. Diese Beständigkeit wirkt bei allen Verhaltensexperimenten als Willenskrafttraining, dein authentisches Selbst und dein Durchhaltevermögen zu stabilisieren, wenn es schwieriger wird.

Dritter Monat (9. bis 12. Woche)

Füge ab der neunten Woche in der Säule »Körper« eine weitere Übung hinzu, sodass du in dieser Woche zwei Übungen in deine tägliche Routine integrierst. In der zehnten Woche kommt in der Säule »Geist« eine weitere Übung hinzu und in der elften Woche schließlich in der Säule »Seele«. Weiterhin gilt: Jede Übung, die zum Wochenbeginn geplant wurde, sollte konsequent für sieben Tage durchgeführt werden. In der letzten Woche der Phase II, der letzten Woche des dritten Monats im Praxisprogramm, finden sich erstmals in jeder der ersten drei Säulen zwei Übungen auf dem Plan.

Phase III: Verbindung zur Welt

Der innere Kreis ist geschlossen und das Fundament steht stabil. Nun ist es Zeit, den Blick über den eigenen Tellerrand zu wagen. Im Kasten findest du eine Übersicht, was dich in der dritten Phase erwartet.

Phase III

Gesamtdauer: 13 Wochen

Themen:

- Übergang von Phase II zu Phase III
- Du beginnst die Arbeit mit den nächsten drei Säulen des Seins: Beziehungen, Geld, Mission.
- Du führst die etablierte Arbeit an der zweiten Ebene, den Säulen »Körper«, »Geist« und »Seele« fort.
- Du fügst dem Praxisprogramm Übungen der dritten Ebene hinzu.
- Du arbeitest zum Ende der dritten Phase parallel an sechs Säulen des Seins gleichzeitig.

Ergebnisse:
- Stetig wachsende Souveränität und Freude bei der Arbeit an sich selbst
- Selbstverständlichkeit bei der Arbeit mit täglichen Routinen
- Entwicklung fester Routinen: Verschiedene Übungen aus mehreren Säulen zusammengesetzt und optimiert
- Sicherheit im Umgang mit der ausgleichenden Kraft der ersten sechs Säulen
- Weitere Entfaltung des Selbstbewusstseins
- Höhere Achtsamkeit
- Größere Empathie
- Stärkere innere Ausgeglichenheit
- Ausgeglichene Ausstrahlung aus dem Innen nach außen
- Wachsende Anziehungskraft auf andere Menschen

Was du für diese Phase brauchst:
- Dein Sieben-Säulen-des-Seins-Workbook
- 30 bis 120 Minuten Zeit pro Tag für die Übungen (tagsüber)
- 5 bis 10 Minuten Zeit pro Tag (abends) für kurze tägliche Check-ins und die Übungsdokumentation
- 30 bis 60 Minuten Zeit jeden Sonntag für die Wochenreflexion und Planung der Folgewoche

Schritt-für-Schritt-Anleitung

Vierter Monat/13. Woche:
Reflexion – Übergang von Ebene 2 zu Ebene 3
Nachdem du in der letzten Woche der Phase II täglich zwei Übungen pro Säule »Körper«, »Geist« und »Seele«, also insgesamt sechs

Übungen pro Tag, durchgeführt hast, ist es Zeit, eine Pause einzulegen und sich zu besinnen. Du beginnst die Woche daher mit einer übergeordneten Reflexion. Diese unterscheidet sich von der wöchentlichen Begutachtung des täglichen Fortschritts und der verschiedenen Übungen dahingehend, dass du in dieser Woche parallel zur Reflexion nicht an den Säulen arbeitest. Ganz bewusst auf diese Arbeit zu verzichten, erzeugt den Kontrast in deiner Realitätswahrnehmung und hilft dir, besser zu verstehen, was gerade in dir passiert. Es ist von größter Wichtigkeit, dass die Pause nicht länger als sieben Tage anhält und dass du diese Zeit nutzt, intensiv über die ersten drei Monate deiner Praxis zu reflektieren. In der Reflexion wiederholst du die Übungen 6, 8 und 10 und ergänzt sie mit einer Analyse der durchgeführten täglichen Übungen:

Tag 1: Wiederholung der Übung 6 (Reflexion zum Körper)

Tag 2: Analyse der Übungen in der Säule »Körper«
- Welche Übungen möchtest du beibehalten? Warum?
- Welche Übungen haben dir nicht gefallen? Warum?
- Welche Übungen möchtest du noch ausprobieren? Warum?
- Welche Umgebung hat besonders gut für dich funktioniert bei dieser Säule?
- Welche Bereiche in dieser Säule haben sich am meisten verändert?
- In welchen Bereichen siehst du den größten Bedarf für die weitere Arbeit?

Tag 3: Wiederholung der Übung 8 (Reflexion zum Geist)

Tag 4: Analyse der Übungen in der Säule »Geist«
- Welche Übungen möchtest du beibehalten? Warum?
- Welche Übungen haben dir nicht gefallen? Warum?

- Welche Übungen möchtest du noch ausprobieren? Warum?
- Welche Umgebung hat besonders gut für dich funktioniert bei dieser Säule?
- Welche Bereiche in dieser Säule haben sich am meisten verändert?
- In welchen Bereichen siehst du den größten Bedarf für die weitere Arbeit?

Tag 5: Wiederholung der Übung 10 (Reflexion zur Seele)

Tag 6: Analyse der Übungen in der Säule »Seele«
- Welche Übungen möchtest du beibehalten? Warum?
- Welche Übungen haben dir nicht gefallen? Warum?
- Welche Übungen möchtest du noch ausprobieren? Warum?
- Welche Umgebung hat besonders gut für dich funktioniert bei dieser Säule?
- Welche Bereiche in dieser Säule haben sich am meisten verändert?
- In welchen Bereichen siehst du den größten Bedarf für die weitere Arbeit?

Tag 7: Ultimate Cheat Day – mach, was dir guttut

Fortsetzung des Praxisprogramms: Beginn Ebene 3
14. Woche
Der Einstieg in die dritte Ebene unterscheidet sich von der zweiten Ebene. Du führst in dieser zweiten Woche der Phase III nach der Reflexionspause deine Arbeit an den ersten drei Säulen weiter. Dazu planst du deine Woche wie in Phase II etabliert, weiterhin zu jedem Wochenbeginn (zum Beispiel montags). In dieser zweiten Woche trägst du wie gehabt zwei Übungen für die Säulen 1 bis 3 in deinen Plan ein. Für die Säulen 4 bis 6 trägst du jedoch noch keine

Praxis ein. Stattdessen nutzt du diese Woche für die grundsätzlichen Übungen aus der Säule »Beziehungen«, die wie folgt über die Woche verteilt absolviert werden sollten:

Tag 1 Wochenplanung und Übung 12: Warm-up-Reflexion zu sozialen Bindungen
Tag 2 Übung 13: Bestandsaufnahme des sozialen Umfelds
Tag 3 Übung 14: Neue Impulse für das soziale Gefüge
Tag 4 Übung 15: Entwickeln des Beziehungs-Ökosystems
Tag 5 Übung 16: Checkliste für unklare Beziehungen
Tag 6 Übung 17: Entfaltung der Schlüsselbeziehungen
Tag 7 Übung 18: Die Arbeit an unseren Beziehungen

Und los geht's mit den Anleitungen zu den Übungen. In den nächsten Übungen geht es lediglich um eine Bestandsaufnahme. Beantworte deswegen nur die Fragen, ohne weitere Schlüsse zu ziehen oder deine Antworten zu bewerten.

Übung 12: Warm-up-Reflexion zu sozialen Bindungen
- Wann warst du das letzte Mal vollkommen glücklich?

Nimm dir einen Moment Zeit für die Beantwortung dieser Frage. Schließe die Augen, atme tief durch und suche diesen Moment in deiner Erinnerung. Erinnere dich an alle Facetten dieser Situation. Lies bitte erst weiter, wenn du diesen Moment erfasst hast. Dann frage dich:

- Wann warst du das letzte Mal so richtig traurig?

Nimm dir jetzt einen Moment Zeit für die Beantwortung der Frage, schließe deine Augen und atme tief durch, bevor du dich auf diesen Moment besinnst. Versuche, dich an alle Details zu erinnern.

Hinweis: Wenn du weißt, dass du ein bestimmtes traumatisches Erlebnis lieber nicht wieder aufleben lassen möchtest, dann kannst du diese Übung natürlich überspringen oder sie mit einer Freundin oder einem Freund oder therapeutischer Begleitung durchführen.

Hast du beide Momente in dein Bewusstsein gebracht, beantworte die Frage:

• Wurden diese beiden Situationen durch eine Person oder durch deren Fehlen verursacht?

Es ist mit an Sicherheit grenzender Wahrscheinlichkeit davon auszugehen, dass die Antwort auf diese Frage ein Ja ist, denn Erfahrungen mit einer tiefen emotionalen Reaktion sind in aller Regel Teil einer sozialen Dynamik in unserem Leben. Diese Erkenntnis hilft uns zu verstehen, wie wichtig die Entwicklung tiefer sozialer Bindungen in unserem Leben ist.

Nenne fünf tiefe Freundschaften, die du in den letzten fünf Jahren geschlossen hast.
Kommst du auf fünf Personen? Vermutlich ist dieses Mal ein Nein deine Antwort.

Übung 13: Bestandsaufnahme des sozialen Umfelds
Aufgabenstellung 1: Das Zeitprotokoll
Leg dir zuerst eine kleine Tabelle in deinem Sieben-Säulen-Workbook an. In der linken Spalte trägst du Namen der Men-

schen ein, mit denen du Zeit verbringst, daher füge in der obersten Zelle »Personen« als Überschrift ein. Die zweite Spalte rechts daneben trägt den Titel »Stunden«. Der erste Name in der Übersicht (in der Spalte »Personen«) sollte dein eigener Name sein.

Schau dir deinen Kalender der letzten zwei Wochen an oder, falls du keinen hast, überleg dir genau, welchen Menschen du in den letzten Wochen mehr als nur eine Stunde begegnet bist. Trag die Namen der Personen in die Tabelle ein und ergänze die ungefähre Gesamtzahl aller Stunden, die du mit dieser Person in den letzten zwei Wochen geteilt hast, in Spalte 2. Das muss nicht unbedingt jemand sein, mit dem du gut befreundet bist – es kann deine Mitbewohner*in, Geschwister, Arbeitskolleg*innen, Nachhilfelehrer*in an der Uni, Putzhilfe oder der Kellner sein, mit dem du jeden Tag im Café ins Gespräch kommst. Summiere hinter deinem Namen die Stunden, die du nur mit dir selbst verbringst. Führe diese Übung rückblickend für den Zeitraum von mindestens zwei Wochen aus, um eine zuverlässige Übersicht, einen Querschnitt des sozialen Umfelds in deinem Alltag zu erhalten.

Aufgabenstellung 2: Das Gefühlsprotokoll

Trage in Spalte 3 das Wort »Gefühle« in die Überschriftenzeile ein und notiere, wie du dich bei den Interaktionen mit anderen gefühlt hast. Warst du traurig oder aufgekratzt? Energiegeladen oder müde? Euphorisch oder neutral? Eine aufsteigende Skala von 1 bis 5 hilft, die Intensität der Gefühle zu dokumentieren.

Aufgabenstellung 3: Ergründe die Qualität der sozialen Verbindung

Dies ist der wichtigste Schritt dieser Übung. Trage in die vierte Spalte das »Element der Verbindung ein«. Das Element der

Verbindung beschreibt die Qualität, die durch diese soziale Verbindung in euer Leben gebracht wird. Das kann eine positive Qualität sein oder anstrengend und energiezehrend. Natürlich geht es hier besonders um die Frage, wie *du* dich in dieser Verbindung fühlst. Ein paar Beispiele für einen Eintrag in dieser Spalte:»Echte Verbindung, Kraft/Zuneigung«,»Gefallenwollen, Minderwertigkeit« oder»Nüchterne Sachlichkeit, Lernen«.

Aufgabenstellung 4: Kategorisiere die Elemente der Verbindung

Ermittle, welche Worte häufig vorkommen, und gruppiere jene mit ähnlicher Bedeutung in deinem Workbook. Erstelle eine Liste deiner favorisierten Elemente und jener, die du nicht magst. Meine drei wichtigsten Elemente der Verbindung sind zum Beispiel: Leichtigkeit, Natürlichkeit und aufrichtiges Interesse. Mein Negativ-Element ist: Opportunismus. Betrachte, welche Menschen zu denen gehören, die in dir die gewünschten Elemente der Verbindung erzeugen, also zu deiner Erfüllung beitragen, und welche Menschen eher inneren Widerstand bei dir auslösen.

Aufgabenstellung 5: Analyse von Zeit versus Erfüllung

Schau dir an, wie viel Zeit du mit Menschen verbringst, die dich in deiner Erfüllung stärken, und wie viel mit Menschen, die das eben nicht tun. Investierst du die meiste Zeit in die Menschen, die deine emotionalen Bedürfnisse erfüllen? Oder wird deine Energie an diejenigen verschwendet, die sie nur mit Negativität zurückgeben?

Ich hatte eine wichtige Erkenntnis für mich bei dieser Übung: Ich habe entdeckt, dass wir dazu neigen, unsere wertvollsten Bezie-

hungen als selbstverständlich anzusehen, obwohl sie sprichwört-
lich die Säulen in unserem Leben ausmachen, die uns Halt, Sicherheit, Zuspruch, Liebe, Bestätigung und Anerkennung schenken.
Denken wir darüber nach: Wenn das Leben hektisch wird, sind es
oft unsere Engsten, die wir zuerst übergehen, weil wir wissen, dass
sie für uns da sind und uns vergeben werden. Wenn wir an einem
Tag launisch sind, geben wir uns dann mehr Mühe, das nicht an
unserem Partner oder an der besten Freundin, am besten Freund
auszulassen? Bemühen wir uns doch in Zukunft, unser bestes
Selbst für die Menschen in unserem Leben aufzuheben, die uns am
wichtigsten sind.

In der nächsten Übung sehen wir uns die weniger angenehmen
Verbindungen an, die sogenannten toxischen Beziehungen.

Übung 14: Neue Impulse für das soziale Gefüge
Aufgabenstellung 1: Toxische Verbindungen auflösen
Dies ist einer der schwierigsten Schritte: Wir müssen uns aus
toxischen Verbindungen lösen. Oft bricht es uns das Herz, weil
eine lange Geschichte dahintersteckt und wir mit Schuldgefühlen
und Erinnerungen belastet sind. Oft wissen wir schon seit einiger
Zeit, dass eine bestimmte Verbindung nicht mehr die ist, die sie
mal war. Manchmal ist es heilsam, wenn wir uns dankbar zeigen
für die gemeinsame Reise und uns entscheiden, loszulassen.

Hier ein hilfreicher Tipp: Wenn du damit kämpfst, loszulassen, erinnere dich, dass sowohl Zeit als auch emotionale Energie endliche Quellen sind. Jede Zeit oder emotionale Energie,
die du in eine negative Beziehung investierst, ist Energie, die
du gegen dich nutzt. Entsinne dich der wunderbaren Vergleiche
von Mark Adams und Tim Urban (siehe Seite 190 ff. und Links
im Anhang) und erkenne die Notwendigkeit, dein Budget sinnvoll einzusetzen. Zeit ist Liebe. Emotionale Energie ist Liebe.

Und wenn die Liebe verschwendet wird, dann hat das einen nicht unerheblichen Einfluss auf die Qualität deines Lebens. Die Zeit und Liebe, die du in negative Beziehungen investierst, fehlen dir für Beziehungen, die dir wirklich Liebe und Kraft schenken. Vielleicht hilft dir dieser Blickwinkel, unliebsame Verbindungen aufzulösen, auch wenn es eine Menge Mut erfordert.

Aufgabenstellung 2: Neue Verbindungen finden

An dieser Stelle lohnt ein kurzer Blick auf alle bisherigen Einträge in unserem Sieben-Säulen-des-Seins-Workbook. Angefangen auf Ebene 1 und ausgehend von den Erkenntnissen des Selbst hilft uns der Gedanke, wer wir gerne sein würden, wer wir sind, welche Probleme wir in der Welt erkennen und lösen möchten, zu erkennen, welche (neuen) Verbindungen wir uns in unserem Leben wünschen. Dann schauen wir uns Ebene 2 an. Denn egal, welche Art von Sport, Bewegung, Ernährungsumstellung und welche Art von Kompetenzentwicklung, Sprachtraining, Achtsamkeitspraxis uns interessiert, kann eine wundervolle Inspiration dafür sein, mit welchen Menschen wir uns umgeben wollen. Auf diese Weise können wir sowohl unsere ersten Säulen stärken, weil wir in der Gemeinschaft erwiesenermaßen viel zuverlässiger und nachhaltiger an unseren Gewohnheiten arbeiten, als auch unsere neuen Verbindungen für die vierte Säule durch inhaltliche Anker stärken. Dank unserer Vorarbeit ist uns viel klarer, wer wir sein wollen und in wessen Gesellschaft uns das am besten gelingen wird. Das ist im Übrigen eine Fähigkeit, die unser inneres sechsjähriges Kind besser beherrscht als unser erwachsenes Selbst.

Aufgabenstellung 3: Eroberung der »Friendzone«

Manchmal entdecken wir Menschen, in die wir uns auf die eine oder andere Weise Hals über Kopf verlieben, aber wieder verlieren, weil wir nicht »zurückentdeckt« werden. Das ist nicht nur bei romantischen Verbindungen der Fall, sondern passiert auch bei Bekanntschaften, beruflichen Verbindungen oder Kontakten aus dem Umfeld, die es irgendwie nicht in die Friendzone schaffen. Das Leben ist oft chaotisch und folgt nicht immer unserem goldenen Masterplan, das ist bei Beziehungen genauso. Wir machen leider häufig dieselben Fehler, sind besessen von Menschen, die es eindeutig nicht wert sind, wiederholen destruktive Muster und, ja, sind dann an manchen Tagen unendlich traurig über all dieses vermeintliche Scheitern. Und all das ist vollkommen okay. Der Punkt ist, dass unsere Reise einzigartig ist. Wählen wir jemanden, der bereit ist, das gesamte Spektrum menschlicher Erfahrung mit uns zu teilen, der uns erlaubt, so unvollständig zu sein, wie wir sind, und zu erkennen, dass genau dieser Umstand uns erst liebenswert macht.

Entscheiden wir uns bewusst für Beziehungen, die Bedeutung haben, für Menschen, die uns beim Wachsen helfen und denen wir genauso helfen können. Selten teilen wir in positiven Verbindungen die exakt gleichen Werte. Meist bekommen wir etwas, was wir dem Gegenüber nicht geben können und andersherum.

Entscheiden wir uns bewusst für Menschen, die anders sind als wir. Vielfalt in unseren Beziehungen zu schaffen, ist eine sehr bereichernde Erfahrung. Sie lehrt uns, dass es lohnt, die eigenen Standards herauszufordern. Es wird erst dann richtig spannend, der Durchschnitt jener fünf Menschen zu sein, mit denen wir die meiste Zeit verbringen, wenn diese fünf Menschen reizvolle Kontraste in den Mix bringen.

Entscheiden wir uns bewusst für Charakter statt Charisma. Eine der sowohl wichtigsten als auch sehr erleichternden Erkenntnisse: Während irgendwas in uns immer gerne mit den »cool kids« abhängen will, sind es selten diese »cool kids«, die

die Qualitäten mitbringen, die wir uns für unsere Erfüllung im sozialen Umfeld wünschen. Sie sind oft aufregend, abenteuerlich, spannend und unterhaltsam, doch betrachten wir dennoch ehrlich, wie wir uns in den Interaktionen fühlen. Sind wir danach erfüllt oder eher ausgelaugt?

Aufgabenstellung 4: Bescheiden bleiben

Der stille Killer in jeder Beziehung ist die Selbstgefälligkeit. Wenn wir achtsam mit der Energie und der Aufmerksamkeit bleiben, die zwischen uns Menschen entsteht, dann laufen wir weniger Gefahr, unsere Suche nach Verbindungen ausschließlich im Außen zu führen. Aus diesem Grund ist es bei der Arbeit mit den Sieben Säulen des Seins so wichtig, dass wir zuerst an uns arbeiten, bevor wir nach außen gehen. Da ist es nicht gleich mit ein paar Wochen Sport, Meditation oder Gitarreüben getan, und darum geht es nicht, sondern besonders die Reflexion hilft uns zu ergründen, dass es okay ist, nicht perfekt zu sein. In der vierten Säule fügen wir die Erkenntnis hinzu: Es ist wichtig, dass wir Perfektion nicht in anderen suchen. Es geht darum, die eigene Überlegenheit, die wir empfinden können, zu zähmen. Also dieses Gefühl, ein großzügiger Mensch zu sein, und dabei ehrlich zu erkennen und zu verstehen, dass in jedem Gönnen auch ein Wert für uns selbst liegt. Genauso wie wir das Gefühl des Unterlegenseins akzeptieren sollten, müssen wir ebenso damit klarkommen, dass manchmal wir diejenigen sind, die eine gönnende Person an der Seite brauchen, um uns auszuhalten.

Beziehungen unter der Lupe

Für die Arbeit an der Säule »Beziehungen« ist es wichtig, alle Menschen, mit denen wir verbunden sind, zu dokumentieren (es dürfen natürlich mehr als fünf pro Kategorie sein) und unserer jeweiligen Verbindung einen Titel zu geben. Dadurch sind wir in der Lage, besser zu differenzieren, welche Menschen welche Rolle für uns spielen. Es ist sehr wahrscheinlich, dass manche Namen in mehreren Kategorien auftauchen. Das ist vollkommen natürlich und okay. Nichtsdestotrotz ist es wichtig, zu erkennen, welches die Hauptkategorie einer Person ist, weil davon oft die Dynamik und Qualität der Verbindung abhängt. Diese sollten wir jeweils markieren, zum Beispiel durch Unterstreichen, einen Asterisk (*) oder in **fett**. Wenn unsere beste Freundin eine Kollegin und Schlüsselperson ist, dann tragen wir sie in allen drei Kategorien ein, unterstreichen ihren Namen jedoch in der Kategorie, in der sie uns am wichtigsten ist. Manchmal führen wir Beziehungen mit dem oder der Lebenspartner*in, die sich schwierig gestalten. Besonders diese schwierigen, aber engen Bindungen sollten wir genauer beleuchten.

Übung 15: Entwickeln des Beziehungsökosystems
Aufgabenstellung 1: Alle Verbindungen aufzeichnen
In dieser Aufgabe übersetzen wir alle bisherigen Erkenntnisse und stellen uns vor, wie unser Beziehungsökosystem beschaffen sein sollte. Hier tragen wir jene Verbindungen ein, die wir aus den bisherigen Übungen in der vierten Säule benannt haben, und jene, die wir uns für unser Ökosystem wünschen. Zu guter Letzt tragen wir die »Antagonisten« in unserem Leben ein, also jene Menschen, die wir nicht als Freunde, sondern eher als Feinde bezeichnen würden. Sie strahlen genauso große Kraft in unserem Leben aus und es lohnt sich, in diese Verbindungen etwas Achtsamkeit zu investieren. Das Ganze zeichnen wir in einer übersichtlichen Tabelle auf. Eine Vorlage (»Beziehungen«) findest du wie immer unter »Tools« im Anhang als Link zur Onlineversion.

Es ist nicht immer leicht, alle Beziehungen, die wir in unserem Leben führen, zu kategorisieren. Manche sind besonders komplex und lassen sich nur sehr schwer fassen. In diesen Beziehungen liegt oft eine besondere Kraft. Manchmal ist das eine Kraft, die wir vergessen haben zu erwecken, die nur wiederentdeckt und aktiviert werden will. Manchmal haben wir jedoch übersehen, dass eine Beziehung, die einmal kraftvoll oder liebevoll war, inzwischen toxisch geworden ist, und wir wollen das nicht wahrhaben. Dafür ist die nächste Übung sehr hilfreich.

Übung 16: Checkliste für unklare Beziehungen
Aufgabenstellung 1: Intensive Beziehungen analysieren
Führe diese Übung für jede Person einzeln durch, deren Beziehungskategorie du nicht klar einordnen kannst oder bei der du nicht sicher bist, ob du sie auch zukünftig als sinnstiftend kultivieren möchtest. Nimm dir dein Workbook zur Hand und gehe die Faktoren der ersten Spalte Person für Person durch. Wie verhält sich die Person und eure Beziehung in dem jeweiligen Feld? Fallen dir positive, negative und neutrale Beispiele ein? Bestimme die Indikatoren und ordne sie den jeweiligen Labels zu. Es kann sein, dass es für manche Faktoren und Beziehungen Indikatoren in allen Bereichen gibt, oder nur in einem der Felder. In dieser Übung konzentrieren wir uns bei der Analyse vor allem auf die Personen, bei denen vermehrt negative Indikatoren auftreten. Zur besseren Veranschaulichung habe ich online einige Beispiele aufbereitet, die du im Anhang unter »Tools« bei Beziehungen findest.

Betrachte die Tabelle für jede Person und versuche zu ermitteln, welches Gefühl diese Analyse erzeugt. Verspürst du den Wunsch, es noch einmal mit ihr zu versuchen, etwas zu retten? Ist dieses Gefühl mit einer Hoffnung auf Erfüllung oder mit der Erkenntnis der eigenen Selbstgefälligkeit oder Selbstgerechtigkeit verbunden? Dann macht es vielleicht Sinn, diese Person für die konkrete Arbeit in den Sieben Säulen auszuwählen (siehe unten, welche Übungen sich anbieten, um an Beziehungen zu arbeiten). Hast du hingegen ein Gefühl der Klarheit, dass die Reise ihrem Ende entgegengeht, ist das ein Indiz dafür, dass es Zeit ist, dich von dieser negativen Energie zu befreien. Häufig ist die Erkenntnis mit der Angst, sie auszusprechen verknüpft. Versuche dir vorzustellen, wie es sich anfühlen würde, diese Wahrheit ausgesprochen und etabliert zu haben, das Leben ohne diesen Menschen fortzusetzen. Spürst du bei der Vorstellung eine Art von Befreiung, ist das ein Anzeichen dafür, dass es sich um eine toxische Beziehung handelt. Bist du dir unsicher, lass dir Zeit, denn eventuell ist es eine Person, die auf dich angewiesen ist und die du in einer Phase der Herausforderung nicht fallen lassen möchtest.

Die Erfahrung zeigt: Wenn du die ersten drei Säulen des Seins über ein paar Monate entfalten konntest, wird es dir deutlich leichter fallen, diese komplexen, schwierigen Beziehungen einzuordnen und eine Entscheidung für dich zu treffen. Durch die intensivere Verbindung mit dir selbst und das gestiegene Selbstbewusstsein gewinnst du größere Klarheit über deine eigenen Bedürfnisse und Stärken. Es wird dir leichter fallen abzuwägen, ob du diese Stärke teilen kannst mit Menschen, die dich brauchen (und du dadurch sogar etwas Wichtiges in ihnen veränderst), oder ob du diese Kraft für deine eigene Entfaltung benötigst.

Wir wenden uns deinen zentralen Beziehungen zu.

Übung 17: Entfaltung der Schlüsselbeziehungen

Wähle eine Handvoll Menschen aus, die du als engsten Kreis deiner Menschen, als deine zentralen sozialen Verbindungen betrachtest und füge sie in eine Tabelle ein. Die Tabelle findet sich ebenfalls online im Anhang unter »Tools«, auf derselben Seite wie die Beziehungsübersicht (Schlüsselbeziehungsmatrix). Wichtig bei dieser Übung ist, dass wir ein paar Gegner oder Feinde mit in die Tabelle aufnehmen – Personen, die in deinem Leben für konstanten Energieverlust sorgen, wie Arbeitskollegen oder Vorgesetzte, die ständig in Konflikt mit dir stehen, oder Leute im Freundeskreis, die nicht gut mit dir funktionieren.

Versuche, jeden einzelnen Punkt der Tabelle zu füllen und die Fragen pro Person zu beantworten. Die Erkenntnisse aus dieser Reflexionsarbeit sind ein reicher Schatz an Impulsen, die uns dabei helfen, konkrete Ideen für die Arbeit an unseren wichtigsten Beziehungen zu entwickeln, um diese einerseits zu pflegen und zu entfalten. Andererseits können wir durch diese Arbeit versuchen, Konfliktpotenzial aus Verbindungen zu bekommen, die uns zwar wichtig sind, aber schwierig erscheinen. Oft sind es unsere eigenen Schatten, die wir gemäß den Erkenntnissen von Carl Gustav Jung auf andere projizieren. Diese Konflikte aufzulösen, bedeutet darüber hinaus, uns selbst zu heilen. In der Arbeit an den Beziehungen zu unseren Antagonisten liegt also eine große Chance für eine Entwicklung hin zu einem erfüllten Leben.

Beziehungen nähren und pflegen

Die Arbeit an Beziehungen lässt sich nicht so leicht kategorisieren wie die Arbeit am Körper oder am Geist, weswegen wir hier die bisherige Struktur verlassen. Die Betrachtung der sozialen Verbindungen, ihrer unterschwelligen Abhängigkeiten, Dynamiken,

Herausforderungen und Potenziale lassen sich in den bis hierhin vorgestellten Reflexionsübungen sehr gut herausarbeiten. Dieses Wissen um unsere sozialen Verflechtungen ist in dieser Säule der wahre Schatz. In den Übungen, die folgen, geht es darum, die drei bis fünf Beziehungen des innersten Zirkels unseres sozialen Ökosystems zu pflegen, zu zelebrieren, zu nähren. Denn sie tragen mehr zu unserer Erfüllung bei als alle anderen Freunde, Bekanntschaften, Kontakte, Verwandten oder Kollegen zusammen. Wenn wir wissen, um welche Menschen es geht, können wir uns ein bis drei Personen aussuchen und mithilfe einer der folgenden Übungen die vierte Säule in unsere tägliche Arbeit integrieren.

Übung 18: Die Arbeit an unseren Beziehungen
Tägliches Arbeiten
Anders als die Säulen »Körper«, »Geist« und »Seele« sind Beziehungen nicht so leicht in tägliche Routinen oder Verhaltensmuster zu übersetzen. Da der Erfolg dieses Programms aber auf täglicher Praxis basiert, habe ich kreative Lösungen und Praxisideen entwickelt, die ich hier beispielhaft vorstelle. Eine Möglichkeit ist, an mehreren Beziehungen gleichzeitig zu arbeiten und bestimmte Praxisideen, die eher zwei- bis dreimal pro Woche Sinn machen, mit verschiedenen Leuten aus unserem engsten sozialen Umfeld umzusetzen. So bleiben wir jeden Tag in der Praxis. Es geht nicht darum, jeden Tag mehrere Stunden in diese Arbeit zu investieren, sondern täglich kleine Impulse zu setzen. Ähnlich wie eine Stretchroutine in der Säule »Körper«, eine Vokabellektion in der Säule »Geist oder eine Zeichnung in der Säule »Seele« nicht länger als fünf bis zehn Minuten unseres Tages in Anspruch nehmen, reichen manchmal fünf bis zehn Minuten im Austausch mit einer anderen Person aus, um die Säule »Beziehung« in unserem Leben zu manifestie-

ren. Auf diese Weise stärken wir die ganzheitliche Balance in unserem Leben über alle Säulen hinweg.

Einige Ideen für mögliche Übungen in der Säule »Beziehungen« findest du wie gehabt im Netz. Der Link ist unter »Tools« im Anhang aufgeführt (»100 Wege«).

Zum Ende der Woche hast du nicht nur dein Beziehungs-Ökosystem vollständig aufgeschlüsselt, sondern auch schon erste Ideen für die Übung in der vierten Säule. Diese begegnet uns in der nächsten Woche, der 15.

15. Woche

In dieser Woche beginnen wir, zusätzlich zu Ebene 2 an Ebene 3 zu arbeiten. In Woche 15 startest du mit einer ersten Übung in der vierten Säule, Beziehungen. Parallel erschließt du jeden Tag die fünfte Säule des Seins, Geld, durch die entsprechenden Übungen.

Tag 1: Wochenplanung
Tag 2: Übung 19 – Mangel in Fülle verwandeln
Tag 3: Übung 20 – Minimalistische Lebensführung
Tag 4: Übung 21 – Haushaltsbuch anlegen
Tag 5: Übung 22 – Praxisprogramm – die Arbeit am Geld
Tag 6 und Tag 7: Reguläre Praxis

Wir steigen ein in die Praxis und es geht los mit den Anleitungen zu den Übungen.

Übung 19: Mangel in Fülle verwandeln

Aufgabenstellung 1: Mangelmentalität erkennen und benennen

Forscher, die sich mit den kognitiven Nachteilen der Mangelmentalität beschäftigen, haben gleichzeitig Strategien entwickelt, diese zu überwinden. Eine Strategie besteht zum Beispiel darin, sich zuerst selbst zu versichern, dass unser Gefühl der Knappheit unsere Aufmerksamkeit wert ist. Wenn es uns finanziell gut geht, wir uns aber mit einem wohlhabenderen Freund vergleichen, ist die Mangelmentalität eher dem Neid geschuldet. Dann müssen wir uns dem stellen, akzeptieren, dass es dieses Gefühl in uns gibt (Schattenarbeit), und ihm danken, dass es uns dabei unterstützen möchte, Größeres zu erreichen. Vielleicht wird uns dann bewusst, dass das gar nicht zwingend unser Ziel ist und wir dieses Angebot des Neids dankend ablehnen können.

Aufgabenstellung 2: Ein konkreter Plan für aktuelle Herausforderungen

Wenn das unangenehme Gefühl des Mangels tief verwurzelt ist, kann es wichtige Veränderungen im Leben anspornen, doch das erfordert einen realistischen Plan. Der erste wichtige Schritt ist, sich der emotionalen Belastung einer gegenwärtigen Herausforderung bewusst zu werden und sich davon zu distanzieren. Panik ist okay, sie ist natürlich und es wird uns nicht schaden, dieses Gefühl zu haben. Danken wir dem Gefühl und wenden uns sachlich dem Thema zu.

Der zweite Schritt ist, dafür zu sorgen, dass die Probleme nicht noch schlimmer werden. Wenn wir also in eine finanzielle Schieflage geraten sind, dann sollten wir uns darum bemühen, nicht noch tiefer in Schulden zu rutschen. Dafür brauchen wir gegebenenfalls einen Haushaltsplan (siehe nächste Übung). In seltenen Fällen ist es ratsam, umzuschulden, wenn beispielsweise der Dispokredit mit horrenden Zinsen massiv überzogen wurde und wir einen normalen Verbraucherkredit mit deutlich günstigeren Zinsen aufnehmen können, um den Dispo auszugleichen. Im Netz findest du idealerweise öffentlich geförderte, gemeinnützige Schuldner- und Insvolvenzberatungsstellen. Dafür sollte sich niemand zu schade sein, denn wenn wir nicht wissen, wie wir Herr einer zerfahrenen finanziellen Lage werden können, ist unsere mentale Bandbreite zu eingeschränkt, und wir können kaum die richtigen Entscheidungen treffen. Ich habe diese Angebote in meinem Leben sehr oft wahrgenommen und es nicht ein einziges Mal bereut, sie angenommen zu haben.

Aufgabenstellung 3: Den Plan in überschaubare Schritte aufteilen

Genau hier setzt das Sieben-Säulen-des-Seins-Programm an. Wenn zum Beispiel ein Schuldenberg von der eigenen Erfüllung abhält (allein indem die durch Schulden verursachte Mangelmentalität unsere Entwicklungsbandbreite beeinträchtigt), dann ist die tägliche Arbeit an einem »finanziellen Befreiungsplan« eine sinnvolle Praxis für die Säule »Geld«. So werden wir jeden Tag darin bestärkt, an unseren Problemen zu arbeiten, und wachsen nach und nach aus der Mangelmentalität in eine Mentalität der Selbstbestimmung. Jeder unserer Schritte sollte so wenig Nachdenken wie möglich erfordern, um das Mangeldenken zu reduzieren. Das Einrichten automatischer Zahlungen und Erinnerungen ist beispielsweise ein guter Anfang.

Aufgabenstellung 4: Weiteres Mangeldenken reduzieren

Schauen wir uns an, was wir tun, wenn wir diesen inneren Herausforderungen ausweichen: Um uns von Geldsorgen abzulenken, betäuben wir uns häufig mit dem Social Media Feed und merken gar nicht, wie das scheinbar glückliche soziale Umfeld unser Mangelempfinden sogar verstärkt. Genau dann ist es wichtig, News- und den Social-Media-Konsum und alles, was uns sonst unterschwellig im Mangel manifestiert, bewusst aus unserem Leben fernzuhalten. Es erfordert am Anfang eine gewisse Willensstärke, aber wenn es uns gelingt, leisten wir einen großen Beitrag zur Wiederherstellung unserer geistigen Bandbreite, allein dadurch, dass wir die Anzahl der Herausforderungen reduzieren, die unser Geist bewältigen muss.

Aufgabenstellung 5: Puffer in den Alltag einbauen

Mit täglich einem oder zwei 30-Minuten-Blöcken für erholsame Freizeitaktivitäten, die Spaß machen, schaffen wir uns großartige Puffer, die Distanz zu dem empfundenen Geschehen möglich machen. Dann ist die Projekt-Deadline kurz egal und wir erinnern uns daran, dass all der Hustle ja einen Grund hat: uns mit Liebe für das Leben zu belohnen. Wenn wir ein weiteres Familienessen oder eine Trainingseinheit auslassen und uns fragen, wo etwas schiefgelaufen ist, dann überlegen wir uns: Warum ist mir das wichtig? Wenn es einen guten Grund gibt, finden wir einen Weg, diese Dinge bewusst in unseren Plan zu integrieren. In diesen fünf Schritten kann es gelingen, aus dem Mangel zurück in die Fülle zu kommen.

In der nächsten Übung widmen wir uns – scheinbar paradox – dem Minimalismus, um dem Mangelempfinden entgegenzuwirken und innere Freiheit zu schaffen. Ganz einfach: Wir entrümpeln unser Zuhause. Im Ergebnis (und frei nach Marie Kondo) sollte die Devise sein: Alles muss raus! Ich verwende bei meiner jährlichen Aufräum-Aktion in den Tagen vor Neujahr ein Mantra und das heißt: Je weniger übrig bleibt, desto freier bin ich!

Übung 20: Minimalistische Lebensführung

Aufgabenstellung 1: Das Zuhause entrümpeln

Wir schauen in jede Schublade, in jede Ecke, in jedes Regal und überprüfen jedes Objekt, das uns in die Hände fällt. Das perfekte Zeitbudget für das Praxisprogramm der Sieben Säulen: jeden Tag eine halbe Stunde dafür Zeit nehmen. Das ist ungemein befriedigend, befreiend und heilsam. Versprochen!

Entrümpeln heißt konkret, dass wir jedes einzelne Teil nach seiner Relevanz für unser Leben prüfen. Dabei helfen folgende Fragen, um den Prozess zu beschleunigen:

- Benutze ich das Objekt regelmäßig?
- Wenn nicht: Ist es etwas, das ich liebe?
- Behalte ich dies aus Verpflichtung oder Erwartung?
- Halte ich daran fest, weil ich denke, ich sollte es lieben?
- Habe ich das Objekt mehr als einmal?
- Halte ich an einem schon lang kaputten Gegenstand fest, um ihn eines Tages zu reparieren?
- Ist dieser Artikel die Zeit wert, die ich für die Reinigung oder Aufbewahrung aufwende?
- Könnte ich den gewonnenen Raum nutzen?

Im nächsten Schritt legen wir für alle Dinge, die wir behalten, einen konkreten Bestimmungsort fest. Nur wenn wir einen guten Ort für ein Objekt finden und es sich richtig anfühlt, dass das Objekt dort steht, kann es relevant sein. Kategorisiere die Gegenstände, die du entsorgen möchtest, am besten, indem du verschiedene Haufen anlegst. Hier eine Liste der möglichen Haufen, nach denen wir unseren Kram verwerten können:

- Zu verkaufen
- Zu verschenken/spenden

- Müll
- Scannen (dann: Müll)
- Sentimental (meist auch: Müll)
- Recycling (nur, wenn es dadurch wieder relevant wird)
- Besitzer*in zurückgeben

Je nachdem, wie viel Raum wir bereits vollgestellt haben, wie viel Zeug wir besitzen, wie viel Zeit wir der Sache jeden Tag widmen, haben wir spätestens nach 14 Tagen (also zwei Sieben-Tages-Zyklen im Praxisprogramm) unser Zuhause »minimalisiert«. Das Ganze funktioniert auch wunderbar als Minimalismus-Challenge: Hierbei fangen wir bei Tag 1 mit einem Objekt an, das wir entsorgen. Am zweiten Tag sind es schon zwei Objekte, am dritten dann drei et cetera. Irgendwann kultivieren wir automatisch eine minimalistische Haltung, die uns beim Entrümpeln und dem Aufrechterhalten eines minimalistischen Zuhauses hilft.

Aufgabenstellung 2: Minimalismus auf Finanzen übertragen
Betrachtest du die Welt aus einem geordneten Heim heraus, kannst du wahrscheinlich besser nachempfinden, warum es heißt, dass Schulden eine Form von Unordnung sind. Sie schränken unsere mentale Bandbreite ein und erfordern erhöhte Anstrengung, sie zu überwinden. Das wichtigste Instrument für die minimalistische Finanzplanung ist der Haushaltsplan, den wir in der nächsten Übung finden. Wir können die Haushaltsplanung nach traditionellen Gesichtspunkten (weniger ausgeben als einnehmen) organisieren, oder nach minimalistischen Prinzipien. Das bedeutet, sparsam zu leben: Unser Kontoauszug sollte unseren minimalistischen Lebensstil widerspiegeln. Wir prüfen jeden Kauf und stellen uns die Fragen aus der ersten Aufgabenstellung vor jeder Konsumentscheidung.

Aufgabenstellung 3: Lebensaufwand reduzieren

Nachdem wir unser physisches und finanzielles Umfeld entrümpelt haben, erklimmen wir die nächste Stufe und blicken auf unser Leben. Je tiefer wir in den Minimalismus eintauchen, desto attraktiver wird die Idee des sogenannten »kleinen Lebens« anstelle des »großen Lebens«. Wir beginnen, unsere Verpflichtungen infrage zu stellen. Dazu gehören unsere Jobs, laufende Kredite, Fahrzeuge und unser Eigentum. Je weniger Dinge wir in unserem Leben brauchen, desto weniger teuer ist es und desto geringer ist die Zeit, die wir investieren müssen, um uns dieses Leben leisten zu können. Mutige Entscheidungen können lebensverändernd sein. Oft fragen wir uns, nachdem wir etwas tun, vor dem wir lange Jahre viel Angst (wie vorm Loslassen) hatten, warum wir es nicht schon viel früher gemacht haben.

Aufgabenstellung 4: Bewusster Konsum

Minimalist zu sein bedeutet nicht, dass wir komplett aufhören, Dinge zu konsumieren oder zu kaufen. Es bedeutet, dass wir bewusster werden, was wir in unser Leben bringen. Das bezieht sich nicht nur auf Dinge, die wir kaufen wollen oder würden, sondern das gilt besonders für Rabatte und Sonderangebote oder auf Dinge, die wir kostenlos bekommen. Dazu Nein zu sagen bedeutet, die Objekte direkt zurückzuweisen, bevor sie über Jahre irgendwelche kleinen Loops in unserem Unterbewusstsein spinnen, weil sie in irgendeiner Schublade hängen bleiben. Genauso sollten wir nicht auf die verlockende Idee kommen, all unseren Unrat an andere zu verschenken. Das ist in der minimalistischen Haltung, die wir kultivieren wollen, weder fair noch sinnvoll.

Aufgabenstellung 5: Minimalistische Kommunikation

Keine Sorge, unser Leben soll kein Schweigeseminar werden. Aber in dieser so geschwätzigen Welt, in der wir leben, ist ein prüfender Blick auf unser Kommunikationsverhalten ratsam. Machen wir uns bei jedem Monolog, den wir bei einem Zoom-Meeting von uns geben, bei jedem Twitter-Post oder Facebook-Video kurz Gedanken darüber, warum wir das sagen, posten, publizieren, kommen wir schnell dahinter, dass es meistens um Selbstbestätigung, Anerkennung oder dergleichen geht. Sparen wir uns den Großteil der Kommunikation, der nur uns selbst dient, fühlen wir uns nicht nur besser, sondern unsere Mitmenschen werden es uns danken und uns das früher oder später zeigen.

Wie bereits erwähnt, wenden wir uns nun den Finanzen zu – und das sehr strukturiert mit einem Haushaltsbuch.

Übung 21: Ein Haushaltsbuch führen

Selbst wenn du keine Haushaltstabelle verwenden möchtest (kostenlose Vorlagen gibt es dafür zur Genüge im Netz und eine einfache, für dieses Buch angelegte Version in der Toolbox im Anhang unter »Haushaltsplan«), solltest du dokumentieren, wohin dein Geld jeden Monat fließt. Das Erstellen eines Budgets mit einer Vorlage kann helfen, mehr Kontrolle über deine Finanzen zu erlangen und nachhaltiger mit deinen materiellen Ressourcen umzugehen. Egal, ob du eine Kalkulationstabelle für dein persönliches Budget erstellst oder ein besseres Verständnis für das Geldmanagement erlangen möchtest, beginne mit den folgenden sechs Schritten.

Schritt 1: Einnahmen bestimmen

Der erste Schritt bei der Erstellung eines Budgets besteht darin, den Geldbetrag zu ermitteln, der uns zur Verfügung steht. Wenn wir angestellt sind, ist das recht einfach, weil es die Summe ist, die wir jeden Monat auf unser Konto überwiesen bekommen. Sind wir jedoch selbstständig oder freiberuflich, müssen wir an Abzüge wie Steuern und Sozialversicherungen denken. Unterteile deine Einnahmen also in feste monatliche Einnahmen (Gehalt, Mieteinnahmen) und variable Einnahmen (wie Nebenjob, Tantiemen).

Schritt 2: Ausgaben bestimmen

Im zweiten Schritt definieren wir unsere Ausgaben und kategorisieren diese: Hier stellen wir fest, wofür wir unser Geld ausgeben und wo es am leichtesten ist, Einsparungen vorzunehmen. Wir beginnen damit, die Fixkosten aufzulisten. Dazu gehören regelmäßige monatliche Rechnungen wie Miete oder Krankenversicherung, Strom, Internet, Telekommunikation, Abonnements, Nebenkosten, Netflix, Spotify, Auto-Leasing oder Kreditraten. Diese Positionen sind oft schwer zu reduzieren, wobei es grundsätzlich eine Betrachtung wert ist. Danach machen wir mit den variablen Ausgaben weiter; jene, die sich von Monat zu Monat ändern können, wie Lebensmittel, Onlinebestellungen, Café-, Restaurant- und Kinobesuche oder jene Investitionen, von denen wir wissen, dass sie in absehbarer Zeit notwendig sind (wie den neuen Reifen für das Fahrrad oder die Wohnungsrenovierung). Dies ist der Bereich, in dem wir möglicherweise Einsparpotenziale entdecken. Kreditkarten- und Kontoauszüge sind ein guter Anfang für eine entsprechende Bewertung, da sie unsere monatlichen Ausgaben auflisten und zum Teil bereits kategorisieren.

Schritt 3: Ziele definieren

Bevor wir uns die Daten aus den ersten beiden Arbeitsschritten anschauen, ist es ratsam, eine Liste mit finanziellen Zielen aufzustellen. Schauen wir uns den Abschnitt »Ziele« aus dem ersten Teil an, bevor wir uns an die Arbeit machen. Wir verhindern damit, in Muster zurückzufallen, die unser Mangeldenken verstärken. Konkrete Finanzziele können in zwei Ebenen ausgeführt werden, das macht die Definition der Strategie zur Erreichung der Ziele etwas leichter. Die erste Ebene ist das übergeordnete Ziel und die zweite Ebene sind die Ergebnisse, die wir uns davon versprechen. Dazwischen ist Platz, um strategische Aktionen zur Zielerreichung zu planen. Beispielhaft könnte die Tabelle wie folgt aussehen:

Ziel	Strategie	Ergebnis
Finanzielle Unabhängigkeit	Offene Kredite werden zuverlässig und so bald wie möglich abgelöst	Schuldenfreiheit
	Ich mache einen Job, der mir Spaß macht und meine monatlichen Kosten deckt.	Einkommenssicherheit
	Ich habe meine Kosten so weit reduziert, dass sie sich mit meinen Einnahmen begleichen lassen.	Kostenkontrolle
Traumreise	Ich lege (regelmäßig) Geld zurück oder wirksam an, um zusätzliche Einnahmen zu generieren.	Aufbau des Reisebudgets
	Ich recherchiere alle Reiseoptionen sorgfältig und mit angemessenem zeitlichem Vorlauf und buche kosteneffizient.	Kostenreduktion

Ziel	Strategie	Ergebnis
Altersvorsorge	Ich investiere langfristig einen festen Monatsbetrag in ETFs.	Rücklagenbildung
	Ich übernehme zusätzliche Aufträge oder Jobs, ohne mich zu überfordern.	Zusatzeinkommen
	Ich verschlanke meinen Kostenapparat (Auto, Miete, Versicherungen, Lebensstil).	Kostenreduktion

Schritt 4: Einen Plan machen

Nun werten wir unsere in den Schritten 1 und 2 angefertigten Einnahmen- und Kostenübersichten aus. Mit unseren Fixkosten können wir ziemlich genau vorhersagen, wie viel wir budgetieren müssen. Verwenden wir unsere vergangenen Ausgabegewohnheiten als Richtlinie, wenn wir versuchen, unsere variablen Ausgaben vorherzusagen. Wir können uns entscheiden, unsere Ausgaben noch weiter aufzuschlüsseln, zwischen Dingen, die wir brauchen, und Dingen, die wir uns wünschen. Wenn wir beispielsweise jeden Tag zur Arbeit fahren, zählt der Sprit als notwendiger Bedarf. Das Amazon-Prime-Video-Abonnement kann jedoch als Wunsch betrachtet werden. Dieser Unterschied wird wichtig, wenn wir Anpassungen vornehmen müssen.

Schritt 5: Gewohnheiten anpassen

Sobald wir das Budget vervollständigt haben, erkennen wir schnell, wo wir Geld übrig haben oder wo wir sparen können, je nachdem, was es für unsere Ziele braucht.

Schritt 6: Haushaltsplan regelmäßig aktualisieren

Wir nehmen uns vor, unseren Haushaltsplan mindestens einmal im Monat zu überprüfen, um sicherzustellen, dass wir auf Kurs bleiben. Wir können den Plan mit Menschen besprechen, die ein ähnliches Profil haben wie wir, und auf diese Weise weitere Ideen für die Ausgestaltung unseres Finanzplans bekommen.

Es gibt einige Möglichkeiten, jeden Tag an den materiellen Gütern in unserem Leben zu arbeiten. Das kann der obligatorische Euro pro Tag sein, den wir in ein Sparschwein stecken (so wie es Patrick Dewayne in seinem Buch erklärt, siehe Übung 22), oder in minimalistischer Manier das tägliche Entfernen eines Gegenstandes aus unserem Leben. In der folgenden Übung findest du ein paar weitere Ideen, wie deine tägliche Arbeit am Geld (und allem, wofür es in deinem Leben steht) beschaffen sein kann.

Übung 22: Die Arbeit an der Säule »Geld«
Bücher über Geld und Finanzen lesen

Nicht jeder ist Geldexperte oder kann die richtige Denkweise weitergeben. Aber glücklicherweise gibt es einige gute Bücher (und jede Menge nicht besonders gute, weil sie uns ein sehr klischeehaftes Verständnis davon vermitteln, dass Reichtum gleichbedeutend mit Erfüllung ist) über persönliche Finanzen, die uns in die richtige Richtung führen können. Dazu gehören unbedingt die Bücher von Patrick Dewayne. Er war Aktienhändler bei der Deutschen Bank AG, bevor er als Schauspieler und Musiker Karriere machte. Inzwischen ist er als Finanzspezialist im deutschen Fernsehen tätig und hat als Buchautor in diesem Bereich veröffentlicht. Zu empfehlen ist an dieser Stelle besonders sein erstes Buch unter dem Titel *Geld kann jeder & du jetzt auch*. Vieles von dem, was er schreibt, handelt davon, uns beizubringen, besser mit Geld umzugehen und unsere Ansichten über Geld grundsätzlich anzupassen.

Tägliches Spesenbudget

Um uns jeden Tag die Möglichkeit zu geben, finanziell ein Er-
folgserlebnis zu erlangen, können wir ein tägliches Spesen-
konto in einer Höhe unserer Wahl anlegen, zum Beispiel
20 Euro. In Zeiten des verschwindenden Bargelds müssen wir
eine App nutzen oder uns Notizen machen, um die Ausgaben
zu verfolgen. Das Ziel ist nicht, jeden Tag 20 Euro auszugeben,
sondern jede Ausgabe zu reflektieren. Dadurch wird uns häufig erst richtig klar, wofür wir jeden Tag unser Geld ausgeben.
Wir überlegen uns automatisch zweimal, ob wir einen Kaffee für
fünf Euro bei Starbucks kaufen oder uns einen in der Thermo-
tasse für ein paar Cent von zu Hause mitnehmen.

Budget-Apps benutzen

Mobile Apps für unser Smartphone wie Mobiles, Money
Manager oder Bluecoins können jeden Tag helfen, unsere Finanzen in den Griff zu bekommen. Sie können teilweise direkt
mit unseren Konten verknüpft werden, sodass alle Ausgaben
übersichtlich in editierbaren Budgets angezeigt werden. Die regelmäßige Nutzung erhöht unsere grundsätzliche Achtsamkeit
für Geld und macht uns sensibler für die Dinge, für die wir Geld
ausgeben.

Dinge verschenken

Eine schöne Übung im Geiste der Minimalismus-Bewegung ist
es, jeden Tag ein Objekt aus unserem Besitz, das wir auf die
eine oder andere Weise ins Herz geschlossen haben, an jemanden zu verschenken, der uns ebenfalls viel bedeutet. Wir
kümmern uns um jene Dinge in unserem Leben, von denen wir
uns besonders schwer trennen, und haben eine tägliche kleine
Routine, die uns auch in der vierten Säule des Seins – Beziehungen – aktiviert. Kombiniert mit einem kleinen Text, einer

Grußkarte, einem Anruf oder Treffen kann diese Gewohnheit zu einer sehr unkonventionellen Gelegenheit werden, um den eigenen materiellen Fußabdruck zu reduzieren und soziale Bindungen zu stärken.

16. Woche

Wie in der Vorwoche ist wieder etwas Parallelarbeit notwendig. Du führst nach wie vor die zwei Übungen pro Säule in Körper, Geist und Seele weiter und ergänzt diese Basis mit der ersten Übung aus der Säule »Geld« über sieben Tage. Darüber hinaus erschließt du dir die Säule »Mission«:

Tag 1: Wochenplanung
Tag 2: Übung 23 – Entwicklung deines Mission Statements
Tag 3: Übung 24 – Masterplan für deine Vision
Tag 4: Übung 25 – Vision formulieren, Lebensziele ableiten
Tage 5 bis 7: Reguläre Praxis

Den richtigen Weg für unsere persönliche Entwicklung zu finden, ist sicherlich die größte Herausforderung in unserem Leben. Vielleicht gehörst du zu den Menschen, die ihre Mission bereits fertig formuliert in der Schublade haben? Dann ist jetzt ein guter Moment, sie herauszuholen und zu überprüfen. Ist sie noch aktuell? Notiere sie in dein Workbook und schreibe besonders schön, denn du willst sie dir später noch oft anschauen. Vielleicht sogar jeden Tag. Solltest du noch keine deutliche Mission für dein Leben formuliert haben, unterstützt dich die nächste Übung dabei.

Übung 23: Entwicklung deines Mission Statements

Für diese Übung sind besonders die Notizen und Übungsergebnisse aus der Arbeit an Ebene 1 bedeutend. Schau dir die Ergebnisse der Übungen 1 bis 6 an und die Notizen, die du dort gesammelt hast. Es ging darum, was andere über dich auf deiner eigenen Beerdigung sagen sollen. Nun nimm dir einen Augenblick Zeit und beantworte drei weitere Fragenkomplexe.

Erste Fragerunde

Kannst du dich noch daran erinnern, worauf du das erste Mal in deinem Leben so richtig stolz warst? Gab es später Momente in deinem Leben, an die du dich erinnern kannst, als du ein intensives Gefühl von Stolz auf dich selbst empfunden hast? Worauf genau warst du jeweils stolz? Was war dein Beitrag zu diesem Erfolg? Nimm dir ein paar Minuten Zeit und notiere deine Erinnerungen. Besonders wichtig ist das Warum. Versuche, dich genau zu erinnern, was der Grund war, warum du stolz warst, und wer beteiligt war.

Zweite Fragerunde

Kannst du dich an die Momente erinnern, die deinem Leben eine Wendung gegeben haben? Waren sie mit einer geografischen Veränderung, einer Veränderung im Beziehungsstatus oder Arbeitsverhältnis verbunden? Überlege dir, was jeweils die entscheidenden Faktoren waren, die diese Veränderung auf den Weg gebracht haben. Nimm dir die notwendige Zeit und mache dir möglichst detaillierte Aufzeichnungen. Es ist die wohl wichtigste Reflexionsarbeit, die du heute leisten kannst und wirst.

Dritte Fragerunde

Erinnere dich an die schönsten Momente deines Lebens. Überlege, welche anderen Menschen dabei waren und was genau euch jeweils zusammengeführt hat. Warum warst du in diesem Augenblick so glücklich? Hör in dich hinein und nimm dir genügend Zeit, dann notiere dir alles in dein Workbook.

Schau dir jetzt deine Antworten an und unterstreiche die Punkte, Worte, Begriffe, die für dich am wesentlichsten waren, die in dir die stärkste Reaktion auslösen. Erkennst du in ihnen ein Muster? Tauchen bestimmte Begriffe häufiger auf als andere? Sind es die, die du unterstrichen hast? Mach einen dicken Kringel um die drei Worte, die dir am meisten bedeuten. Mit diesen drei Begriffen sind wir der Mission schon dicht auf der Spur. Wir suchen nach ähnlichen, wiederkehrenden Eigenschaften, Aktionen oder Personen. Nimm dir Zeit, um den gemeinsamen Nenner deiner Erfolgsmomente herauszukristallisieren. Versuche die Frage, was dich antreibt, was dich jeden Tag motiviert, aus diesem gemeinsamen Nenner abzuleiten und daraus einen Satz zu formulieren. Als kleine Hilfestellung vollende folgende Sätze in deinem Workbook:

1. Mein Beitrag an die Menschheit ist …
2. Ich werde wirksam durch …
3. Ich bin erfolgreich, wenn …

Wenn du diese drei Sätze für dich formuliert hast, forme für dich daraus ein »Mission Statement«, einen Leitsatz, nach dem du dich immer und in allen Belangen ausrichten kannst. Das klappt selten beim ersten Versuch, aber wenn du ihn entwickelt hast, bringt er den Kern deiner inneren Wahrheit, deiner inneren Ausrichtung mehr und mehr zum Vorschein. Feile so lange an diesem Satz, bis du bereit wärst, ihn dir auf deine Haut zu tätowieren. Vielleicht spürst du schon in dem Gedankenprozess, wie kraftvoll diese innere Wahrheit ist, wenn man sie einmal erkennt, aktiviert und nach und nach alles in seinem Leben darauf ausrichtet. In den nächsten Wochen nehmen wir uns mindestens einmal pro Woche den Leitsatz vor und schleifen ihn. Mach das so lange, bis du dich hundertprozentig damit identifizieren kannst.

Inspirierende Mission Statements

Ich kann dir an dieser Stelle mein Mission Statement verraten: *Ich bin ein ganzheitlicher Impulsgeber, der die Menschen mit Erfahrung, Kreativität, Leidenschaft und Empathie dazu inspiriert, ein achtsames, erfülltes Leben zu führen und somit die Welt zu einem lebenswerten Ort zu machen.*

Außerdem habe ich für dich noch ein paar inspirierende Mission Statements bekannter Menschen gesammelt:

Simon Sinek: *»Ich inspiriere Menschen, jene Dinge zu tun, die sie inspirieren, um so gemeinsam die Welt verändern zu können.«*

Maya Angelou: *»Meine Mission im Leben ist nicht nur zu überleben, sondern zu gedeihen; und dies mit etwas Leidenschaft, etwas Mitgefühl, etwas Humor und etwas Stil.«*

Oprah Winfrey: *»Ich möchte eine Lehrerin sein. Und dafür bekannt sein, meine Schüler*innen dazu inspiriert zu haben, mehr zu sein, als sie sich vorstellen konnten.«*

Amanda Steinberg: *»Meine Lebensaufgabe ist es, die Gaben der Intelligenz, des Charismas und des seriellen Optimismus zu nutzen, um das Selbstwertgefühl und das Vermögen von Frauen auf der ganzen Welt zu fördern.«*

Mahatma Gandhi: *»Ich werde niemanden auf der Erde fürchten. Ich werde nur Gott fürchten. Ich werde niemandem bösen Willen entgegenbringen. Ich werde mich keiner Ungerechtigkeit fügen. Ich werde die Unwahrheit durch die Wahrheit besiegen. Und indem ich der Unwahrheit widerstehe, werde ich alles Leid ertragen.«*

Walt Disney: *»Meine Lebensaufgabe? Menschen glücklich zu machen.«*

So. Und wer bist du? Wenn du magst, schreib mir deinen Satz an yousef.hammoudah@gmail.com: Ich sammle Missionsleitsätze und möchte – anonymisiert – mit ihnen weiterarbeiten. Du würdest mir einen großen Gefallen damit tun. Füge gern hinzu, ob ich dich bei einer Veröffentlichung online namentlich zitieren darf.

Weiter geht's mit deinem Masterplan.

Übung 24: Der Masterplan für deine Mission

Aufgabenstellung 1: Übersetzung in das Praxisprogramm

Nun kannst du dir überlegen, wie du diesen Leitsatz zur Wirksamkeit bringen kannst. Welche Handlungen kannst du in den nächsten 24 Stunden durchführen, um diese Mission anzugehen? Was kannst du an jedem der nächsten sieben Tage dafür tun? Wenn du sogar eine langfristige Vision für dich erkennst, dann schreib sie direkt auf und arbeite mit ihr weiter. Hier geht es nicht darum, kurz etwas aufzuschreiben, sondern du schaffst die Grundlage dafür, all dein Talent, deine Kompetenz und Leidenschaft auf eine Sache zu fokussieren. Im Einklang mit dieser Bestimmung setzt du unglaubliche Energien frei für den Weg dorthin. Er geht sich irgendwann von selbst. Der Begriff der Erfüllung versteht sich als Commitment zum ewig währenden Prozess des Wachstums und der Weiterentwicklung von innen und von außen für dich und alle anderen. So bleibt sie die ewige Konstante in dem wilden Durcheinander unserer aller Leben.

Aufgabenstellung 2: Hindernisse antizipieren

Forscher haben festgestellt, dass wir unsere Chance für das Erreichen eines erfüllten Lebens verbessern können, wenn wir uns unserer Hindernisse bewusst sind. Versuche, dir auf der Basis der Ergebnisse aus Aufgabe 1 vorzustellen, was dich daran hindern könnte, deinen Masterplan umzusetzen. Schreibe alles auf, was dir einfällt, und überlege dir zu jedem einzelnen Punkt eine Strategie, wie du mit diesem Hindernis umgehen möchtest, damit es deine Arbeit nicht unterbricht. Auf diese Weise schaffst du ein starkes Fundament, das dich auch bei Gegenwind auf Kurs hält.

Aufgabenstellung 3: Masterplan erstellen

Wir haben es fast geschafft: Alle wichtigen Erkenntnisse für die Erstellung unseres Masterplans liegen vor uns. Wir kombinieren unsere Ergebnisse der Ebene-1-Übungen mit den Notizen und Ergebnissen der Übungen aus unseren bisherigen sechs Säulen. Wir tragen alles zusammen und ergänzen um aktuelle Fragestellungen:

- Mission Statement (Leitsatz aus Übung 23)
- Eine Persona (was für ein Mensch du sein möchtest; Wertekompass aus Übung 1)
- Dein Warum (warum ist dir das wichtig)
- Deine Strategie (wie kannst du es schaffen?; Übung 5 und Übung 6)
- Deine Hindernisse (was dich daran hindert; Übung 24)
- Deine Erfolgsindikatoren (woran du erkennst, dass du erfolgreich warst)
- Deine Kompetenz-Anforderung (Liste mit drei bis fünf Fähigkeiten, die du in den nächsten 12/24/36 Monaten entwickeln willst)

Für den Masterplan habe ich ein passendes Google Template angelegt, welches du im Anhang unter »Tools« findest.

Erfolg ist nicht das Ziel, sondern das Ergebnis

Zum Abschluss unserer Arbeit in der sechsten Säule, der Mission, hier ein wichtiger und inspirierender Impuls von Viktor Frankl. Er schreibt sinngemäß in *Trotzdem Ja zum Leben sagen*:

Je mehr wir von »Erfolg« besessen sind, desto unwahrscheinlicher werden wir erfolgreich sein. Genau wie Glück ist Erfolg kein Ziel, sondern ein Ergebnis. Er folgt uns dorthin, wo unser persönliches Engagement für eine Sache größer ist als wir selbst.

Schauen wir uns um. Wie viele Menschen kennen wir, die Erfolg und Glück mit wenig Entschlossenheit in Bezug auf ihren Sinn verfolgen? Ihr Verstand bringt sie dazu, zu glauben, dass ihr nächster Einkauf oder ihre nächste Beziehung dieses innere Vakuum füllen wird. Auf der Jagd nach Erfolg ändern sie alles, aber ihre Sicht auf die Welt und andere Menschen bleibt unverändert. Da sie den Vorrang der Verantwortung und die Macht des Ziels nicht verstehen, eilen sie in vergeblichem Streben durch ihr Leben.

Ich sage aber, und damit bin ich nicht allein: Der ultimative Zweck eines sinnvollen Lebens ist es, liebevoll zu sein. »Liebe«, schrieb Frankl, »ist das letzte und höchste Ziel.« Der Psychologe beobachtete, dass Mitgefangene in den Konzentrationslagern, die ihre Fähigkeit zur Liebe intakt hielten, selbst unter den extremsten Umständen niemals die Hoffnung aufgaben. Sobald Gefangene die Hoffnung aufgaben, starben sie jedoch schnell.

Wir formulieren im nächsten Schritt unsere Vision: Die Vision für unser Leben ist ein wichtiges Instrument für unsere Persönlichkeitsentwicklung. Sie muss uns inspirieren, uns ein warmes Gefühl ins Herz zaubern und uns vermitteln, dass unsere Existenz eine Bedeutung hat. So fühlen wir uns wertvoll, es gibt einen Grund, warum wir hier sind. Und wir können jeden Tag aus einer neuen Perspektive erleben.

Übung 25: Vision formulieren, Lebensziele ableiten

Aufgabenstellung: Die eigene Vision anlegen (und sinnvolle Ziele ableiten)

Mache wieder eine Gedankenreise und lasse deinen Blick über all die Versprechen gleiten, die du in Übung 3 (siehe Seite 263 ff.) entwickelt hast. Schau sie in Ruhe an und achte darauf, was in dir vorgeht, wenn du sie laut vorliest. Welche Gefühle kommen auf? Welche Bilder entstehen? Welches der genannten Versprechen ist am stärksten? Mache eine Liste mit einem Ranking, je nach Stärke deiner positiven emotionalen Resonanz aller »Versprechen an die Welt«: Auf Platz 1 steht demnach das Versprechen mit der stärksten, auf dem letzten Platz jenes mit der geringsten Resonanz.

Hier die Beispiel-Übersicht mit neuem Ranking:

1. Ich engagiere mich für Gerechtigkeit und soziale Verantwortung in der Welt.
2. Durch meine Verletzlichkeit inspiriere ich Menschen dazu, ehrlich, authentisch und selbstbewusst sein zu dürfen. Ich trete aktiv für Inklusion in der Gesellschaft ein.
3. Ich setze mich für mehr Warmherzigkeit in der Welt ein.
4. Ich setze mich für Chancengleichheit bei der beruflichen Entwicklung von Menschen ein.
5. Ich kläre die Öffentlichkeit über konsumorientierte, manipulative Kommunikation auf.

Nun überlegen wir uns pro Versprechen entlang der Reihenfolge der positiven emotionalen Resonanz, wie die Welt aussehen würde, wenn wir dieses Versprechen in bestmöglicher Weise eingelöst haben werden.

Beispiel:

1. Durch mehr Gerechtigkeit und soziale Verantwortung wird die Menschheit friedlicher und mehr Menschen haben Zugang zu Bildung und Wohlstand.

2. Eine Gesellschaft, in der Verletzlichkeit eine Zierde ist, geht offener mit ihren wahren Bedürfnissen um, überwindet Angst und stärkt die Gemeinschaft.

3. Eine Welt voller Warmherzigkeit lässt uns einander vertrauen, die Interessen der Gemeinschaft zu verfolgen und zu stärken. Es gibt weniger Neid und Missgunst, und gemeinschaftliche Ziele werden nachhaltig erreicht.

4. Mehr Chancengleichheit beim Zugang zu beruflicher Entwicklung begünstigt eine vielschichtige, diverse Gesellschaft, die gerechter, kulturell vielfältiger und dadurch international relevanter, leistungsfähiger und wohlhabender ist.

5. Mehr Achtsamkeit in der öffentlichen Kommunikation reduziert die Belastung der Menschen durch kommerziell motivierte psychologische Manipulation und stärkt somit die mentale Gesundheit unserer Gesellschaft.

Reflexion

Denke in Ruhe über die ermittelten idealisierten Szenarien nach. Gehe Satz für Satz durch und unterstreiche die Ergebnisse deines Wirkens (deines Versprechens an die Welt).

Im Beispiel auf Platz 1 wäre das:

Unser Wirken (das Versprechen): Gerechtigkeit und soziale Verantwortung

Ergebnis: Frieden, Zugang zu Bildung, Wohlstand

Abschließend fasse deine Ergebnisse in maximal fünf Wortgruppen zusammen, beispielsweise:

Wortgruppe 1: Frieden, Überwindung von Angst, Stärkung der Gemeinschaft, Vertrauen
Wortgruppe 2: Wohlstand, Leistungsfähigkeit
Wortgruppe 3: Gerechtigkeit, Zugang zu Bildung
Wortgruppe 4: Vielfalt, Kultur, Internationalität
Wortgruppe 5: Holistische Gesundheit

Dokumentation
Ziehe aus diesen Wortgruppen die Essenz und entwickle daraus eine Vision, die deine Vorstellung einer vollendeten Welt beschreibt. Nicht, um dich daran zu erinnern, was du noch nicht hast, sondern um dir eine Richtung zu geben, die für die Entwicklung deiner Persönlichkeit wichtig wird. Diese Vision soll als ständige Inspiration fungieren, nicht als Belastung.

Beispiel für eine persönliche Vision:
»Ich wünsche mir eine Welt, in der wir Ängste und Missgunst überwinden lernen, in der wir vertrauen können, um in Frieden, Wohlstand und in kultureller Vielfalt und Teilhabe miteinander leben zu können. In dieser Welt sind wir zu besonderen Leistungen und Entwicklungen imstande, können die Herausforderungen der Zeit gemeinsam lösen und unserem Streben nach echter Gerechtigkeit und Chancengleichheit Rechnung tragen.«

Auswertung
Ausgehend von dieser Vision, ermitteln wir im nächsten Schritt konkrete Ziele. Diese Ziele sollten folgende drei Kriterien erfüllen, die wir bereits in Teil 1 unter »Schlüsselfaktor Ziele: Und das Problem mit ihnen« (Seite 55 ff.) kennengelernt haben:

1. Sie sollten zügig erfüllbar sein (nicht in ferner Zukunft).
2. Sie sollten einen Beitrag zu unserer Vision leisten (nicht von ihr abgekoppelt sein).
3. Sie sollten uns motivieren, unser Verhalten daran auszurichten (und uns nicht frustrieren).

Schau dir an dieser Stelle noch mal das Kapitel »Ziele« aus dem ersten Teil an. Dort wird erklärt, wie Ziele aus der Betrachtung der Identität heraus definiert werden. Daraus kannst du entsprechende Strategien entwickeln. Zur Verdeutlichung greife ich noch einmal auf unsere Beispiele zurück.

Beispiel 1:
Versprechen: Gerechtigkeit und soziale Verantwortung
  Ziel: Ich möchte gerechter sein und mehr soziale Verantwortung übernehmen.
  Strategie: Reflexion, Achtsamkeit, Kompetenzentwicklung
  Identität: Ich bin gerecht und sozial, ich bin Anwalt/Anwältin.

Beispiel 2:
Versprechen: Akzeptanz für Verletzlichkeit etablieren
  Ziel: Ich erlebe Verletzlichkeit als Stärke.
  Strategie: Reflexion, Metta-Meditation
  Identität: Ich bin empathisch und verfüge über emotionale Intelligenz; ich bin Coach, Führungskraft.

Beispiel 3:
Versprechen: Warmherzigkeit
  Ziel: Ich möchte Menschen vereinen
  Strategie: Reflexion, Führung, Kommunikation, Engagement
  Identität: Ich bin warmherzig, verbindend, aufklärend, inspirierend; ich bin Politiker*in, Aktivist*in, Veranstalter*in.

Beispiel 4:

Versprechen: Chancengleichheit

Ziel: Ich setze mich für Chancengleichheit ein.

Strategie: Reflexion, Kompetenzentwicklung, Kommunikation, Coaching, Mentorin, Zugang zu Chancen schaffen

Identität: Ich bin inklusiv und fair, informiert und ausgebildet; ich bin Personalbetreuer*in, Human Resources-Spezialist*in, Aktivist*in, Unternehmer*in, Führungskraft.

Beispiel 5:

Versprechen: Achtsame Kommunikation

Ziel: Ich etabliere eine achtsame(re) Kommunikation in der Öffentlichkeit.

Strategie: Reflexion, Kompetenzentwicklung, Achtsamkeit

Identität: Ich bin achtsam, erfahren und ausgebildet in der Kommunikation mit Menschen; ich bin Journalist*in, Autor*in, Moderator*in, Lehrkraft, Dozent*in, Öffentlichkeitssprecher*in, PR-/Marketingexpert*in.

Die Ergebnisse überträgst du am besten gleich in deine Version des Sieben Säulen Google Templates – das findest du wie immer im Anhang unter »Tools« (Ziele).

17. Woche

Diese Woche beginnt wie jede Woche mit der Wochenplanung. Ansonsten bringt dich diese Woche auch in der sechsten Säule des Seins auf Kurs. Deine Mission beginnt hier und jetzt. Nachdem du in der Vorwoche dein Mission Statement formuliert hast und dein Masterplan steht, ist es an dir, diese auszutesten. Mach, was dir einfällt, um jeden Tag ein wenig dafür zu tun, deinen Masterplan in die Realität zu übersetzen.

Fünfter Monat

Ab der 18. Woche arbeitest du an allen bisher vorgestellten sechs Säulen gleichzeitig. Dafür praktizierst du pro Tag zwei Übungen in den ersten drei Säulen und je eine Übung in den zweiten drei Säulen. Du kannst die Routinen frei wählen, aber überlege dir gut, welche du auswählst. Du kannst entweder dieselbe Übung Woche für Woche wiederholen und damit in die Richtung der Etablierung von Gewohnheiten wirken, oder jede Woche eine andere Übung ausprobieren, um auszuloten, welche Arbeit dich weiterbringt.

Sechster Monat

Füge in der Säule »Beziehungen« ab der 22. Woche eine weitere Übung hinzu, in der 23. Woche kommt dann in der Säule »Geld« eine weitere Übung hinzu und in der 24. Woche schließlich in der Säule »Mission«. Auch hier gilt: Jede Übung, die zum Wochenbeginn geplant wurde, sollte konsequent für diese sieben Tage durchgeführt werden. In der letzten Woche der Phase III, der letzten Woche des sechsten Monats im Praxisprogramm, finden sich erstmals in jeder der ersten sechs Säulen zwei Übungen auf dem Plan.

Alles wird intensiver, dichter, voller. Und das ist der Sinn in dieser Phase des Entwicklungsprozesses: Die Veränderung, die du in dein Leben bringen willst, gründet sich auf die Qualität deines Commitments, die Bereitschaft, neue Wege zu gehen, in Bewegung zu bleiben, deine Grenzen, deine Möglichkeiten, deine Variabilität zu finden und zu erweitern. Es ist eine sehr herausfordernde Phase, und das wird sie noch drei weitere Monate bleiben, jedoch ist es auch eine Phase, in der du deine Freude an der Entwicklung deiner Persönlichkeit entdeckst, weil sie echt ist, aus deinem wahrhaftigen Ursprung entsteht, weil sie für dich selbst ist und nicht geschieht, damit du jemand anderem besser gefällst. Darum dauern die Entwicklungen länger als sonst, darum braucht es mehr Leidenschaft, mehr Bereitschaft und mehr Interesse, Neugier und Offenheit. Du bringst mit jeder Woche dieser intensiven Arbeit zusätzliche Qualität in deine Entwicklung und du spürst das, ebenso wie deine Umgebung. Deine Entwicklung aus dem Inneren gelangt auf natürliche Weise ins Außen, ohne dass du im Außen beginnen musstest.

Phase IV: Kraft weitergeben

Der äußere Kreis ist ebenfalls aufgebaut und bringt den inneren Kern auf natürliche Weise ins Licht. Dein Umfeld spürt dies und es entstehen Möglichkeiten, deine Kraft an andere weiterzugeben. Im folgenden Kasten findest du eine Übersicht, was dich in dieser Phase des Teilens, der Phase IV, erwartet.

Übersicht zu Phase IV

Gesamtdauer: 13 Wochen

Themen:

- Übergang von Phase III zu Phase IV
- Du beginnst die Arbeit mit der siebten Säule des Seins.
- Du führst die etablierte Arbeit an den sechs bisherigen Säulen fort.
- Du fügst dem Praxisprogramm die Übungen der vierten Ebene hinzu.
- Du arbeitest in allen sieben Säulen des Seins gleichzeitig.

Ergebnisse:

- Ausgeprägtes Bewusstsein für deine Fähigkeiten und wie du sie nutzen kannst
- Klarheit über deine Herausforderungen
- Fähigkeit, deine Schwächen als Stärken zu betrachten und einzusetzen

---

- Vollständiges Verständnis für Prinzipien und Wirkungsweisen der Sieben Säulen des Seins
- Ausgeprägte Anziehungskraft auf Menschen, die selbst auf der Suche nach Erfüllung sind

Was du für diese Phase brauchst:
- Dieses Buch
- Dein Sieben-Säulen-des-Seins-Workbook
- 30 bis 90 Minuten Zeit pro Tag für die Übungen (tagsüber)
- 5 bis 10 Minuten Zeit pro Tag (abends) für kurze tägliche Check-ins und die Übungsdokumentation
- 30 bis 60 Minuten Zeit jeden Sonntag für die Wochenreflexion und Planung der Folgewoche

Schritt-für-Schritt-Anleitung

Siebter Monat

Der siebte Monat markiert den wichtigen Übergang von Phase III/Ebene 3 zu Phase IV/Ebene 4 der Sieben Säulen des Seins. Im Vordergrund steht hier die Einführung der siebten und letzten Säule des Seins. Wie nach jeder Phase folgt wieder eine Woche der Pause des täglichen Arbeitens zugunsten einer intensiven Reflexion der bisherigen sechs Monate des Praxisprogramms. Ganz besonders wichtig ist in dieser Reflexionswoche, dass du die Ergebnisse der Übungen aus Phase I noch einmal begutachtest. Schau dir an, ob du in diesen Monaten, nachdem du diese ersten Übungen hast, diesem Menschen, der du sein möchtest, etwas ähnlicher geworden bist, ob du näher an deine Vision herangekommen bist, auch wenn es nur ein kleines Stückchen sein sollte.

26. Woche

Stelle sicher, dass es bei dieser einen Woche Pause bleibt und du nicht aus deinem Entwicklungsfluss gerätst. Benutze diese sieben Tage wie schon vor drei Monaten, um intensiv über die drei Phasen deiner Praxis zu reflektieren. Im Vordergrund stehen diesmal die Säulen 4, 5 und 6, denn nach drei Monaten in der Arbeit mit diesen Säulen ist eine Menge passiert, besonders angesichts der Ergebnisse der Übungen aus der ersten Phase.

Tag 1 und Tag 2: Beziehungen

Du hast drei Monate lang deine sozialen Beziehungen auf den Prüfstand gestellt und an ihnen gearbeitet. Gehe an diesen beiden Tagen noch einmal alle Übungen zu diesen Säulen durch und vergleiche sie mit den Ergebnissen der Übungen, die du vor drei Monaten durchgeführt hast. Achte sorgsam auf die Veränderungen in dieser Zeit und reflektiere darüber, ob es Veränderungen sind, die dich einem erfüllten Leben nähergebracht haben oder nicht. Schau dir an, was die entscheidenden Faktoren waren, und passe an, was du anpassen kannst und möchtest.

Tag 3 und Tag 4: Geld

Auch in der Säule »Geld« hast du drei Monate lang Veränderungen in die Realität umgesetzt, dein Konsumverhalten beobachtet und angepasst, dein Verhältnis zu Besitz und Reichtum durchleuchtet und in die Praxis übersetzt. Was davon hat wie gut funktioniert? Was davon hat Bestand? Was davon fühlt sich richtig und gut an? Welche Veränderungen konntest du erkennen, vor allem in deiner Haltung zu Geld und Besitz? Konntest du eine Haltung des Mangels in eine Haltung der Fülle verwandeln? Konntest du dich von dem großen Ballast der unnötigen, energiebindenden Dinge in deinem Leben befreien? Konntest du einen ökonomischeren und puristischeren Lebensstil für dich entdecken? Auch hier gilt wie immer: Was fühlt sich für dich richtig und gut an, wenn du die Ergebnisse aus diesen Übungen vergleichst mit den Ergebnissen der Übungen von Ebene 1?

Tag 5 und Tag 6: Mission

Dies ist ein großer Moment für dich. Nach sechs Monaten Arbeit in den Sieben Säulen und drei Monaten täglicher Hingabe in der essenziellen Säule 6, Mission, der Selbstverwirklichung, wirst du erkennen, wie gut es sich anfühlt, dein Leben in die Hand genommen zu haben. Du hast dich in den Tagen zuvor mehr oder weniger mit den Übungsergebnissen der ersten Tage des gesamten Prozesses beschäftigt. Hier legst du nebeneinander, was du erreichen konntest. Gehe zu guter Letzt erneut in die Übungen der Säule »Mission« hinein und schau hin, wie alles zusammenpasst: Mission, Vision und Ziele sind eine Familie, ihre Umsetzung formt dein persönliches Schicksal im Detail.

Tag 7:

Nach den sechs Tagen der übergeordneten Reflexion und dem Blick zurück nutzt du den siebten Tag dieser ersten Woche in Phase IV für den Blick nach vorn. Daher widmest du dich heute der letzten Übung des Praxisprogramms, der Übung 26, und bestimmst mit ihrer Hilfe Möglichkeiten, dich für die Allgemeinheit, für andere, für Menschen, Tiere oder die Umwelt einzusetzen. Auf diese Weise erschließt du Erfüllung, die entsteht, wenn du über die eigenen Bedürfnisse hinaus die Kraft des Lebens und der Liebe an jene weitergibst, die ihrer bedürfen. Es ist die Transzendenz jenseits Maslows Selbstverwirklichung, die Arbeit in der Spiritualität. Um den großen Begriff »Spiritualität« aus der Abstraktion zu holen, findest du in der nächsten Übung Inspirationen, wie du dein und das Leben anderer mit gelebter Spiritualität bereichern kannst.

Übung 26: Inspirationen für gelebte Spiritualität

Ein Ehrenamt finden

Das Ehrenamt ist eine Form des bürgerlichen Engagements und beinhaltet eine freiwillige, meist unentgeltliche Tätigkeit, die gemeinwohlorientiert ist. Fast die Hälfte aller Deutschen betätigen sich in ihrer Freizeit in einem Ehrenamt. Für die Suche nach dem passenden Ehrenamt gibt es in Deutschland bereits einige Onlinedienste. Sie findet man über gängige Suchmaschinen (siehe Links im Anhang), wie die Website von Aktion Mensch: Dort finden wir Angebote wie inklusive Umweltprojekte, Betreuung Jugendlicher mit und ohne Behinderung, Hilfe für ältere Menschen, Sanitätsdienst-Aufgaben oder Einsatzmöglichkeiten bei der freiwilligen Feuerwehr. Eine weitere Form des Engagements, das du in diesen Datenbanken finden kannst, ist Unterstützung für geflüchtete Menschen aus Kriegsgebieten. Gemeinsam mit Freunden und Bekannten, Kollegen oder Familienmitgliedern ein Projekt zu unterstützen oder sogar zusammen ins Leben zu rufen, ist eine wundervolle und sehr kraftvolle Weise, Spiritualität zu praktizieren. Es ist nur wichtig, dass wir uns im Vorfeld über die Anforderungen klar sind, die es braucht, und dann die Ausdauer und das Commitment haben, unser Engagement zu leisten. Es gibt nichts Traurigeres als eine Gruppe enttäuschter Kinder, die nach wenigen Malen Betreuung, Training oder Förderung hängen gelassen wurde. Wenn wir Motivation nicht nur aus sozialer Anerkennung, sondern aus dem einer echten Widmung an das Gemeinwohl ziehen, bleiben wir nachhaltig engagiert. Prüfe also regelmäßig deine Motive. Bist du noch nicht so weit, finde andere Optionen und fokussiere dich auf die Kraft der ersten sechs Säulen, bis du dich berufen fühlst.

Vergeben und um Vergebung bitten

Es gibt viele Wege, uns mit unserem Ego in der Wirklichkeit zu manifestieren: Wir halten so stark, wie wir nur können, an unseren Denkweisen und Bewertungen fest, teilen die Welt auf in die, die blöd, dick, dumm, langsam, faul und hässlich sind, und die, zu denen wir aufschauen. Natürlich sind diese Ressentiments gegenüber anderen nur Spiegelungen unserer eigenen Charakterteile, die wir unter den Teppich kehren, weil wir sie nicht leiden können. Ein Weg, das klammernde Ego zu überwinden, ist, ungeklärte Konflikte aufzulösen. Dazu legen wir eine Liste mit Menschen an, die entweder uns verletzt haben oder die wir verletzt haben und deswegen Groll gegen uns hegen. Dann definieren wir die Ursachen unseres Konfliktes. Es ist jetzt unsere Aufgabe, diesen Menschen aktiv zu begegnen und uns bei ihnen zu entschuldigen beziehungsweise ihnen zu vergeben.

Um alte Konflikte nicht neu anzufeuern, beachte bitte folgende wichtige Hinweise: Um Vergebung bitten ist am wirkungsvollsten, wenn es im realen Leben persönlich geschieht (statt per WhatsApp, E-Mail oder Instagram). Wenn nicht persönlich, dann geht nur ein handgeschriebener Brief. Schreibe zur Vorbereitung die Entschuldigung auf, spiele gedanklich das Gespräch durch. Rechne mit Gegenwind, aber, ganz wichtig, lass dich nicht provozieren oder auf eine Diskussion ein. Verzichte auf Bewertungen und Vermutungen über die Motive deines Gegenübers. Bleib bei dir: Statt »Du hast X gesagt, getan« Ich-Botschaften senden wie »Ich empfand es so«. Gib eigene Fehler zu, aber fordere auf keinen Fall, dass dein Gegenüber es ebenso handhabt. Übernimm die Verantwortung für die Konsequenzen aus dem Konflikt und beziehe dich nur auf den Teil des Konfliktes, auf den sich deine Entschuldigung bezieht. Beschreibe möglichst offen, ehrlich und nachvollziehbar, wie du dir das Verhältnis in Zukunft wünschst, keinesfalls als Erwartung, sondern als Option. Lasse deinem Gegenüber die Entscheidungskraft, mit der Sache umzugehen, und vermeide unterschwelligen Druck. Kontrolliere jeglichen Impuls, manipulativ und gewinnend zu denken und zu handeln. Liefere dich aus und sei versichert, dass der Versuch, aufrichtig um Vergebung zu bitten, niemals peinlich ist. Erzähle niemandem von deinem Vorhaben – weder vor noch nach der Aktion.

Mentor werden

Im bisherigen Verlauf dieses Buches wurde häufiger von dem Effekt berichtet, dass, wenn wir uns der Arbeit mit den Sieben Säulen widmen, andere Menschen unterbewusst auf unsere Ausstrahlung anspringen und sich an uns orientieren. Der Zeitpunkt ist selbstredend bei jedem Menschen unterschiedlich und birgt viele nicht kontrollierbare Faktoren wie die Beschaffenheit unseres sozialen Ökosystems. Die Art der Orientierung kann ebenfalls verschiedene Züge annehmen. Manche fragen uns offen um Rat, andere halten sich häufiger in unserer Nähe oder auf unserem Social Media Feed auf. Oder (meist jüngere) Kolleg*innen orientieren sich offenkundig an uns. Wenn wir den Eindruck gewinnen, dass es da jemanden gibt, der sich an uns orientiert, ganz gleich an welcher Stelle unseres sozialen Ökosystems, dann öffnen wir uns für diese Art von Vorbildfunktion (ohne eine große Sache daraus zu machen). Wenn wir mehrere Personen in unserem Umkreis wahrnehmen, die unseren Support suchen, sollten wir bevorzugt jene Menschen unterstützen, die am wenigsten privilegiert sind. Diese haben meist weniger Chancen, gesehen zu werden, und profitieren am meisten von unserer Zeit. Wenn wir einen Mentee aus dem Freundes-, Familien- oder Kolleg*innenkreis gefunden haben, sollten wir zunächst herausfinden, welche Form von Orientierung und Rat sich die Person wünscht. Das einzige Ziel der Übung ist es, das

Gegenüber zu stärken mit allem, was wir an Erfahrung, Netzwerk und Fachwissen mitbringen. Mentorship bedeutet Nähe und Intimität. Daher müssen wir vorsichtig sein, diese Art von Beziehung nicht mit einer romantischen oder erotischen Gelegenheit zu verwechseln. Das versteht sich hoffentlich von selbst. Sollte allerdings diese Art von Spannung in einem Mentorship-Verhältnis auftauchen, ist es wichtig, das offen und ehrlich anzusprechen, um Enttäuschung, Verletzung oder gar falsch verstandene Avancen zu vermeiden. Als Mentor fördert man sein Gegenüber positiv und spricht ihm Mut zu, doch darf und muss man auch kritisch sein und hinterfragen. Der oder die Mentee sollte jedoch die Chance haben, selbst eine Lösung zu finden. Ein guter Mentor lässt seinen Mentee seine eigenen Erfahrungen machen. Prüfe deine Motivation: Willst du in erster Linie jemandem bei seiner Entfaltung helfen, oder gibt es egoistische Hintergedanken? Unterscheide zwischen »Ich möchte als starker Impulsgeber und weiser Mentor erscheinen« (Ego-motiviertes Verhalten) oder »Ich möchte den größtmöglichen Empowerment-Effekt für mein Gegenüber erzeugen« (selbstlos ausgerichtetes Verhalten). Beim Mentoring ist selbstverständlich alles, was in dem Verhältnis mit unserem Mentee besprochen wird, maximal diskret zu behandeln. Zu guter Letzt der wichtige Hinweis: Die besten Mentoren lassen sich ebenso von ihren Mentees entwickeln – das nennt man Reverse Mentoring. Auch wir können und sollten an manchen Stellen um Rat fragen. Es lohnt sich immer.

Am Ende dieses Tages hast du eine spirituelle Aufgabe zum Wohle anderer bestimmt, die du ab der nächsten Woche täglich vollziehen kannst, um somit die siebte und letzte Säule des Seins zur Wirkung zu bringen.

27. bis 30. Woche

Ab der 27. Woche setzt du deine tägliche Praxis fort: Das erste Mal bearbeitest du alle sieben Säulen zur gleichen Zeit. In den nächsten vier Wochen kannst du Woche für Woche eine neue Übung für die siebte Säule ausprobieren, während du für jede andere Säule ein bis zwei (oder mehr) Übungen auswählst, die deinem aktuellen Bedürfnis nach Veränderung und Entwicklung am besten entsprechen. Nach der intensiven Reflexion der Vorwoche wird dir klarer sein als bisher, welche Übungen das sind.

Achter Monat

Ab der 32. Woche fügst du auch in der siebten Säule eine zweite Aufgabe hinzu und setzt bis zur 34. Woche diese Arbeit mit »vollem Programm« fort. Es sind mitunter die intensivsten Wochen des Entwicklungsprozesses, weil die gesamte Bandbreite der Säulen aktiv bearbeitet wird.

Neunter Monat

In den vier Wochen des neunten Monats bist du frei, jede Säule nach Belieben zu programmieren, also Anzahl und Art der Übungen auszuwählen. Nach wie vor solltest du jede Säule mit mindestens einer Übung aktiv entwickeln, dabei kannst du auf bestehende, erfolgreich etablierte Gewohnheiten zurückgreifen oder Neues ausprobieren.

Phase V: Die Praxis festigen

Du bist auf dem Weg: Die Sieben Säulen des Seins sind vollständig etabliert und die ganzheitliche und beständige Praxis kommt endgültig in deinem Leben an. Im Kasten wie immer die Übersicht zur nächsten, der fünften Phase.

Übersicht zu Phase V
Gesamtdauer: 9 Wochen
Themen:
* Übergang von Phase IV zu Phase V
* Ausbau einer neuen Realität auf den Sieben Säulen des Seins

Ergebnisse:
* Gefühl, erfolgreich die Kontrolle über das eigene Leben zurückzuerlangen
* Erkenntnis, dass Erfüllung ein fortwährender Prozess ist und kein Endergebnis hat

Was du für diese Phase brauchst:
* Dieses Buch
* Dein Sieben-Säulen-des-Seins-Workbook
* 30 bis 60 Minuten Zeit pro Tag für die Übungen (tagsüber)
* 5 bis 10 Minuten Zeit pro Tag (abends) für kurze tägliche Check-ins und die Übungsdokumentation
* 30 bis 60 Minuten Zeit jeden Sonntag für die Wochenreflexion und Planung der Folgewoche

Schritt-für-Schritt-Anleitung

Zehnter Monat

Neun Monate der Arbeit mit den Sieben Säulen des Seins liegen hinter dir. Die dritte große Reflexionsphase steht an. Du hast alle vier Ebenen bewältigt und mit der vierten Phase die letzte Säule in deine Praxis integriert. Ab jetzt geht es nur noch um die effektivere Integration der Sieben Säulen in dein Leben.

39. Woche

Diese dritte große Reflexion fokussiert sich diesmal nicht auf die einzelnen Säulen, sondern darum, wie du die tägliche Übung in dein Leben integrierst. Es sind neue Fragen, die aufkommen und beantwortet werden wollen, weswegen du dir wieder eine Woche Auszeit von der täglichen Praxis gönnst. An welchen Tagen du welche Fragen im folgenden Kasten beantwortest, ist dir überlassen, wichtig ist nur, dass du die Antworten sorgfältig in deinem Sieben-Säulen-des-Seins-Workbook dokumentierst.

Die große Praxisreflexion

- In welcher Säule fallen dir die Übungen am leichtesten und warum?
- Welche Säulen stellen größere Herausforderungen dar und warum?
- Gibt es Tage, an denen die Arbeit mit bestimmten Säulen oder Übungen besonders gut gelingt?
- Zu welcher Tageszeit lassen sich Übungen am leichtesten in deinen Alltag integrieren?
- Zu welcher Tageszeit würden sie am besten passen?
- Zu welcher Tageszeit hast du dein größtes kreatives Potenzial?
- Zu welcher Tageszeit hast du am meisten Zeit und Raum für Übungen?
- Welche Konflikte hattest du bei der Arbeit mit den Sieben Säulen im Hinblick auf die zeitliche Integration in deinen Alltag?
- Welche Übungen ließen sich in Routinen zusammenführen?
- Welche Übungen, egal aus welcher Säule, sind inzwischen zu Gewohnheiten geworden?

- Welche Übungen hast du als Gruppenübung mit Freund*innen, Partner*innen und/oder Kolleg*innen etabliert?
- Welche Übungen machst du grundsätzlich allein?
- Welche Übung hast du bisher noch nicht ausprobiert, es aber immer geplant?
- Welche Übung hat dir überhaupt keinen Spaß gemacht, obwohl du sie als Gewohnheit etablieren konntest?
- Welche Übung hat den größten Effekt auf dein Wohlbefinden, dein Gefühl der Erfüllung?
- Entspricht die Fokussierung auf die Lebensbereiche, die du zu Beginn des Jahres für die einzelnen Säulen definiert hast (Übung 5: Jahresziele), der Aufmerksamkeit, die du den Säulen in der Praxis widmest?
- Über welche Säulen unterhältst du dich mit anderen Menschen am meisten?
- Welche Säule machst du vorwiegend mit dir selbst aus?

Beantworte so viele dieser Fragen wie möglich und schreibe die Antworten auf. Dann prüfe, wie die Erkenntnisse aus diesen Antworten deine weitere Arbeit in der Praxis unterstützen können.

Zehnter und elfter Monat

Nach dieser großen Praxisreflexion geht es darum, die Sieben Säulen so zu programmieren, wie du sie in deinem Leben brauchst. Die Zeit bis hierhin diente dem Aufbau der nötigen Erfahrung, Willenskraft und Ausdauer, ab hier kannst du frei mit den Sieben Säulen arbeiten, wie es dir passt.

Weitere Entwicklung

Bleibe in dieser Phase deines Praxisprogramms im Hinblick auf folgende drei Aspekte der Entwicklung besonders achtsam:

1. **Prioritäten im Blick behalten:** Versuche weiterhin sicherzustellen, dass der Zeitaufwand, den du für die jeweiligen Säulen aufwendest, jene Prioritäten abbildet, die du zum Jahresbeginn und zum Beginn des siebten Monats in Übung 5 bestimmt hast.

2. **Flexibel gestalten:** Bleibe nach wie vor in allen sieben Säulen aktiv, auch wenn es durchaus in Ordnung ist, nicht mehr in allen Säulen jeden Tag Übungen durchzuführen. Manchmal reicht es aus, bestimmte Säulen lediglich einmal oder zwei- oder dreimal pro Woche aktiv zu bearbeiten, dafür aber mit einem umfangreicheren Zeitaufwand.

3. **Spaß haben:** Achte darauf, dass dir diese spielerische Arbeit an dir selbst im Großen und Ganzen Freude bereitet. Es geht bei den Sieben Säulen des Seins darum, Erschöpfung und Burn-out zu vermeiden, nicht, sie zu beschleunigen. Bleib also stets im Kontakt mit dir und zelebriere deine sonntäglichen Reviews mit einem Tee, einer Zeremonie, klassischer Musik oder was auch immer dich in die richtige Stimmung bringt.

Phase VI: Routinen verfeinern

Der aufbauende Entwicklungsprozess neigt sich nun langsam dem Ende zu. Alle Säulen sind eingeführt und aktiv entfaltet, die Praxis ist in deinem Leben integriert. Zum Abschluss verfeinerst du deine Routinen in Phase VI, wie im folgenden Kasten als Übersicht dargestellt.

Übersicht zu Phase VI
Gesamtdauer: 5 Wochen
Themen:
- Übergang von Phase V zu Phase VI
- Praxis wird in tägliche und wöchentliche Routinen übersetzt

Ergebnis:
- Du entdeckst die Kraft der Gewohnheit und verfeinerst deine Alltagsroutinen.
- Verständnis, dass du nicht deine Zeit, sondern dich selbst programmierst

Was d u für diese Phase brauchst:
- Dieses Buch
- Dein Sieben-Säulen-des-Seins-Workbook
- 30 bis 60 Minuten Zeit pro Tag für die Übungen (tagsüber)
- 5 bis 10 Minuten Zeit pro Tag (abends) für kurze tägliche Check-ins und die Übungsdokumentation
- 30 bis 60 Minuten Zeit jeden Sonntag für die Wochenreflexion und Planung der Folgewoche

Schritt-für-Schritt-Anleitung
Zwölfter Monat

Nach zwei Monaten intensiver Praxisarbeit mit allen Säulen und in der Freiheit, die Übungen flexibler zu programmieren, bringst du im zwölften Monat deine Aufbauarbeit zum Abschluss und begründest damit eine neue Weise, dein Leben zu gestalten.

48. Woche

In dieser Woche der Reflexion, die bereits nach zwei Monaten eintritt, kannst du dir wieder sieben Tage Zeit nehmen, um einen Blick zurückzuwerfen. In dieser Woche geht es um adaptive Routinen: Schau dir all die Übungen an, die du in diesem Jahr bis hierhin ausprobiert hast. Blättere noch mal dein Sieben-Säulen-des-Seins-Workbook von Anfang bis Ende durch und schau dir all die Punkte an, die du unter »Was du letzte Woche gelernt hast« eingetragen hattest. Nimm dir dafür jeden Morgen etwas Zeit und spüre in dich hinein, wie dieser neue Alltag für dich beschaffen sein soll. Dann baust du dir Routinen auf. Eine Routinenvorlage findest du wie immer unter »Tools« im Anhang.

Aufbau von Routinen

Deine Routinen kannst du in verschiedene Gruppen unterteilen, doch auch diese Kategorisierung ist eine höchst individuelle Angelegenheit. Ich habe meine Routinen in folgende Bereiche unterteilt: tägliche Morgenroutine, Arbeitsroutinen und Sportroutinen. Alle drei Routinen stelle ich dir exemplarisch vor.

1. Morgenroutine

Meine während des Schreibprozesses wichtigste Routine, die mich gleich zu Beginn eines jeden Tages in allen sieben Säulen aktiviert. Ich nehme mir jeden Morgen etwas Zeit für diese Arbeit. Wie viel Zeit das genau ist, schwankt von Lebensphase zu Lebensphase und hängt von den Anforderungen des Tages ab. Manchmal reicht es nur für eine halbe Stunde, manchmal habe ich den Luxus, mir morgens ein paar Stunden Zeit nehmen zu können. Manchmal fällt die Meditation etwas kürzer aus oder der Spaziergang ist länger. Hauptsache ist und bleibt die Beständigkeit: Schaffe dir lieber kürzere Routinen an jedem Tag, die du gut einhalten kannst, als dass du schon nach kurzer Zeit an zu sperrigen Morgenroutinen scheiterst.

2. Arbeitsroutinen

Die Art, wie ich Projekte und Aufgaben bewältige, ist inspiriert von David Allens »Getting Things Done«-Strategie und mit den Sieben Säulen kombiniert. Hierbei führe ich jeden Tag verschiedene Methoden zusammen, um die große Anzahl an Projekten, Themen, Beziehungen und Zielen in meinem Leben zu bewältigen, ohne mich dabei zu überfordern.

Aufgaben:
Ich habe in Microsoft To Do eine Liste mit allen wichtigen Projekten und Aufgaben und füge jeden Tag in meine Aufgaben-App »Do 3 Things« die drei Dinge hinzu, die für diesen Tag wichtig sind. Es handelt sich meist um kleinere Aufgaben wie »Einkaufen«, »Tickets buchen« oder »Steuer machen«. Für die größeren Aufgaben lege ich konkrete Zeitfenster in meinem Kalender an.

Projekte:
Ich habe auf Google Docs eine Tabelle mit allen wichtigen Projekten, die sich teils aus Arbeitsprojekten, teils aus persönlichen Projekten, teils aus Sieben-Säulen- Entwicklungsprojekten zusammensetzen. Einmal die Woche schaue ich auf die Projektliste und mache mir für die wichtigsten Aufgaben konkrete Termine in meinem Kalender.

Wochenplanung:
Jeden Sonntag plane ich meine Woche. Dabei lege ich die Prioritäten fest, reflektiere, was ich gelernt habe, programmiere die wichtigsten Übungen für die kommende Woche. Ich markiere alles, was ich die letzte Woche im Plan stehen hatte, mit Grün, wenn es so funktioniert hat, wie ich es mir vorgenommen hatte, mit Gelb, wenn es nur teilweise aufgegangen ist, oder Rot, wenn ich es überhaupt nicht geschafft habe. Auf diese Weise verbessere ich von

Woche zu Woche mein Gespür für eine realistische Zeit- und Projektplanung.

3. Sportroutine

Sport bedeutet mir sehr viel, weswegen ich in den meisten Fällen eine ausgeklügelte Sportroutine in mein Leben integriere. Meine Sportroutine besteht aus vier zentralen Bereichen.

Ausdauer:
Dazu gehört Laufen, Schwimmen, Rudern und Fahrradfahren. Meist nicht länger als 20 bis 60 Minuten. Innerhalb der verschiedenen Sportarten variiere ich die Intensität: Mal absolviere ich kürzere Laufeinheiten, dafür durchgehend mit einer hohen Geschwindigkeit, oder ich mache etwas längere Laufeinheiten und streue fünf bis zehn 100-Meter-Sprints ein. Rad fahre ich eher durch die Stadt als Alternative zum ÖPNV. Schwimmen findet immer im See in Brandenburg statt und Rudern im Fitnessstudio an der Maschine.

Kraft:
HIT (Hochintensitätstraining) -Krafteinheiten sparen Zeit, sind dafür jedoch sehr intensiv. Manchmal trainiere ich häufiger, dafür kürzere Einheiten (circa 15 bis 20 Minuten pro Einheit) und fokussiere mich auf bestimmte Muskelgruppen. Manchmal nehme ich mir zwei-, dreimal die Woche mehr Zeit (circa 30 Minuten pro Einheit) und trainiere mehrere Muskelgruppen oder mache Ganzkörpertraining.

Beweglichkeit:
Neben den morgendlichen Stretch-Einheiten liebe ich Yoga. Das ist ein magisches und vielseitiges Training, das allein schon alle drei ersten Säulen des Seins aktiviert.

Technik:

Seit einigen Jahren fokussiere ich mich dabei auf den Boxsport. Es könnte auch eine andere Form von Technik sein wie Parkour, Fußball, Synchronschwimmen, Golf oder Snowboarden.

Sportroutinen plane ich außerdem im täglichen und wöchentlichen Rahmen: Eine tägliche Routine bedeutet jeden Tag Sport, meist jedoch gibt es einen Tag in der Woche, an dem ich gar nichts mache. Jeden Tag Sport zu machen, heißt natürlich, die Belastung so auszugleichen, dass beispielsweise nicht an zwei aufeinanderfolgenden Tagen schwere Krafteinheiten für dieselbe Muskelgruppe durchgeführt werden – das wäre kontraproduktiv und tut nicht gut. Genauso ist es mit der Ausdauer: Intensive Sprinteinheiten folgen nie auf mehrstündige Long-Runs. Anders ist es mit Yoga: Das geht wunderbar jeden Tag und ist in eine perfekte Ergänzung zum Sportprogramm, besonders nach (oder vor) intensiven Einheiten.

Meine ideale Sport-Wochenroutine sieht ungefähr so aus:
Montags: Intensiver Lauf
Dienstags: Kraft und Boxen
Mittwochs: Yoga
Donnerstags: Leichter Lauf mit einem Freund
Freitags: Kraft und Boxen
Samstags: Yoga
Sonntags: Frei

49. bis 52. Woche
Nutze diese letzten Wochen des Entwicklungsprozesses, um zu bestimmen, welche Routinen in deinem Leben Sinn machen. Welche Kategorien sind für dich relevant, wie möchtest du deine Routinen gruppieren? Baue dir auf der Basis dieses Rahmens deine eigenen

Routinen auf und etabliere sie in diesen letzten Praxisprogramm-Wochen, bevor du in die letzte Phase übergehst.

Phase VII: Etablieren im Alltag

Wenn du es bis hierhin geschafft hast: Gratulation und herzlich willkommen in deinem neuen Leben! Im Kasten findest du die Übersicht zu dieser wunderbaren Phase.

Phase VII

Gesamtdauer: Ohne zeitliche Begrenzung

Themen:
- Weiter an dir arbeiten
- Für andere da sein

Ergebnis:
Ein ausgeglichenes Leben voller Freude und Liebe

Was du für diese Phase brauchst:
Alles, was du für diese Phase brauchst, hast du bereits.

Epilog

Logbuch-Eintrag vom 6. September 2013

Hier oben, 8000 Meter über dem Nichts, ist das Leben wie in einer Blase. Ich sitze neben einer überdimensional großen Person, hineingezwängt in ein viel zu enges System namens Air Berlin, vor, hinter und neben Touristen, Managern und großen Kinderaugen und wechsle in die Erzählerperspektive. Das da unten ist mein Leben. Der da, der grad so grimmig auf den Screen blickt, das bin ich. Wenig geschlafen, die Nacht war so kurz wie das Ende eines David-Lynch-Films, und so fühlte sie sich auch an. Um vier Uhr klingelte der penetrante Wecksound meines iPhone 4. Um fünf war ich am Flughafen, um halb sieben in der Luft und nach der Zwischenlandung in einem verregneten Loch namens Düsseldorf fliege ich jetzt übern großen Teich. Genau genommen und mit 8000 Meter Präzisionsdistanz lässt sich sagen, das Leben ist eine beliebige Aneinanderkettung von Zwischenlandungen in verregneten Löchern. Manch einem talentierten Philosophen ist bei dieser Erkenntnis sein »Der Weg ist das Ziel«-Mantra im Halse stecken geblieben, zum Glück ist erwiesenermaßen noch keiner von den Burschen daran erstickt. Das ist die gute Nachricht.

Jaja, das Leben, dieses wundervoll bizarre Scheißspiel, das man nie gewinnen kann und dessen Spielregeln irgendjemand in Comic Sans übers Klo gehängt hat, ohne Schutzfolie. Und jeder Scherzbold hat beim Klobesuch seine eigene Weisheit dazugedichtet, sodass keiner mehr weiß, welcher dieser dummen Sprüche tatsächlich gilt. Ach ja, die in Comic Sans. Manchmal wundert es mich, wie wenige bei diesem Spiel am Ende freiwillig die Steine schmeißen, schaut man sich all diese Regeln, all diese Zwischenlandungen, all diese Löcher an, durch das uns dieser bunte Reigen geballter Desillusionierung so führt. Wenn es allen so gehen würde wie mir die meiste Zeit, bestünde die

Nation vermutlich nur aus Psychopathen, Psychotherapeuten, Pharmazeuten und Sektenführern. Hmmm, Moment.

Manchmal wundert es mich, dass sich alle an diese Comic-Sans-Kloregeln halten. Tagein tagaus, Arbeiten, Urlaub, brav sein, treu sein, Sportverein, einsam verheiratet sein. Das Dogma der beliebig hin und her driftenden liberalen, sozialen Marktwirtschaft des Lebens. Das Gebot der neuen aufgeklärten Freiheit, die Inkarnation des Systems feudaler Abhängigkeiten. Mich wundert es, dass alle das akzeptieren, mal abgesehen von ein paar hungernden Piraten in Somalia, skatenden Weirdos in San Francisco, tibetanischen Mönchen und den Warlords im mittleren Osten. Wo ist der Wilde in uns geblieben, der den Objekten der Begierde die Keule über den Scheitel zieht, um sich der eigenen Fruchtbarkeit zu vergewissern? Wegrationalisiert. Als wären wir alle Teil einer gigantischen Industrie, die uns zunehmend zu ahnungs- und beschäftigungslosen Konsummaschinen werden lässt. Hmmm … Moment.

Da sitze ich also, 8000 Meter über dem Meer in einem Flugzeug in einer 80-Quadratzentimeter-Lücke, die jemand für meine Existenz vorgesehen hat, und jette zu einem »Strategy-Offsite« in Miami Beach, wie das neudeutsch in meiner Branche heißt. Dort sitze ich mit acht bis zwölf anderen Managern in klimatisierten Konferenzräumen und träume mich raus in die Unendlichkeit. Wenn ich Glück habe, wird grad kein PowerPoint-Massaker an meiner Seele verübt und der Blick aus einem offenen Fenster ist möglich. Dann muss ich daran denken, dass hier in Miami die Millionen Exilkubaner leben, die aus ihrer Heimat flohen und wohl weitere fünf Dekaden darauf warten, zurückkehren zu dürfen in ihr darbendes Land. Teils sind sie auf einfachsten Booten gekommen, um der sozialistischen Revolution zu entrinnen. Sie hätten Kuba gerne so wie die USA, und wie die Ironie des Schicksals es will, ist die USA bald ähnlich pleite wie Fidel Castro und sein Traum von einer gerechteren Welt. Die Revolutionsgeschichte hätte so schön enden können, nicht in einem gottverdammten bolivianischen Dschungel und erst recht nicht in der Bedeu-

tungslosigkeit der neuen Weltordnung. Dabei ist es überaus inspirierend, wie die unbändige Lebenslust dieser Menschen dieses Land regiert, die trotz weitgehend guter Ausbildung nix zu futtern oder zu spielen haben und dennoch zu den glücklicheren Zeitgenossen gehören. Mit Sicherheit glücklicher als die Ansammlung Men's Health lesender Mittdreißiger, deren Selbstverständnis es ist, für ihr global operierendes Medienunternehmen als Botschafter der neuen digitalen Revolution die Zukunft formen zu dürfen. Die aber eigentlich nichts anderes machen, als sich bei solchen Gelegenheiten alle gegenseitig darin zu bestätigen, wie wichtig sie und ihr Schaffen sind. Wichtig genug, um die wirklich wichtigen Dinge im Leben zu diskutieren: digitale Produkte, die kein Schwein in dieser Welt wirklich braucht, um glücklich zu sein.

Was zum Teufel mache ich hier eigentlich? Hacke diese Zeilen in mein MacBook Air 11 Zoll und fühle mich so einsam und eingesperrt wie Saddam in seiner Höhle. Weg ist die Leichtigkeit. Kann mich bitte irgendein Geheimdienst jetzt sofort aus dieser ewig gleichen Hölle rausholen, von mir aus macht mir den Prozess und ich werde vor laufenden Kameras zugeben, wie froh ich bin, diesem System entkommen zu sein. Alles das hätte mehr Würde als dieses sinnlose Verharren in der Warteposition. Warten, anzukommen, auf die nächste Zwischenlandung, den nächsten Urlaub, warten auf das nächste Wochenende, auf den nächsten Bundesligaspieltag, darauf, dass was passiert, dass aus »bald«, »demnächst«, »gestern«, »damals« und »niemals« endlich JETZT wird. JETZT. Eckhart Tolle hätte seine wahre Freude an diesem Gedanken. Also, statt warten lieber Geheimdienst, Killerkommando, Scharfrichter, Handyfilm, YouTube-Hit. So hätte mein nach Bedeutung gierendes Leben wenigstens einen Sekundenpeak in Sachen Unterhaltungswert für Jugendliche zwischen Youporn-Compilations und dem nächsten Auftrag bei Grand Theft Auto. Immerhin.

Ist da draußen irgendjemand, der mich versteht? Den das alles hier interessiert? Der genau wie ich eigentlich nichts anderes will, als ein glücklicher Mittdreißiger zu sein, von mir aus auch Men'sHealth-Leser? Dem seine Ein-

samkeit genauso zu schaffen macht wie die Problematik, die damit verbunden ist: Mir scheint leider nicht die Sonne aus dem Arsch und mir kommen die Frauen und Freunde auch nicht zugelaufen und ich tue wirklich gar nichts dafür, dass sich daran was ändert. Die Frage ist eigentlich: Wieso kämpfen, wenn man eigentlich Frieden will?

Die Antwort erstrahlt in großen, goldenen Lettern vor mir, direkt hier, auf dem kleinen grauen ausgeklappten Flugzeugtisch, und haucht sie mir sanft entgegen. Der Kampf ist vorbei. Du hast gerade angefangen, den nächsten Schritt zu gehen. Den ersten Schritt. Den richtigen Weg einzuschlagen. Du bist in der Sekunde, genau jetzt, zu der Überzeugung gelangt, dass es wichtig und richtig ist, dir all diesen Müll, der deine Seele beschmutzt, von der Brust zu schreiben. Du hast dein Talent entdeckt, das es dir ermöglicht, diese Ideen zu Papier zu bringen, und diese eine Sekunde und die nächste und die darauffolgende hast du nichts anderes gemacht, als deinen eigenen Weg zu gehen. Dich unabhängig zu machen, dich dem System der immergleichen Routine zu entziehen. Ich schaue in einen virtuellen Spiegel, während ich diese Worte fasse, und unmerklich, erst ganz klein, dann immer stärker werdend, fließt es hinauf, dieses Gefühl, dass sich in Sekundendosen erbarmt und dennoch mehr Wärme spendet als zehn Tonnen Heizöl, und ich fange an zu lächeln.

Vor mir wird ein Whisky bestellt. Dazu noch ein Wein und ein Tomatensaft. Innerlich öffne ich eine Flasche Schampus und proste mir selbst zu. Genau der Augenblick, in dem ich aufhöre, zu kämpfen, in dem ich einfach loslasse, ist der Moment, der mir zeigt, was wirklich in mir drin ist. Wer ich wirklich bin. Diese Reise ist die schönste und bedeutendste Reise, die ich machen kann. und sie wird niemals enden. Ich klinge wie ein manisch-depressiver Freak, der gerade seinem nächsten volatilen Wahnsinn zustrebt, und vermutlich ist das eine äußerst zutreffende Einordnung. Es gehört zu mir, die Dinge zu intensiv zu fühlen, dass sie mich zum Platzen bringen, aber dieses Herausplatzen findet genau JETZT und hier endlich seine Berechtigung. Auf diesem 11-Zoll-Bildschirm, hier in meiner 80-Quadratzentimeter-Zelle, 8000 Meter über dem Meer. *Das ist der Moment, in dem ein Gedanke zu einer Tat wird. Eine Tat ist der Ursprung für die Veränderung, die mein Leben braucht, um sich meiner nicht mehr überdrüssig zu fühlen. Wer will seinem Leben nicht etwas bieten? Wenn schon nicht die 250-Quadratmeter-Fabrikloft-Etage im Herzen Berlins, dann doch wenigstens dieser kleine Augenblick Erfüllung in der literarischen Spielerei. Alles um mich herum verblasst, kein Blick mehr, der auf Bestätigung hofft, keine Angst mehr vor Einsamkeit. Bin ich jetzt glücklich?*

Vielleicht nicht glücklich. Aber ich habe mich noch nie so erfüllt gefühlt wie jetzt und hier. 8000 Meter über dem Meer.

Danke

Ich danke meiner Frau Gabriella für ihre liebevolle und großzügige Unterstützung. Unsere Tochter Florence Etta ist am 17. November 2021 auf die Welt gekommen und die gesamte Schreibarbeit an dem Buch fand in der Zeit Januar bis März 2022 statt. Danke dafür, dass du mir die Kraft und Ruhe ermöglichst hast, die ich brauchte, um zu schreiben. Danke, dass du immer an mich glaubst.

Ich danke meinem Sohn Yoko Oude dafür, dass er ein solch toller Partner in dieser so aufreibenden Zeit ist. Du bist ein so wichtiger Impulsgeber für mich, weil du ein toller Mensch und stets ehrlich zu mir bist und mich daran glauben lässt, dass sich Liebe und Lernen immer dann am besten entwickeln, wenn sie in beide Richtungen gehen. Ich hab so viel von dir gelernt, mein Junge!

Ich danke meiner kleinen Tochter Florence Etta, dein Lächeln machen die ohnehin schon wundervollen Tage in meinem Leben zu einem unglaublichen Glück. Ich versuche, die Welt aus deinen Augen zu sehen und zu verstehen, dass wir alle zu jeder Zeit im Werden sind.

Ich danke meinem Vater Ahmad für seine Liebe und seine Ruhe. Du warst immer jemand, zu dem ich aufschauen konnte, der mir beigebracht hat, was es heißt, zu leben und leben zu lassen. Dein ganzes Leben ist eine einzige Inspiration und ein beeindruckendes Zeugnis deines außerordentlichen Muts.

Ich danke meinen Schwestern Rhada und Radier dafür, dass sie immer für mich da waren, wenn alles andere und alle anderen in der Dunkelheit verschwunden sind. Ich habe euch so viel zu verdanken und bin glücklich, dass wir auch heute noch verbunden sind.

Ich danke meiner Schwester Lina, dafür, dass sie mir all diese Neugier mitgegeben hat, die mich dieses Buch schreiben ließ. Ich werde dich nie vergessen.

Ich danke meinen Freunden Malte, Tyron, Alexander, Nico, Smetie, Ansgar, Safak, Andreas, Omar, Pouria und Chris und Andreas, dafür, dass sich mein echtes Selbst stets bei euch in Sicherheit fühlte.

Ich danke der Familie: Tawi, Paule, Alia, Amira, Lu, Benjamin, Irmgard, Sandra und all den Menschen, die auf die eine oder andere Weise Teil unserer großen, bunten Patchwork-Party sind.

Ein dickes großes Dankeschön an Julia Zellner, dafür, dass du mir erneut geholfen hast, dieses Buch zu schreiben, auf Spur und inhaltlich klar zu bleiben sowie mich nicht im Kleinklein des Prozesses zu verlieren.

Ebenfalls ein riesengroßes Dankeschön an Maxine van Endert für das schöne Coverfoto und Jens Nink für das Buchcover-Design. Auch gilt meinem alten Freund Peter Bickhofe ein großes Dankeschön für die wunderbaren Illustrationen im Buch sowie Frederic Detjens, meinen Allround-Filmemacher und Fotografen für alle Fälle, für das Autorenfoto.

An dieser Stelle noch mal ein herzliches Dankeschön an: Inan Batman, James Sebastiano, Dr. Judith Mangelsdorf, Dr. Pouria Taheri, Viktoria Lindner, Tyron Ricketts, Erdem Aglar, Elif Demirezer, Mirian Lamberth, Patrick Dewayne, Malte Schruth, Matthias Kube,

Sebastian Purps-Pardigol, Till Jagla, Eva Gronbach, Alexander Gorny für die Möglichkeit, diese tollen, tiefen Gespräche zu führen, die ich zum Glück alle aufgenommen habe. Wenn alles gut läuft, stelle ich sie als Podcasts ins Netz.

Zu guter Letzt ein großes Dankeschön an Inga Heckmann und dem Team von Irisiana für die wundervolle Chance, diese Arbeit zu vollenden, weil sie auch die Möglichkeit bedeutet, ein altes Versprechen einzulösen, das mich viele Jahren in meinem Herzen durch das Leben begleitete. Inga, ohne deine großartige Begleitung wäre das Ganze hier nicht ansatzweise so rund geworden.

Anhang

Tools

https://tinyurl.com/7sselbst
Der ultimative Werkzeugkasten mit allen wichtigen Templates, Vorlagen und Modellen zum Übernehmen und Selbst-Ausfüllen. Für die Benutzung über *Datei* »Kopie anlegen« und dann in der eigenen Version arbeiten.

https://tinyurl.com/7swerte
Eine Liste mit über 130 Charaktereigenschaften für die Inspiration in Ebene 1.

http://tinyurl.com/7sziele
Arbeitstabelle mit Beispielen zum Entclevern von Zielen und dem Ableiten von Visionszielen

https://tinyurl.com/7swochenplan
Die Vorlage für den Sieben-Säulen-Wochenplan

http://www.tinyurl.com/7spodcasts
Eine Übersicht mit Links zu allen Podcasts der Interviews, die ich für das Buch geführt und aufgezeichnet habe

http://www.tinyurl.com/7s100wege
Eine Übersicht mit über 100 Beispielübungen für alle Sieben Säulen des Seins

http://tinyurl.com/7semotionen
Eine Übersicht zu den wichtigsten Emotionen

https://tinyurl.com/7sjahresuebersicht
Das gesamte transformierende Praxisprogramm in der Jahresansicht.

https://tinyurl.com/7sbeziehungen
Vorlage für die Identifikation und Begutachtung unseres ganz persönlichen, sozialen Ökosystems. Weiter unten findet sich hier auch die Checkliste für unklare Beziehungen.

https://tinyurl.com/7shaushaltsplanung
Vorlage für einen einfachen Haushaltsplan (mit integrierten Formeln für eine automatische Berechnung)

https://tinyurl.com/7sdiagramme
Wesentliche Diagramme und die Jahresziele-Tabelle mit Beispielen auf einer kleinen Präsentation zusammengefasst

https://tinyurl.com/7sroutinenvorlage
Vorlage zur Gestaltung eigener Routinen basierend auf den Sieben Säulen.

Antonyme Finden (für Übung 3)
https://antonym.wordhippo.com/
https://www.openthesaurus.de/term/antonyms
https://www.alle-gegenteile.de/Wörterbuch

Ehrenamt finden
ehrenamt.de, ehrenamtcheck.de, ehrenamtssuche.de, aktion-mensch.de

Achtsamkeitstraining

Es gibt einige tolle Bücher zum Thema Achtsamkeit, zum Beispiel eins von meiner wunderbaren Lektorin Inga Heckmann unter dem Titel *Die Sinne als Tor zur Achtsamkeit*. Auch *The Science of Enlightenment* von Shinzen Young gehört in diese Kategorie. Man findet Achtsamkeitskurse auch bei YouTube oder auf Meditations-Apps wie Insight Timer. Dort biete ich zwei Zehn-Tages-Kurse an: Einmal »Die Sieben Säulen des Seins« und »Zen und das bewusste Selbst« als Einführungskurs zum Achtsamkeitstraining.

Quellen

Eine kurze Liste der Bücher, die mich in den letzten 15 Jahren mit ihren Ideen für diese Arbeit inspiriert haben, und Quellen, die ich für dieses Buch verwendet habe.

- Martin Seligman, *Flourish – Wie Menschen aufblühen*, Kösel, 2012
- Scott Barry Kaufman, *Transcend – The New Science Of Self-Actualization*, TarcherPerigee, 2020
- Dr. Tatjana Schnell, *Psychologie des Lebenssinns*, Springer Berlin, 2020
- Dr. Tatjana Schnell, www.sinnforschung.org
- Interview mit Tatjana Schnell auf spiegel.de – https://tinyurl.com/7sInterview1
- Albert Bandura, *Self-Efficacy: The Exercise of Control*, Worth, 1997
- Anna Lembke, *Dopamine Nation: Finding Balance In The Age Of Indulgence*, Headline, 2021
- Carol Dweck, *Mindset – Change The Way You Think To Fulfill Your Potential*, Robinson 2017
- Stephen Covey, *Seven Habits Of Highly Effective People*, Simon & Schuster, 1990

- Yuri Elkaim, *Energy Booster – In 7 Tagen frei von chronischer Erschöpfung*, Goldmann Verlag, 2016
- Frank Lipman, Danielle Claro, *The New Health Rules – Easy Changes to Transform Your Life: Simple Changes to Achieve Whole-Body Wellness*, Workman Publishing, 2016
- V. S. Ramachandran, https://en.wikipedia.org/wiki/The_Tell-Tale_Brain
- Sebastian Purps-Pardigol, *Leben mit Hirn – Wie Sie Ihre Potenziale entfalten, egal, was um Sie herum geschieht*, Campus, 2021
- Abraham Maslow, *Motivation und Persönlichkeit*, Rowohlt, 1981
- Viktor Frankl, *Über den Sinn des Lebens*, Beltz, 1946/2021
- Viktor Frankl, *Ärztliche Seelsorge: Grundlagen der Logotherapie und Existenzanalyse – Mit den ›Zehn Thesen über die Person‹*, dtv, 2007
- Alfred Adler, *Der Sinn des Lebens*, Anaconda, 2008
- Sigmund Freud, *Massenpsychologie und Ich-Analyse*, Nikol, 1921/2021
- Roy Baumeister, John Tierney, *Die Macht der Disziplin: Wie wir unseren Willen trainieren können*, Campus, 2022
- Gabor Maté, *In the Realm of Hungry Ghosts: Close Encounters with Addiction*, Vermilion, 2018
- Judith Mangelsdorf, *Positive Psychologie im Coaching: Positive Coaching für Coaches, Berater und Therapeuten*, Springer, 2019
- Charles Duhigg, *The Power of Habit: Why We Do What We Do, and How to Change*, Random House Books, 2013
- James Clear, *Atomic Habits*, Random House Business, 2018
- Ram Dass, *Be Here Now Harmony*, 1971
- Otto Scharmer, *Essentials der Theorie U. Grundprinzipien und Anwendungen*, Carl Auer, 2018
- Steven Kotler & Jamie Wheal, *Stealing Fire*, Harper Collins, 2017
- Tara Brach, *Radical Acceptance*, Bantam Dell, 2003
- Michael Ende, *Momo*, Thienemann, 1973/2021
- Aaron Antonovsky, *Salutogenese: Zur Entmystifizierung der*

Gesundheit (Forum für Verhaltenstherapie und psychosoziale Praxis), dtv, 1997

- Shinzen Young, *The Science of Enlightenment: How Meditation Works*, Sounds True Inc. 2017
- Simon Sinek, *Find Your Why*, Portfolio, 2017
- Lisa Feldman Berret, *How Emotions Are Made: The Secret Life of the Brain*, Mariner Books, 2018
- Frank Lipman, Danielle Claro, *The New Health Rules*, Letgo
- Studie – *Positive Verstärkung*:https://psycnet.apa.org/record/2019-19412-001, Coles, Nicholas A. Larsen, Jeff T. Lench, Heather C.)
- Philippa Lally, Senior Researcher am University College London, 2009 https://onlinelibrary.wiley.com/doi/abs/10.1002/ejsp.674
- Studie – *Beziehungen*, Harvard Study of Adult Development: https://news.harvard.edu/gazette/story/2017/04/over-nearly-80-years-harvard-study-has-been-showing-how-to-live-a-healthy-and-happy-life/
- Artikel – *Beziehungen*, Jane E. Brody, *New York Times*: https://www.nytimes.com/2017/06/12/well/live/having-friends-is-good-for-you.html
- Artikel 1, Tim Urban, https://waitbutwhy.com/2014/05/life-weeks.html
- Artikel 2, Tim Urban, https://waitbutwhy.com/2015/12/the-tail-end.html
- Studie – Geld / Sinn, https://www.nature.com/articles/nn.4557
- Mihály Csíkszentmihályi, *Flow: The Psychology of Optimal Experience*, Harper Perennial Modern Classics, 2008
- Steven Pinker, *The Better Angels of Our Nature: The Decline of Violence In History And Its Causes*, Penguin, 2011
- Studie zur Handschrift (https://www.sciencenewsforstudents.org/article/handwriting-better-for-notes-memory-typing,

https://www.frontiersin.org/articles/10.3389/fpsyg.2020.
01810/full)
- Studie zur Handschrift: Pam Mueller (Princeton), Daniel
Oppenheimer (UCLA);https://journals.sagepub.com/doi/
10.1177/0956797614524581
- Marie Kondo, Magic Cleaning: Wie richtiges Aufräumen Ihr
Leben verändert, rororo, 2013
- World Inequality Report 2022, https://wir2022.wid.world/
- Studie zu Geld/Glück: Moral transgressions corrupt neural
representations of value, https://www.nature.com/articles/
nn.4557
- Studie: The Search for Purpose in Life: An Exploration of
Purpose, the Search Process, and Purpose Anxiety
https://repository.upenn.edu/cgi/viewcontent.cgi?article=1061
- Interview Michael von Brück beim WDR https://www1.wdr.
de/dossiers/religion/buddhismus/brueck100.html